Between Absolutism and Constitutionalism
English Monarchy In the Reign of Henry III

在专制与宪政之间
——亨利三世时代的英国王权运作

蔺志强◎著

中山大学出版社
·广州·

版权所有　翻印必究

图书在版编目（CIP）数据

在专制与宪政之间：亨利三世时代的英国王权运作／蔺志强著．—广州：中山大学出版社，2016.8

ISBN 978-7-306-05732-7

Ⅰ．①在… Ⅱ．①蔺… Ⅲ．①政治制度—研究—英国—1216—1272 Ⅳ．①D756.121

中国版本图书馆 CIP 数据核字（2016）第143226号

在专制与宪政之间：亨利三世时代的英国王权运作
Zai Zhuanzhi Yu Xianzheng Zhijian: Hengli Sanshi Shidai De Yingguo Wangquan Yunzuo

出版人：	徐　劲
策划编辑：	吕肖剑
责任编辑：	廉　锋
封面设计：	林绵华
责任校对：	王延红　高　洵
责任技编：	何雅涛
出版发行：	中山大学出版社
电　　话：	编辑部 020-84111996，84113349，84111997，84110779
	发行部 020-84111998，84111981，84111160
地　　址：	广州市新港西路135号
邮　　编：	510275　传　真：020-84036565
网　　址：	http://www.zsup.com.cn　E-mail: zdcbs@mail.sysu.edu.cn
印 刷 者：	虎彩印艺股份有限公司
规　　格：	787mm×1092mm　1/16　11.625印张　210千字
版次印次：	2016年8月第1版　2017年11月第2次印刷
定　　价：	28.00元

如发现本书因印装质量影响阅读，请与出版社发行部联系调换

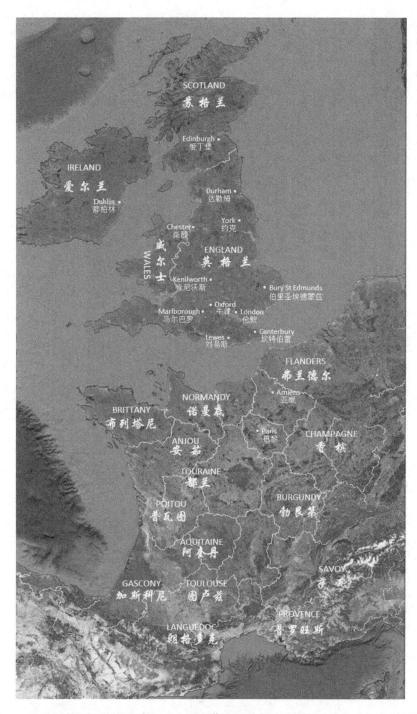

图一 13世纪英国及其周边地区（本图由蔺志强根据谷歌地图并结合本书内容制作）

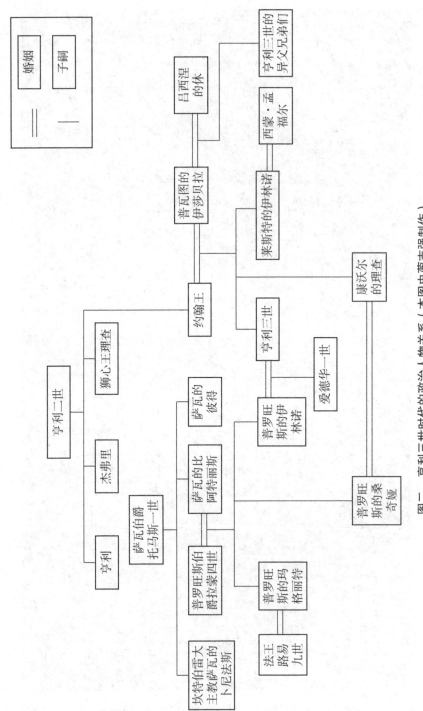

图二 亨利三世时代的政治人物关系（本图由蔺志强制作）

序　言

　　13世纪在英国史上具有重要的意义，封建主义趋向成熟，庄园制、农奴制等也已定型，经济的发展是中世纪上升的顶点。特别是在政治史方面，重大事件层出不穷，《大宪章》(Magna Carta)、《牛津条例》(Provisions of Oxford)、议会形成、贵族专政，尤为宪政史家所津津乐道。问题既多，研究的积累也十分深厚，再进行研究难免遇到不少困难。蔺志强不畏险阻，从博士生入学开始，就选定13世纪政治史进行研究，并以对英国13世纪王权的研究成果结业。毕业以后，他继续就这一主题深入挖掘，不断打磨、探索、创新，积成一家之言。在此书出版之际，我愿发表一些看法，以作介绍。

　　英国宪政史学对13世纪政治史研究影响深远，今天虽然斯塔布斯建立的体系已经多有校正，但学界仍然将这一时期视为自由、法治、议会民主制建立的时期。蔺志强在对这一时期研究的史学史进行深入了解的基础上，对相关论点和史料进行爬梳整理，反复钻研，从而突破一些传统固有看法，得出自己的新看法、新结论，这是十分难能可贵的。他的方法论的特点是能够注意到思想与现实、个人与制度、动态与静态的辩证关系，从亨利三世统治的长期过程中，全面考察王权与各种政治制度的发展变化及其相互影响，从而形成自己关于这一时期政治制度的新观点、新看法，其中有许多我认为是很有特点、很有创见的，下面试举几个例子。

　　论者一般都强调西欧封建王权的弱小，是因为它既受制于教会和贵族，又在思想上受"王在法下"的制约。蔺志强详细分析了王权的各个方面，指出君主制是当时必然的存在，是完全具有合法性的。罗马法的复兴，基督教"君权神授"的论证，更加强了王权。虽然贵族起而反对国王，但他们并不能、也不敢取代国王，仍然在国王的名义下行事，王权的世袭制已经根深蒂固。亨利三世幼年毫无阻碍地即位，即位后反而化解了约翰王所造成的和所面临的各种矛盾，形成和平、安宁的新气象。蔺志强还专门讨论了著名的西欧"王在法下"的观点，他指出，当时的法学家勃拉克顿一方面说英王是上帝在人间的代理人，是至高无上的；另一方面又说王不低于任何人，但低于上帝和法律；可是又引罗马法的说法，说君王所喜者即具有法律的效力。这些看似矛盾的说法，其实是非常符合英国中世纪的思想情况的，当时的人并不以为不可理解，正如圣母玛丽亚既是贞女又是母亲一样。所以，总结来说，君主制是封建英国的既定制度，君主具有无上的权威和权力，对于君主权力的限制，很多情况下是道德上的，并没有实际意义。就如阿奎那指出的那样，如果国王犯错误，没有人可以处罚他，只能请求他改正，如果他不改正，那就只有等待上帝处理了。

蔺志强对亨利三世时代英国的政治体制发展做了全面分析，指出国王领导下的政府机构不断完善、不断强化是这一时期的重大成就。虽然有国王幼年时期的权臣主政，后来又有贵族反对派的专权，但是这一发展过程是不可逆转的。政府机构完善的明显标志是原来政府和内府分立的双重结构消失，统一到一起。御前会议基本成型，已经有了咨议官宣誓的规定。内府复兴，财政署地位下降。锦衣库地位上升，不仅掌握财政，而且扩及军事、行政等各种事务。它随侍国王左右，负责小御玺的使用、起草令状等，导致中书省地位也下降。这样就形成了统一高效的政府机关，向国王个人负责，听国王命令办事。这是亨利三世时期继亨利二世时的更大发展。

对于地方政府情况的改变，蔺志强也有自己的新看法。他特别提出贵族特权的转变这一问题。过去认为贵族在自己的领地上有独立的司法、行政、经济等特权，所以是一个独立王国。但是亨利三世时期这一状况已经改变，他已经开始对贵族特权的由来、权力内容等展开调查，即英国有名的"特权凭据调查"（Quo Warranto），而且设法限制贵族的特权、建立特权乃是受国王委托而行使的认识；还设立了一种转抄令状，规定按照转抄令状，在贵族特权领域之内，不得阻碍国王司法权的实行。这样逐渐将贵族转变成为国王的官员，中央政府的力量进一步强化。

蔺志强对13世纪《牛津条例》等重大事件进行了深入的研究，详细分析了其原因、进程、贵族阵营的分野，以及他们的纲领、做法。他指出，贵族与国王并不完全对立，只是贵族思想保守，不适应王权的新发展；贵族反对派也是忠君的，一度是王的宠臣，后来因受到冷遇所以不满。贵族在"战胜"国王后一度实行统治，但仍然是以国王的名义进行的，对政府行政系统的发展没有改变。他特别指出，所谓亨利三世使用外国人的问题，是英国中世纪的政治特色，也是常态。当时英、法两国关系密切，英王的大陆封地一直存在，法国的许多封建主（11世纪是诺曼人，12世纪是安茹人，13世纪是普瓦图人）也是英王的封臣，他们随时到英国政府中任职。亨利三世因为对普瓦图的贵族赏赐过多，给他们的特权过甚，所以招致反对。蔺志强不同意对英国议会估计过高，认为这时议会没有形成，也没有什么模范议会。那时的巴力门只是国王的法庭，主要起审判的功能。议会的开始应该是14世纪20年代的事。

总之，本书展现了中国学者研究外国历史的新路径，即不是"西云亦云"，而是换一种方法，换一个角度来观察、研究外国的历史；同时又能以史料为证，持之有故，言之成理。当然，他的观点、道理，论证逻辑是否精密，是否深入考察了正反两个方面，有待同行学者评论，也是蔺本人继续努力的目标。

是为序。

北京大学历史系

2016年4月20日

目　录

导言 …………………………………………………………………… 001
　一、王权的概念与研究路径 ………………………………………… 001
　二、研究现状与本书任务 …………………………………………… 005

第一章　国王观念——王权的思想基础 …………………………… 013
　一、渊源与背景 ……………………………………………………… 014
　　1. 公社传统 ………………………………………………………… 014
　　2. 封建制度 ………………………………………………………… 015
　　3. 罗马法复兴 ……………………………………………………… 016
　　4. 基督教传统与教皇权威的扩张 ………………………………… 018
　二、国王的权威 ……………………………………………………… 020
　　1. 君主制的必要性 ………………………………………………… 020
　　2. 国王的合法性 …………………………………………………… 021
　　3. 国王的功能与权威 ……………………………………………… 022
　三、国王的义务与限制 ……………………………………………… 024
　　1. 君权 ……………………………………………………………… 024
　　2. 建议与认可 ……………………………………………………… 026
　　3. 王与法 …………………………………………………………… 027
　四、暴君说与反抗 …………………………………………………… 029

第二章　幼主秉政——代理机制下的王权运作 …………………… 033
　一、"家天下"观念与幼主即位 …………………………………… 034
　二、幼主时期的王权运作与机制革新 ……………………………… 037
　　1. 摄政代治与三头共管 …………………………………………… 037
　　2. 宰相当国 ………………………………………………………… 040
　　3. 国王政府的革新 ………………………………………………… 043
　三、幼主亲政与恢复个人权威的努力 ……………………………… 045
　　1. 王相之争与废除宰相 …………………………………………… 046

2. "专制"的尝试与王权的重建 ………………………………… 052

第三章　个人专制？——国王亲政与内外朝之争 ……………… 057
　一、复古还是创新？ ……………………………………………… 058
　　1. 亨利三世亲政以前的英国政府 ……………………………… 058
　　2. 亨利三世的政策评析 ………………………………………… 060
　二、国王集权的强化 ……………………………………………… 063
　　1. 御前会议的兴起 ……………………………………………… 063
　　2. 内府行政的复兴 ……………………………………………… 068
　三、官僚政府体制的发展 ………………………………………… 074
　　1. 财务署 ………………………………………………………… 075
　　2. 中书省 ………………………………………………………… 078

第四章　威加海内——王权在地方的实施 ……………………… 082
　一、郡政革新——中央权威在地方的深入 ……………………… 083
　　1. 郡守地位的演变 ……………………………………………… 083
　　2. 巡回法官职权的加强 ………………………………………… 086
　　3. 郡法庭和百户法庭的革新 …………………………………… 089
　　4. 法律和司法程序的完善 ……………………………………… 093
　二、突破特权——地方自治与王权扩张 ………………………… 096
　　1. 特权与特权领地 ……………………………………………… 097
　　2. 城市 …………………………………………………………… 102
　三、王权与教会 …………………………………………………… 106

第五章　1258—1267年的政治动荡——危机中的王权及其
　　　　运作 ……………………………………………………… 112
　一、危机的背景分析 ……………………………………………… 114
　　1. 民族意识的兴起 ……………………………………………… 115
　　2. 国王与贵族 …………………………………………………… 118
　　3. 外国人问题 …………………………………………………… 121
　　4. 海外利益 ……………………………………………………… 125
　二、贵族执政的尝试 ……………………………………………… 128
　　1. 运动的直接原因 ……………………………………………… 128

  2. 运动的进程 ………………………………………… 131
  3.《牛津条例》与贵族改革的目标 ………………… 135
 三、贵族运动的结局及其影响 ………………………… 141
  1. 贵族执政的失败 …………………………………… 141
  2. 王权的恢复 ………………………………………… 146
  3. 贵族运动的影响 …………………………………… 149

结论 ……………………………………………………… 155

参考文献 ………………………………………………… 159

译名对照表 ……………………………………………… 166

后记 ……………………………………………………… 171

导　言

一、王权的概念与研究路径

在西欧中古政治史研究中，王权问题（对应于中国历史上的皇权问题，但也有不少学者使用"王权"一词来研究中国的相关现象①）一直是广受关注的重要课题，也是一个关键性课题。王权的性质和强弱，是判断中古国家政治形态的重要指标。

应当说"王权"是中国人创造并使用的一个政治学或历史学概念，但迄今为止国内学界还很少有人对"王权"的具体所指进行过细致的推敲。②在"王权"一词的使用中，国内学界存在明显的随意性现象，有时单指"国王的权威"，有时又指"国王有权威"；有时指国王个人的权力，有时又涉及整个君主政体。这种模糊而随意的使用造成的混乱是显而易见的。无论在国内外学界之间，还是在国内同行之间，目前对"王权"的研究事实

---

① 关于中国古代皇权的研究著作很多，就笔者所见主要有吴晗、费孝通：《皇权与绅权》，华东师范大学出版社，2015年版；周良霄：《皇帝与皇权》，上海古籍出版社2006年版；刘泽华：《中国的王权主义》，上海人民出版社2000年版；白钢：《中国皇帝》，社会科学文献出版社2008年版；李禹阶、秦学颐：《外戚与皇权》，西南师范大学出版社1993年版；徐连达、朱子彦：《中国皇帝制度》，广东教育出版社1996年版；朱诚如：《中国皇帝制度》，武汉出版社1997年版；秦海轩、朱路：《中国皇帝制度》，山西古籍出版社1999年版；等等。其中虽然有学者已注意区别"皇帝"和"皇权"两个不同的范畴，但总体上讲，概念不清和使用随意的问题仍然严重。

② 就笔者所见，彭小瑜在其硕士学位论文中对王权概念进行了界定，但由于尚未正式发表而至今没有引起足够的重视，国内许多研究者至今仍把"王权"一词拿来即用，但实际所指却有所不同或大不相同（彭小瑜：《英国中世纪王权与封建主义的关系》，北京大学硕士学位论文，1984年，第4—7页）。孟广林曾从"个人王权"和"制度王权"的角度对这个问题进行过讨论（孟广林：《英国封建王权论稿——从诺曼征服到大宪章》，人民出版社2002年版，第365—366页）。马克垚则对王权、君主制和国王个人的关系进行了迄今为止最为清晰的界定（马克垚：《封建经济政治概论》，人民出版社2010年版，第3页）。

上都不在一个平台上，缺乏深入对话的基础。因此，王权的概念必须规范化。

不过，由于"王权"一词的使用已经有很长的时间，它的模糊含义也已经深入人心，很难贸然给它一个严格的、普遍性的定义，因为对于这样一个宽泛的范畴做任何取舍都可能将前人的某些王权研究排斥于王权之外。因此，进行规范化绝非一人之力、一日之功可成，而即使有了新的标准，它被普遍接受也是一个漫长的过程。这一点从国内对于"封建主义"的概念无休止的讨论可窥一斑。所以，这里交代的只是本书所讲的王权的概念，为的是使本书的讨论具有可操作性，如果这一界定能对王权问题研究的规范化有所促进，则是额外的收获了。

如前所说，"王权"一词是中国人创造并使用的，在西方语汇中并没有一个词与之完全对应。西方学界在有关的研究中有 kingship 和 monarchy 两个主要的范畴。以前在"王权"使用上有时出现混乱，很大程度上就表现在时而指 kingship，时而指 monarchy。事实上，这两个范畴既紧密联系，又有所区别。大体说来，kingship 乃着眼于国王这一职位本身，涉及国王的礼仪和教俗权威等制度和观念，[1] 将它译为"国王"或"国王制度"似乎更准确一些，而称之为"王权"则不太合适，因为即使仅从字面理解，"国王的权力"也只是 kingship 包含的诸多内容之一；而 monarchy 即君主制，是就国家的体制而言，特指一类由一个人进行统治的政体，以统治者有合法的血统为特点，而不论其实际的统治功能多么有限。[2] 显然王权也不完全等同于君主制，后者有更大的范畴，比如现代的英国仍是君主制国家，但很难说它还处于王权时代。王权作为中世纪制度史的一个重要课题，正是基于国王在君主制当中的核心地位和主导作用。

笔者认为，王权问题涉及 kingship 和 monarchy 这两个方面，但并没有涵盖这两个范畴的所有内容，三者虽有交集，但互不包含。王权主要是考察君主制在特定的历史阶段的具体形态，即以国王为首的君主制政府的权力。作为在君主制政府中的一个职位，国王的权力是王权问题考察的重要内容，也就是说，它包含了 kingship 的政治权威方面。而由于在中世纪国王个人与国王的职位往往难以区别，因此具体的国王在特定时期的实际权威

---

[1] David L. Sills, *International Encyclopedia of the Social Science*, Vol. 8, New York: Macmillan and Free Press, 1968, pp. 386 – 389.

[2] David L. Sills, *International Encyclopedia of the Social Science*, Vol. 10, New York: Macmillan and Free Press, 1968, p. 412.

也是衡量这个时代王权状况的重要标准和内容。彭小瑜把王权的概念总结为"王权就是身居国王职位的人及其领导下的整个政府机关（中央政府和地方政府）的权力"①，比较明确地概括了王权所涉及的内容。总之，笔者认为王权有人的因素，但主要指制度上的事实。

根据对"王权"概念的这种界定，可以把王权问题分解为三个要素：国王个人、国王内府（或宫廷，即 Household）和国王政府。在中世纪，这三者既有所区别，又不能截然分开。国王个人与内府自然是最接近的了，内府原则上是照顾国王的起居和日常生活的私人机构，但是在很长时期内内府部门又是国王政府的主要部门，内府官员有时也是重要的政府官员，二者没有明确的界限。而当时的政府也一直被称为"国王政府"（King's Government 或 Royal Government），反映出一些"家天下"的况味，虽然在英国国王政府从来都没有失去其相当的公共权威。可以说，国王个人、国王内府与国王政府三者交错互动，共同反映出王权的真实状况。

因此，考察王权应当考察以下两个方面的问题。其一，国王政府的组织与权威。这里的国王政府是相对于地方自治机制而言的。在近代以前的国家，传统与习俗往往是规范日常生活的主要力量，而在贵族分封制下的中古西欧，一般又认为国王政府的权威被地方贵族的势力范围所分割和蚕食，所以国王政府的发展完善程度以及中央权威能否、如何、在何种程度上贯彻到地方，是认识和衡量当时王权状况最重要的方面。其二，国王在政府中的实际地位。这里的国王首先是一个职位，称王的个人虽然是其中心，但也应当包括服务于国王的内府的状况。国王是否是以及如何成为国王政府的真正主人，是认识和评价一个时代王权状况的一个重要因素。只有对这两个方面都有足够的认识，才能在对王权的考察中既见物又见人，表里兼顾。

在历史实践中，王权的三个因素既相辅相成又互有制约，而王权在上述两个方面的发展也不同步。一般而言，国王政府权威的发展比较平稳，而国王的个人权力却起伏很大：在国王政府不发达的时期，国王有可能通过各种手段建立起强大的个人统治，而强有力的国王政府也有可能存在于一个羸弱的国王统治时期。同时，这两个方面之间的相互影响也是巨大的，完备有力的政府体制可以为国王权力的扩张创造条件，而一位成功的国王自然也会对其政府的完善产生积极的影响。但是，完善有效的政府体制往

---

① 彭小瑜：《英国中世纪王权与封建主义的关系》，北京大学硕士学位论文，1984 年，第 5 页。

往会限制国王个人在许多事务中随心所欲的权力,而有时对政府实现了成功驾驭的并不是国王,而是其内府,国王本人则软弱无能,沦为外戚或佞臣操纵的傀儡。

这种落差甚或矛盾自然给我们提出一个问题:究竟什么才是强大的王权的标准?显然,只强调任何一方面都会导致片面的认识。单从国王的因素来看,14、15世纪英国有的国王被废,但并不能说明当时王权衰落,① 因为此王取代彼王并不对国王的制度有所动摇,对于国王政府的影响就更小了。但如果单从政府的角度出发看王权,也会有偏颇。比如在1258年,英国贵族发动的改革运动中,叛乱者虽然对国王政府的行政制度几乎没有触动,② 但他们"挟天子而令诸侯",这时说王权没有受到丝毫的影响也似不妥。

因此,笔者认为判断一个时期王权强大与否,国王政府制度的因素是主要的,是本;而国王本身的状况是从属的,是末。本末都强,则得出王权强是毫无问题的;本强而末弱,对王权有所影响,但不构成根本的威胁;本弱末强,则王权即使暂时有力,也是有限的,难以长久的;本末都弱,才是真正羸弱的王权。所以,只有对这两个方面分别有明确的认识,再加以综合,才能对一个时期的王权做出正确、全面的评判。

当然,即使在同一国王统治时期,本末的强弱也不是一成不变的,而是一个动态的过程。同时,王权的强弱是相对而言的,判断一个时期王权的强弱,只能联系此时期的前后状况,考察其发展的趋势。绝对强大或绝对弱小的王权都是不存在的。

过去学界主要从静态方面来考察王权,集中于讨论社会力量与王权的关系,探讨它们是限制还是支持了王权,比如王权与贵族、王权与教会、王权与城市,等等。这些方面当然是王权研究的重要领域,这些因素对王权的支持或制约都会大大地影响王权本身的地位。但是,如前文所说,只有从制度本身着眼,在具体运作中考察王权的实际状况,才更能从根本上把握王权性质,评判其实际状态,认清其发展的趋势。

---

① 马克垚:《英国封建社会研究》,北京大学出版社1992年版,第304页。
② S. B. Chrimes, *An Introduction to the Administrative History of Mediaeval England*, Oxford: Basil Blackwell, 1966, p. 128.

二、研究现状与本书任务

在英国中世纪王权研究方面，学界过去主要也是集中在静态问题，在具体运作中考察王权实际状况的研究成果较少。在英美学界，主流做法也是从不同角度探讨国王的各种社会关系，20世纪80年代以来出现了有关中世纪英国"治理"（governance）的一种研究思路，从政令推行和制度运作的角度观察中古英国的政治状况，其中有的论题与我们关心的王权问题相关，但也不完全相符。而国内学界在英国宪政史学的影响与冲击下，王权与法律的关系是过去被关注最多的论题。论者大多认可英国王权受法律限制的独特性，但马克垚也指出王与法的关系是"中英宪法史上的共同问题"①，其实质也没有多大差异。孟广林的《英国封建王权论稿》是迄今国内研究英国中古王权的最好成果，他对13世纪以前的英国王权进行了卓有成效的研究。他的研究思路，是从王权与贵族、王权与教会、王权与城市、国王政府等几个方面，总结了诺曼征服以后到《大宪章》之前英国王权的基本特点，对西方学界流行的一些宪政史观影响下的研究进行了反思和批判。于明的《司法治国：英国法庭的政治史（1154—1701）》从司法技术和制度演进的角度探讨了中世纪英国中央权力延伸到地方的历程，指出统治者控制治理"成本"与代理人离心"风险"的两难，以及国家权力对国王个人的"驯顺"与"自主"倾向之间的悖论。虽然他的研究核心是司法在国家治理中的功能与技术，但其方法与旨趣都对分析作为个人、内府和政府综合体的王权消长颇有启发。②

相对来看，目前国内对13世纪英国王权的研究还严重不足。孟广林在《英国封建王权论稿——从诺曼征服到大宪章》中指出，过去的重点都集中在14世纪以后的议会制、新君主制等方面，对之前的王权问题鲜有问津者。③ 他的著作开拓了13世纪之前的王权研究，结果就是目前唯有13世纪仍处于待开发状态。

然而，无论从哪个角度来说，13世纪在英国政治发展史上都是至关重要的，《大宪章》、《牛津条例》、"疯狂议会"、"模范议会"，这些所谓"宪

---

① 马克垚：《封建经济政治概论》，人民出版社2010年版，第221页。
② 于明：《司法治国——英国法庭的政治史（1154—1701）》，法律出版社2015年版。
③ 孟广林：《英国封建王权论稿——从诺曼征服到大宪章》，人民出版社2002年版，第47页。

政的种子"都出自这个百年,且都与王权紧密相关。王权在这些"宪政"问题中的陪衬地位,实际上成为过去学界对这个时代出现认识偏差的重要原因。因此,这种有意无意的忽视状态必须改变。

选择亨利三世(1216—1272年在位)时代的王权作为研究对象,首先因为它是英国中世纪史上一个很重要的时期。它前有亨利二世时代的辉煌,后有爱德华一世时代的繁荣,深入研究这两大高潮之间的这一漫长时期,对于正确把握12、13世纪间英国的政治发展走向是非常有意义的。其次因为它是英国王权发展的一个特殊时期。亨利三世在内忧外患中继承王位,首先经历了十几年前所未有的"幼王时期",由国王的监护人主持政权;在成年后亨利三世实行了二十多年的所谓"个人统治",国王的个人权力发展到另一个极端;而在从1258年开始的最后十余年中,国王的地位又经受了很大的威胁,在贵族发动的改革直至内战当中,国王一度被架空,政权为叛乱贵族所掌握,建立了所谓"寡头统治",这种情况在英国中古政治史上是绝无仅有的;国王最终赢得胜利,恢复了旧有的权威,但是动荡造成的影响和后果也部分地得以保留。

可以说,这半个多世纪集中了太多的矛盾纷争,王权的运作状况精彩纷呈,每一种情形都是认识中古英国王权本质的难得样本。国王的地位在这半个多世纪当中的跌宕起伏,及与之相关的政治、法律、行政等制度的发展变化,都吸引着我们去认识和梳理。这是一个既有意义又富挑战性的课题。

关于中世纪西欧以及英国王权问题的总体研究状况,孟广林已经做过较为细致、深入的介绍。① 他指出,近百年来西方史家在"宪政史学"观念和"西欧封建政治分裂论"的影响下,在英国王权的研究中先后形成了"公权私权同一论""王权非封建论""封建契约有限王权论"等观点,相互之间存在较大的分歧,并没有一致的认识,也存在着许多学术误区。马克垚也指出西欧中古的王权契约论"不过是西方人的一种虚构"②。对此本书不再赘述。就亨利三世时代英国王权的研究而言,也有同样的学术背景,存在着类似的争论和误区,但也有其作为个案的具体特点。对一些具体问题的研究背景将在相关章节中做介绍,这里仅就西方史家对亨利三世及其

---

① 孟广林:《试评近百年来西方的西欧封建王权理论》,载《历史研究》1995年第2期;孟广林:《英国封建王权论稿——从诺曼征服到大宪章》,人民出版社2002年版,第1—49页。
② 马克垚:《封建经济政治概论》,人民出版社2010年版,第237页。

时代的总体认识走向进行勾勒，揭示问题之所在，从而为本书的研究找到着眼点。

近百年来西方史学界对亨利三世的评价可谓褒贬不一、争论不断。传统上一般对亨利三世本人及其时代评价都很低，认为亨利三世本人和他的时代都是失败的。从斯塔布斯（William Stubbs）起，许多史家就不断强调他性格上的弱点和缺乏政治远见对其统治失败的影响。斯塔布斯认为亨利三世懦弱、优柔寡断且缺乏必要的政治见识，"他完全缺乏所有的高贵品质"，"除了与其睿智的敌人（指西蒙·孟福尔，Simon de Montfort）进行对比之外，他的性格简直不值一评"。他毫不讳言亨利三世统治的失败，讽刺亨利的优柔寡断与缺乏远见有一个积极的后果，那就是"使他没有能够成为一位成功的暴君"①。他的评价一度为后来的研究者定下基调，屈哈恩（R. E. Treharne）称亨利三世的"缺陷是全方位的——懦弱、变幻无常、背信弃义，完全缺乏判断力。其唯一政策就是追求自己的奇思异想，其性格中没有一丝高贵的闪光"②。克里姆斯（S. B. Chrimes）也认为亨利三世的政府机器缺乏"高远的理想"的鼓舞和推动力，正是这种缺乏而非技术上的无能，引起政治冲突并最终导致了 1258 年的贵族改革运动。③ 莱昂（Bryce Lyon）的观点也没有超越这种基本的论调。他认为这一时期是亨利二世与爱德华一世时代英国政治发展的两大高潮之间的低谷甚至倒退时期，是英国历史上"最可悲、最无成果的时期之一"。直到爱德华一世时期，"英格兰才又一次步履轻快地踏上宪政发展之途"④。对于亨利三世本人，他也认为，"虽然在道德上高于所有的先辈，但是缺乏中世纪君主应有的性格。他没有判断力，缺乏效率。他的军事行动总是失败，他宠幸奸佞，得不到臣民的信赖，他没有将强烈的情感转变为有效行动的动力和能力……他与同

---

① William Stubbs, *The Constitutional History of England*, 4th ed., Oxford: Clarendon Press, 1906, Vol. 2, pp. 102 – 104. 斯塔布斯对亨利三世性格的诋毁正如他对孟福尔性格的颂扬一样，都已被证明是缺乏根据的。有关对孟福尔的个人评价，见 Maddicott, J. R., *Simon De Montfort*, Cambridge: Cambridge University Press, 1994, pp. 99 – 101.
② R. E. Treharne, *The Baronial Plan of Reform*, 2nd ed., Manchester: Manchester University Press, 1932, p. 47.
③ S. B. Chrimes, *An Introduction to the Administrative History of Mediaeval England*, Oxford: Basil Blackwell, 1966, p. 97.
④ Bryce Lyon, *A Constitutional and Legal History of Medieval England*, Toronto: George J. McLeod, 1980, p. 337.

时代的（法国国王）圣路易相去甚远"①。

但是，百余年当中也不断有史家提出不同的看法。其实早在20世纪初陶特（T. F. Tout）就指出亨利三世并不缺乏政治抱负，"他发展出了自己的一套政策，并在四分之一世纪中努力实现它"②。威尔金森（B. Wilkinson）不但承认亨利三世有自己的政策目标，而且把它与查理一世相提并论，"它基于对君主观念和国王职责的过高的理解"，不过他认为亨利三世的政治理想与查理一世一样，都与当时的政治环境格格不入，因而注定是要失败的。③

也有许多史家将亨利三世个人与其时代区别看待，但各自强调的是不同的方面，仍没有统一的认识。如鲍威克（Sir Maurice Powicke）也基本重复了对亨利三世性格的传统评价，并说他是"业余的政治家"。不过鲍威克指出这并不能掩盖亨利的成就，"他渡过了所有的难关，他辞世之时的英格兰比他的孩提时代更繁荣、更统一、更安定、更美丽"④。罗斯维尔（Harry Rothwell）承认对亨利三世的个性应该重新认识，但仍认为亨利三世本人是失败的，"即使他有个性，也没有体现在30年的个人统治中；即使有政治理想，也没有成功地实现……"但是就其统治而言，其作为"过渡性"君主的成就也不应被抹杀，"在1227—1258年间他对整个王国的统治没有大的动摇，他的成就就是在两个国王短暂而多难的统治时期之后，在漫长的统治中不断加强由亨利二世创建的政府机器，并且最终轻松地、毫无损伤地把它传递给了其更有能力的儿子"⑤。

在重新评价亨利三世的史家中，克兰奇（M. T. Clanchy）走得最远。他认为亨利三世的性格并不像原本认为的那样懦弱无能，以前的论断很大程度上都是没有根据的臆测。在分析马修·巴黎（Matthew Paris）

---

① Bryce Lyon, *A Constitutional and Legal History of Medieval England*, Toronto: George J. McLeod, 1980, p. 340.
② T. F. Tout, *Chapters in the Administrative History of Mediaeval England*, Vol. 1, Manchester: Manchester University Press, 1920, p. 240.
③ B. Wilkinson, *Constitutional History of Medieval England, 1216 – 1399*, Vol. 1, Toronto: Longmans, Green and Company, 1948, pp. 17 – 18.
④ Sir Maurice Powicke. *The Thirteenth Century: 1216 – 1307*, Oxford: The Clarendon Press, 1953, p. 19.
⑤ Harry Rothwell, *English Historical Documents*, III, 1189 – 1327, London: Eyre and Spottiswoode, 1975, p. 3.

的编年史①和勃拉克顿（Henry de Bracton）的著作②以及当时的其他文献资料后，他提出亨利三世有专制君权的理想，这与当时普遍的政治环境并不矛盾，而亨利三世在推行他的理想中也并不是失败的，他在去世之前赢得了政治斗争的胜利，更重要的是其政策对后世的影响，他在更普遍的意义上为世代维系英国君主制的基础做出了贡献，这一基础就是"国王的神圣性和最高的统辖权，既高于教会贵族，也高于世俗贵族。"③ 他的观点受到卡彭特（D. A. Carpenter）等人的反对。

对亨利三世的研究，卡彭特是当代较有影响者。他致力于对20世纪初以来对亨利三世重新评价的再认识，结果在一定程度上又回到了宪政史家的老路。他认为亨利三世并没有绝对的王权思想，其统治是软弱的，没有挑战贵族的特权。他认为在国王与贵族的斗争中贵族才是主动的一方，亨利三世个人统治期间对贵族的忍让为贵族们提供了加强其地方权力的理想条件，"郡守软弱、巡回法官无效、司法体系腐朽、国王容易对付"，结果是出现了一种"地方的贵族统治模式"。卡彭特正确地指出亨利三世与贵族还是以合作为主，亨利并没有将整个贵族阶层摒弃于政府之外，却走到了另一个极端，过分地夸大了当时贵族的势力，对国王政府权威的分析也过分悲观，在解释1258年贵族发动改革的原因时，也强调它是因为势力日盛的贵族不满亨利三世重用吕西涅（Lusignan）人以及"在处理王国事务上的无能"④，事实上又重新回到了宪政史家们的传统看法。

反观百年来对亨利三世的评价，有一个明显的趋势就是，过去那种对亨利三世及其时代一味地贬斥和否定逐渐被抛弃，随着新史料的发掘和研究的不断深入，亨利三世个人形象日渐鲜活，他的统治在英国历史发展中的意义也得到更多的肯定。但同时我们也注意到，大多数史家对亨利三世

---

① Matthew Paris, Roger, William Rishanger, *Matthew Paris's English History: From the Year 1235 to 1273*. J. A. Giles, Trans., Vol. II, London: G. Bell and Sons, 1889, p. 266. 马修·巴黎是13世纪英国著名的编年史家，他的编年史是亨利三世时代最重要的史料之一。
② 勃拉克顿是亨利三世时代的英国著名法学家，现存的《论英格兰的法律与传统》（*De Legibus et Consuetudinibus Angliae*）等著作据说出自他之手。这些著作为了解13世纪前期的英国法律与社会情况提供了重要依据。
③ M. T. Clanchy, "Did Henry III Have A Policy?", *History*, Vol. 53, No. 178 (1968), pp. 203–216.
④ D. A. Carpenter, "King, Magnates, and Society: The Personal Rule of King Henry III 1234–1258", *Speculum*, Vol. 60, No. 1 (Jan., 1985), pp. 39–70.

及其时代的基本评价还没有根本的改变，褒扬者谨小慎微，不能彻底抛弃成见，贬抑者虽然并无多少新的证据，却也在理直气壮地重复早期宪政史家的看法。争论各方各执一端，莫衷一是，陷入了一个难以突破的怪圈。

这种状况的存在反映了百年来整个西欧王权研究的普遍问题，其根源仍在于宪政史观和封建政治分裂论的影响，即研究者都把目光过分地集中在国王与贵族的对立关系上，集中于探询法制传统和议会的起源上了。斯塔布斯就曾说："从'拉尼米德（Runnymede）议会'开始的80多年中，英国的历史就是整个民族为了真正获得《大宪章》所赋予的自由和权利，或为了使那些权利得以维持而与国王斗争的历史。"[1] 梅特兰（F. M. Maitland）在其《英国宪政史》中也把从1215年签订《大宪章》的封建会议向1295年的包括"按当时的理论来说的所有类型的人们"的所谓"国家等级会议"的转变作为13世纪政府发展的主要线索，并用主要的篇幅分析"祈祷的、战斗的和劳作的"三个等级各自的发展。[2] 这种先入为主的、片面的学术取向不突破，自然也难以取得观点上的突破。

西方学界其实也有人注意到了这种学术取向的缺陷。克里姆斯就指出过去对政治、法律和议会等方面的强调的片面性，他提出要注意政府体制，要研究行政史。不过，他对行政史的强调还是服务于宪政研究的目标，他说，"英国宪政史的本质就是个人或组织试图取代国王的臣仆而以某种方法影响、限制、约束或控制依法属于国王的行政权力的行使"，而"法制原则、普通法的发展，以及议会的立法、财政和政治功能与权力的发展都只是英国宪政发展的表现而非本质"。[3] 可见，他虽然正确地指出了政府本身的重要性，但不过是找到了国王与贵族斗争的新战场，还是服务于寻求有限王权踪迹的目标的，因此其结论也就没有更多的新意了。20世纪80年代，布朗（A. L. Brown）主编了一套《英国的统治》（*The Governance of Eng-*

---

[1] William Stubbs, *The Constitutional History of England*, Vol. 2, 4th ed., Oxford: Clarendon Press, 1906, p. 1.

[2] F. M. Maitland, *The Constitutional History of England*, Cambridge: Cambridge University Press, 1946, pp. 69 - 90.

[3] S. B. Chrimes, *An Introduction to the Administrative History of Mediaeval England*, Oxford: Basil Blackwell, 1966, p. V.

land)①。这套书彻底抛弃了宪政史的研究思路,真正着眼于中世纪英国政府的发展本身,正如主编布朗所说,它是要说明"在制度框架内政府是如何工作的,而非对'宪政'事件的记录"②。虽然在很多方面作者并没有完全摆脱传统思维的影响,但着眼点的改变还是带来了全新的视野,在关于亨利三世时代的叙述中,可以清楚地看见平稳发展的国王政府和国王在其发展中的核心地位。

如前所说,王权的概念是中国学界创造并使用的,因此无法直接找到西方学界对亨利三世时代王权的看法,但从以上这些相关领域的研究史可以看出,西方学界的认识主要也是强调社会力量的限制和斗争,认为此时发生了衰落和倒退的观点占据了主流位置,虽然已开始注意到政府制度本身的研究,但还称不上有根本的突破。我国学者在很长时期内也将13世纪的英国政治制度史写成议会的诞生史,也十分强调贵族与国王斗争的意义,进而以此得出当时王权衰落的结论。③

事实上,正如前文所说,当时这种政治斗争以及议会等机构的发展有重要的意义,不过还不是王权问题的根本,因为"普通法庭和议会从来未成为、现在也不是政府本身,相反它们都是由政府所默认或创建的"④。我们应当更多地去考察作为王权问题核心的政府的机制和运行等方面。"13世纪因宪政而闻名,但13世纪的真正发展在行政和法律上,在君主制但非有限君主制上,在普通法而非宪法上。"⑤ 对比我国古代皇权的研究,学界一般认为中国古代的皇权强大甚至是皇权专制,就是基于对中国古代的中央

---

① 本套书共三本:H. B. Loyn, *The Governance of Anglo-Saxon England*, 500-1087, London: Edward Arnold, 1984; W. L. Warren, *The Governance of Norman and Angevin England*, 1086-1272, London: Edward Arnold, 1987; A. L. Brown, *The Governance of Late Medieval England*, 1272-1461, London: Edward Arnold, 1989.

② A. L. Brown, *The Governance of Late Medieval England*, 1272-1461, London: Edward Arnold, 1989, p. 4.

③ 其实,关于国王与贵族的关系,马克垚早就提出不宜把贵族完全看成国王的对立物,他们主要还是支持国王的;孟广林对13世纪以前英国王权的考察也确凿地说明了这一点(马克垚:《英国封建社会研究》,北京大学出版社1992年版,第85页;孟广林:《英国封建王权论稿——从诺曼征服到大宪章》,人民出版社2002年版,第三章)。

④ S. B. Chrimes, *An Introduction to the Administrative History of Mediaeval England*, Oxford: Basil Blackwell, 1966, p. V.

⑤ Harry Rothwell, *English Historical Documents*, III, 1189-1327, London: Eyre and Spottiswoode, 1975, p. 27.

集权的官僚政府体制细致入微的研究。在充分考察亨利三世时代的英国政府状况之后，我们也有足够的理由对过去的结论提出质疑。

本书就是基于以上认识的研究尝试，试图以一个更加规范的王权问题作为研究的起点，通过对13世纪英国王权在几个特殊时段内的独特运行机制及其效果的分别考察，着力在实际环境中认识中古英国王权的力量和权威，从而把握其性质。本书在继续关注和重新认识国王与贵族及教会的关系，以及议会兴起等王权问题的传统考察重点的同时，力求主要从制度的视角去研究作为制度史课题的王权问题。在考察13世纪英国的国王观念从而理清当时王权的思想基础之后，本书把研究的重点放在国王政府的机制和运行上，力求对亨利三世时代的王权状况形成总体的把握，最后再集中到一点，考察1258—1267年的改革和叛乱，对这一政治动荡给王权带来的影响做出评判。

这样既有静态的分析，又有动态的描述，点面结合，动静并重，可以使本书的结论尽量地接近真实。在考察过程中，笔者试图超越西方史学分析的既定模式，以唯物史观和辩证法为指导，围绕王权的核心问题，努力克服传统认识中的缺漏和谬误，并在此基础上对当时的王权性质和发展趋势做出评价。

总之，作为政治史研究范畴的王权问题自然涉及国王个人，但更主要的是制度问题，确切地说是制度的实际效果问题。它既赋予国王个人各种精神和世俗方面的权威，同时又要通过王国的各种制度和统治机构来体现和实施。理论上国王拥有何种权威或受到什么限制固然是认识王权的重要指标，但这些权威或限制通过什么来具体体现及其实施的效果如何，才应是衡量王权强弱的更为有力的依据。因此，在考察王权时只有兼顾国王个人、宫廷以及国王政府等方面，从理论、制度及其实施几个层面综合分析，才能得到比较准确的认识。本书研究的意义，就在于试图突破过去把王权问题区隔为几大关系的框架，把它还原到实际环境中去，动态地加以认识。这样的动静结合，应当有助于推动对中古王权乃至政治体制进一步深入的研究。

第一章　国王观念

——王权的思想基础

在一个历史时期，人们如何看待国王，在什么程度上承认其权威，对其有何制约，是决定当时王权性质的思想前提。从不同的思想角度出发，就会形成不同的认识。因此，要正确认识进而准确把握亨利三世时代英国王权的发展趋势，首先必须对当时的王权思想有正确的认识。

我国学者多强调传统思想中皇帝至上的观念，以此为思想基础，将中国古代的皇权定位为专制主义皇权，这种观点今天仍占据主流地位，但已有不少学者提出有力的质疑。而西方学者论及英国中世纪的国王时，则常常强调其权威的有限性，其思想依据是西方思想传统中的所谓宪政主义（constitutionalism），认为"王在法下"，国王的权威多有限制。比如威尔金森就认为亨利三世持有的国王拥有高度权威的思想与他所处的思想环境反差强烈，"就像查理一世的思想之于他的时代"[1]，而这正是他后来权力衰落的原因。亨利三世的权威是否最终衰落暂且不论，单就他对亨利三世时代思想环境的这种理解，其实就颇有重新考察的必要。事实上，西方史家所强调的王权有限思想不过是为了突出其所谓的宪政传统而从中世纪的史料中选择提取而来的，其实远远不是当时思想的全部，也难说是主流，对诸如"王在法下"等提法也是断章取义，而没有放在当时的环境中去理解其全部含义。在对当时的思想状况进行全面考察之后就会发现，其中确有王权有限的观念，但更主要的是国王至上的思想，而限制国王权力的观念在种种因素的约束下，所发挥的实际作用非常有限。

那么，中世纪时人们究竟在多大程度上具备了所谓的"宪政思想"？他们是如何看待国王及其权威的呢？本章拟以亨利三世时代为主，探讨13世纪前后英国的国王观念，从思想史的角度理清国王的职位及个人所拥有的权威和所受的限制，同时对一些传统的看法重新加以探讨，力求形成一个既全面又接近真实的认识，作为进一步研究此时英国王权状况的基础。

---

[1] B. Wilkinson, *Constitutional History of Medieval England*, 1216–1399, Vol. 1, Toronto: Longmans, Green and Company, 1948, pp. 17–18.

一、渊源与背景

首先在此有必要对英国国王观念的渊源进行一下追溯。英国王权发展到 13 世纪，已历经数百年，也受到多种因素的影响，因此国王观念中也包含着多种因素的痕迹。了解这些因素各自发挥了怎样的影响，是总体把握当时国王观念的必要前提。

1. 公社传统

英国的国王，最初起源于盎格鲁-撒克逊（Anglo-Saxon）的部落军事首领，在兼并与统一中逐渐强大，因此在英国的国王观念中保留了很多原始公社民主、平等观念的残余。这种观念主要表现为强调部落习惯的更高权威，进而引申为"王在法下"的传统。不过，很明显，这里的"法"与现代意义上的"法"有很大的差别，它最初是指部落中人人遵守的习惯，进入王国时期又强调法律是找到的、收集的或在贤人会议（Witan）共同讨论制定的。这样的法律当然比国王更具有权威性，在这样的背景下说"王在法下"是没有疑问的。但是随着社会的发展和王权的加强，"找到的"法律越来越不能满足规范社会的需要，国王逐渐具备了某种意义上的立法权，由国王颁布的各种法令、条例等日益增多，它们也都具有法律的强制力和权威性，"王在法下"的观念在这里便显得不合时宜了。但是，作为长期以来的一种传统，"王在法下"的观念还保留在人们的思想中，只是已受到其他观念的挑战，不再那么理所当然、不容置疑了。西方的法与君主关系的这种变迁，其实与中国古代"礼"与"法"的发展对皇权的影响颇有类似之处。[①]

此外，国王的部落起源也使之具有对全体国民的公共权威。即使在封君封臣制最发达的 11、12 世纪，国王也没有像有些西方史家所说的那样只握有私权。国王权威的公共性质在法学家们的"共同体"（community）理论中得到充分的肯定，共同体理论在罗马法和教会法中都有重要的地位，但其根源应在原始部落的传统当中。共同体理论认为，国王是共同体的代表，其权威即共同体的体现，因此对共同体的所有成员都有效；[②] 但同时国

---

① 马克垚：《中英宪法史上的一个共同问题》，《历史研究》1986 年第 4 期，第 171 - 182 页。
② J. E. A. Joliffe, *The Constitutional History of Medieval England*, London: Adam and Charles Black, 1937, p. 206.

王的权力是共同体所赋予的,因此共同体有限制国王的权力:国王的最高职责是保卫公共福利(common good),当国王不能履行这一职责时,共同体就有权纠正,甚至收回其权力。共同体观念无疑对理解中世纪的国王观念有重要的意义。

2. 封建制度

诺曼征服为英国导入了大陆的封建制度(feudalism),即封君封臣制度,国王兼有最高封君的身份,是封建等级中的第一人。[①] 国王的这种背景是国王观念的另一基础。

许多西方史家认为,封君封臣关系在国王与臣下之间建立了契约关系,使他们相互保有权利和义务。在此意义上,国王与臣下具有了平等的意味。他们认为这是解释中世纪一些限制国王权威的观念的锁匙。"我们宪政中的咨议性因素(conciliar elements),及其力图使国王依法行事并使臣民的基本权利永存的特征,很大程度上得益于封建制度……反抗得以存在的实质性根源在于扎根于封土的不可剥夺的封建权利,反抗的传统来自封建野心,而以战争反对国王的权利,不过是来自封臣对效忠契约的解除权(diffidation)。"[②]

不可否认,封君封臣关系确实使国王的权威具有了某种意义上的私权性质,也为之增加了一些限制,但究竟限制到什么程度,同时哪些限制因素与封建制度有直接的因果关系,是很难确定的。前述的看法乃基于对封建关系的"契约性"定位,这其实是经不起推敲的,许多西方史家也不同意这种看法,指出"王与臣民的法律关系并不是建立在契约之上的"[③]。马克垚对此有过精辟的论述,他指出封君封臣关系的建立本质上是建立了一种人身依附关系,其尊卑之序不容颠倒,很难说是基于自愿而达成的平等的契约。[④] 换一个角度看,结成封君封臣关系的国王与贵族同属于统治阶级,其初衷是为了适应中古前期中央政府不发达的现状,更好地维持他们的统治地位,因此合作才应是双方关系的主流。国王的最高封君地位,贵

---

① 这种说法其实颇有争议,有人认为封君封臣制度是诺曼征服前即有的。有关讨论参见马克垚:《英国封建社会研究》,北京大学出版社2005年版,第16、第126页。

② J. E. A. Joliffe, *The Constitutional History of Medieval England*, London: Adam and Charles Black, 1937, p. 174.

③ Fritz Kern, *Kingship and Law in the Middle Ages*, S. B. Chrimes, Trans., Westport, Conn.: Greenwood Press, 1985, p. XXI.

④ 马克垚:《西欧封建经济形态研究》(第2版),人民出版社2001年版,第104–107页。

族作为国王的"天然谋臣",都为国王权威的稳固和加强增加了筹码。而且,在封君封臣关系下,封臣的首要义务是忠诚,背叛领主是严重的罪行,① 这也是有利于国王增加权威的。

另外值得注意的是,现在西方有一批史学家已对封建制度是否在中世纪曾占据主导地位提出怀疑,甚至否定封建制度的存在。② 果若如此,则基于封建制度的各种推论就更要重新考虑了。仅就本章关心的思想史而言,其实当时的国王观念如何受到封建制度的影响也很不明确,因为在中世纪思想家的有关论述中,很少直接提到封建法,比如在索尔兹伯里的约翰(John of Salisbury)和勃拉克顿的著作中都对封建法只字未提。③ 因此在将限制国王权威的观念与封建制度联系时应当谨慎。

3. 罗马法的复兴

12世纪,以《查士丁尼法典》的重新发现为标志,罗马法在西欧复兴,法学家们结合当时的现实对罗马法进行注释和研究,为已有的法律体系注入了新的元素,使古老的罗马法的观念服务于现实。在当时西欧各国王权迅速崛起的过程中,罗马法中的皇权思想对国王观念的发展产生了重要的影响。

在君主与法律的关系上,罗马法提供了一些不同于以前的观念。罗马法强调君主拥有绝对权威,高于法律,皇帝被视为"活的法律"(lex animata)。这种观念生动地体现在一些法律格言当中,其中最著名的当数如下两句:

> 君所悦者即有法律之力。(Quod principi placuit legis habet vigorem.)
> 君主不受法律约束。(Princeps legibus solutus est.)

这些格言都出现在《查士丁尼法典》中,其中后一句话在《查士丁尼

---

① 布洛赫:《封建社会》(上),张绪山译,商务印书馆2004年版,第372 – 373页。
② 代表论著为:E. Brown, "The Tyranny of a Construct: feudalism and historians of medieval Europe", *American Historical Review*, Vol. 79, No. 4 (Oct., 1974), pp. 1063 – 1088; Susan Reynolds, *Fiefs and Vassals: the Medieval Evidence Reinterpreted*, Oxford: Oxford University Press, 1994.
③ Fritz Schulz, "Bracton on Kingship", *English Historical Review*, Vol. 60, No. 237 (May, 1945), pp. 175 – 176.

法典》中出现四次，以乌尔比安（Ulpian）的一条评论最著名。① 在 12 世纪的讨论中，前一条格言常被作为君主拥有立法权的根据，后者则被认为是对君主废除或背离他自己或其前任颁布的法律、否认法庭裁决和行政命令的权力的概括。

当然，罗马法也包含许多限制君主权威的思想。同样在《查士丁尼法典》中，就有 429 年罗马帝国东西部的两位皇帝狄奥多西二世（Theodosius II）和瓦伦提亚三世（Valentinianus III）共同颁布的诏书，声称"君主应使自己受法律约束。事实上我们的权威乃基于法律之权威……"② 这一诏书的思想看似与前面的格言互相矛盾，其实它们之间并没有根本的冲突：诏书从君主的角度强调君主"应受法律约束"，这是就主观"意志"而言的，而前面的格言强调了君主在客观上不受法律约束的"事实"。

《查士丁尼法典》的有关条文反映了这样的思想：皇帝在法律上是不低于法的，只是在道德上他被认为有责任遵守法律。12、13 世纪波洛尼亚大学的法学家们的观点与法典没有明显的区别。③ 其中以阿佐（Azo）和阿库修斯（Accursius）的思想最为著名，对后世的影响也最大。尤其是阿佐的著作对勃拉克顿的影响是公认的，甚至他的著作中直接转抄了阿佐作品的很多内容。④ 阿佐认为，君主既不受自己的法律约束，也不受别人的法律约束，他说："如果一个君主说'我是受法律约束的'，那他必是撒谎。"但是他补充说，君主出于自己的意志使自己低于法律。阿库修斯等人都指出国王的加冕誓言是一种"欺骗性的言辞"（Falsa Vox），不论君主说什么，他们都是不受法律约束的，但这些法学家又普遍相信君主会主动使自己约束于法律。⑤ 到 13 世纪初，君主的意志（will）已经成为君主与法律关系讨论

---

① Kenneth Pennington, *The Prince and the Law*, 1200 – 1600, Berkeley: University of California Press, 1993, p. 78.

② Kenneth Pennington, *The Prince and the Law*, 1200 – 1600, Berkeley: University of California Press, 1993, p. 78.

③ Fritz Schulz, "Bracton on Kingship", *English Historical Review*, Vol. 60, No. 237 (May, 1945), pp. 161, 163.

④ M. W. Maitland, *Bracton's Note Book: A Collection of Cases*, Vol. 1, London: C. J. Clay & Sons, 1887, pp. 9 – 10. 这里梅特兰认为勃拉克顿主要是吸收了阿佐的理性主义（Rationalism）而不是罗马法精神（Romanism）。不过晚近的研究多倾向于承认罗马法在英国普通法发展中的重要影响。

⑤ Kenneth Pennington, *The Prince and the Law*, 1200 – 1600, Berkeley: University of California Press, 1993, p. 82.

中的焦点，强制性的限制则为多数法学家所否认。

12世纪，在罗马法的影响下，英国的法学著作中也明确地表现出承认国王高于法律的观念。索尔兹伯里的约翰认可君主"不受法律约束"的说法，不过他对这一格言的含义加以限制，认为它只意味着君主主持公正是出于对正义的爱而非对法律惩戒的恐惧，并没有使君主可以合法地背离公义。① 拉诺夫·格兰维尔（Ranulf de Glanville）则更进一步，认为不但赋予国王法律的权威是安全的，而且是必要的，因为强有力的国王可以保护人民："国王不但必须被赋予武力以对抗反叛者以及威胁国王和王国安全的外敌，而且应当掌握法律以统治臣下和平民。这样无论在和平时代还是战争时期，我们高贵的国王都能成功地履行职责：以力量之手粉碎强悍不逊者的狂傲，以公正之杖给卑贱软弱者以正义。"② 法学家们甚至从国王维护和平的职能导出其立法的权力，在著名的《财务署对话集》（Dialogue of the Exchequer）中就声称"没有人敢于违抗为了和平而颁布的王令"③。这些都明显地受到罗马法观念的影响。

4. 基督教传统与教皇权威的扩张

基督教会对国王权威的贡献之一就是协助国王进一步发展了"君权神授"的观念，加强了国王的神权政治权威。595年，修士奥古斯丁受教皇格里高利一世（Gregory I）的差遣登上不列颠岛，开始了英格兰的基督教化。④ 在此过程中，国王与教会互相依托、共同发展，教会的势力在国王的庇护下迅速扩张，国王也借基督教的神权政治理念巩固和扩大了其统治的权威。对于13世纪以前基督教会在英国国王权威的神化和巩固中的重要作用，孟广林的一篇文章做了深入细致的探讨，在此不再赘述。⑤ 总之，通过为国王实施涂油加冕典礼等一系列手段，基督教会成功地在臣民当中树立了国王的神圣形象，国王的权威因来自上帝的赐予而神圣不可侵犯，甚至

---

① John of Salisbury, *The Statesman's Book of John of Salisbury*, John Dickinson, Trans., New York: Knopf, 1927, p. 7.
② Ranulf de Glanville, *A Translation of Glanville*, John Beames Trans., Littleton: Fred B. Rothman & Co., 1980, p. XXXVI.
③ J. H. Burns, *The Cambridge History of Medieval Political Thought*, C. 350 – C. 1450, Cambridge: Cambridge University Press, 1988, p. 486.
④ 比德：《英吉利教会史》，商务印书馆1996年版，第61–62页。
⑤ 孟广林：《中世纪前期的英国封建王权与基督教会》，《历史研究》2000年第2期，第134–139页。

国王本人也具有了某些神力，为世人所景仰。国王的这种与神授权威相伴而来的异于常人的能力在中古西欧被广泛宣传。从亨利一世开始，英国国王就宣称自己有"行奇迹的能力"（thaumaturgical power）①。

教会不但加强了国王的神圣性，也为国王观念不断提供新的思路，因为在教会的顶端也有一位君主——教皇，教会理论家们对教皇权威的阐释，深刻地影响了人们对作为世俗君主的国王的权威的看法。11、12 世纪之间，教皇的权威得到巨大的扩张，其中由教皇格里高利七世（Gregory VII）发动的改革甚至被美国法学家伯尔曼称为"教皇革命"②。在 1075 年的一份教谕中，明确规定了教皇的最高权威：他可以根据需要颁布新法，只有他可以使用皇帝的徽章，没有人可以对他进行评判。③ 到英诺森三世（Innocent III）在位时，教皇权威达到了前所未有的高度。与教皇地位的提高相适应，教会法学家们提出了一套新的教皇权威理论：他们常把教皇对教会的权威称为"全权"（Plenitudo Potestatis），与罗马法学家的君权理论不同的是，教会法学家并不认为这种全权是由全体信徒所赠予的，而是得自上帝。④ 英诺森三世更反复声称教皇在某些情况下乃行使神权，并且从作为基督之代理人的职位获得"非常的"权力。在必要时，教皇可以以其"全权"摆脱教会法条文的束缚。⑤ 教会法学家对此加以发挥，认为教皇在某些事务中是高于法律的，他是所有人的法官，同时，任何人都不能对他进行评判。12 世纪的教会法学家构建的这一教皇主权理论体系，在政治思想中影响深远，随着西欧各国王权的加强，同样的权力日益被赋予世俗君主，从而成为国王至上观念的又一个重要来源。

以上分别追溯了 13 世纪前英国国王观念的几种渊源，其实在现实中它们绝不可能如此泾渭分明，而是相互渗透、共同发挥作用的，呈现在我们

---

① Bryce Lyon, *A Constitutional and Legal History of Medieval England*, Toronto：George J. McLeod, 1980, p. 140.
② 哈罗德·J. 伯尔曼：《法律与革命——西方法律传统的形成》，贺卫方译，中国大百科全书出版社 1993 年版，第 22 页。
③ Brian Tierney, *The Crisis of Church & State, 1050 - 1300*, New Jersey：Prentice - Hall, 1980, pp. 49 - 50.
④ J. H. Burns, *The Cambridge History of Medieval Political Thought, C. 350 - C. 1450*, Cambridge：Cambridge University Press, 1988, p. 433.
⑤ Kenneth Pennington, *The Prince and the Law, 1200 - 1600*, Berkeley：University of California Press, 1993, p. 56.

面前的是这种共同作用的产物。可以看出,其中既有限制国王权威观念的痕迹,更有国王神圣、君权至上观念的膨胀。不同的阶层和利益集团会强调这些观念中的不同侧面,从而形成了国王观念的多样性和多元化。但是,自诺曼征服以来英国王权的强大是不争的事实,亨利二世的统治更使这种强大达到了前所未有的程度。因此,在思想领域中,国王至上的观念也无可辩驳地成为主流,甚至有人说,到 13 世纪时,法学家们已在为君主们违背法律、习惯和个人私权的行为的辩护中毫无困难了。①

下面对 13 世纪英国的国王观念概况进行具体的梳理。

二、国王的权威

1. 君主制的必要性

中世纪的思想家从许多方面论证了君主制存在的必要性。正如一位英国学者所说,在中世纪西欧,国王权威的来源、权力的界限、与臣民的关系都可能成为争论的主题,但是,对国王存在的必要性以及在国家(body politic)之上设立单独的统治者的观念却从未有过疑问。② 事实上,除了在意大利的少数地方曾出现共和制以外,君主制贯穿了整个中世纪西欧,所有的现实都在迫使思想家们去证明君主制是唯一合理的制度。

首先有人强调上帝在宇宙的统治与国王在人间的统治的相似性,在人们普遍虔信基督教的环境中,这样的类比很容易被接受:"既然整个世界由上帝单独主宰,那么国家也只能由君主一人统治。"③ 中世纪时人们也喜欢用自然法则对比于社会,在许多著作中国家被比作人体,它拥有单一的"首脑",当然是天经地义的。索尔兹伯里的约翰就曾做过这样的比喻,并指出,只有头脑安全而有活力,并担当起守护者的职责,整个有机体的幸福才有可能维持。④ 从思想的角度,13 世纪重新发现的亚里士多德的政治著

---

① J. H. Burns, *The Cambridge History of Medieval Political Thought*, C. 350 – C. 1450, Cambridge: Cambridge University Press, 1988, p. 436.

② Norman Zacour, *An Introduction To Medieval Institutions*, 2nd ed., London: St. Martin's Press, 1977, p. 96.

③ Bernard Guenée, *States and Rulers in Later Medieval Europe*, Oxford: Basil Blackwell, 1985, p. 67.

④ John of Salisbury, *The Statesman's Book of John of Salisbury*, John Dickinson, Trans., New York: Knopf, 1927, p. 247.

作中也有对君主制作为最佳政府形式的哲学支持。作为13世纪政治思想之集大成者，托马斯·阿奎那（Thomas Aquinas）也强调了君主统治的必要性和自然性。他认为人是"社会和政治的动物"，其必然的状态是生活在"许多人的社会"，如果人们不一起生活，并不在一个保卫公共福利的人的统治之下的话，社会将陷入混乱，"因此很清楚国王应是一人，应当拥有权威，应当是寻求大多数人的公共福利而非一己私利的牧者"①。从人本的角度出发，但丁在其《论君主制》中也认为一个国王的统治是最好的选择，"能由一人完成的事最好由一人来做，而不要分诸数人"②。

值得一提的是，在大多数中世纪思想家的著作中，关于国王的必要性的讨论并不是主要的，在他们看来，"要不要国王"并不是问题，在王权强大的英国尤其如此。他们主要关心的是"要什么样的国王"，如何使国王更好地行使自己的职责，因此，当时许多作品被称为"君主镜鉴"（The Mirrors of Princes），是为君主"资于治道"的。君主有何权威、受何限制，才是思想家们着力阐述的主题，因而也是认识当时国王观念的重心所在。

2. 国王的合法性

既然一个国王的存在是必要的、天经地义的，那么谁能拥有这个职位？一个真正的国王是如何产生的呢？这便是国王的所谓合法性问题。

近代以来的研究者一般认为，中世纪时国王的合法性要由三个方面来规范，即贵族选举、世袭继承和民众认可。但是事实上，在中世纪的著作中却鲜有对这一问题的论述，特别是对选举和认可的强调更不多见。事实上，自诺曼征服以来，除了王族内部纷争导致的王位争夺之外，世袭继承一直是王位更迭的唯一准则，出身是"合法"的最佳理由，而贵族选举和民众认可则日渐成为古老习俗的记忆。"在中古英格兰，选举国王只不过是一个有用的虚构（fiction）。"③

臣民对国王的选举和认可的权利来自王权的古老渊源，但是随着王权的不断发展，它们在选择国王中的作用日益衰减。从当代人的角度来看，选举应当是保证国王能力的最佳途径，然而在中世纪，一方面，选举本身

---

① Harry Rothwell, *English Historical Documents III*, 1189–1327, London: Eyre and Spottiswoode, 1975, p. 896.
② Dante, *Monarchy*, Cambridge: Cambridge University Press, 1996, p. 23.
③ Bryce Lyon, *A Constitutional and Legal History of Medieval England*, Toronto: George J. McLeod, 1980, p. 140.

与现在有很大的区别；另一方面，人们对选举的看法也不同于现在。现实当中由选举带来的混乱使多数思想家对选举心存畏惧。从贵族的角度来讲，选举国王的缺点在于要求他们在有机会凭经验判断之前就对候选人的能力有一个清楚的认识，这其实并不比继承更有优势。至于民众认可国王的权利更难以考证，有人说在国王加冕典礼上群众的集会和国王加冕后全场的欢呼表明选举和认可的原则曾经发挥作用，这似乎有些牵强。

虽然继承在理论上似乎缺乏令人信服的理由——至多是强调这有利于臣民效忠的连续性，但王位更迭的世袭继承制原则却逐步固定和完善。虽然在13世纪时还从未有过任何明确的法令规定世袭继承，但从亨利三世开始，长子继承制便作为王国的一条原则确立了。亨利三世9岁即位，爱德华一世即位两年后才回国，都未遇什么困难，充分反映了继承制的深入人心。而且，此前此后的几次背离继承原则的王位纷争都是就事论事，各自寻找理由，而没有对这一普遍原则的改变。① 在王位争夺中，斗争双方更多的是强调各自出身的正统性和对方在继承链条上的劣势，或者声称自己获得王位乃上帝的选择，而不去强调什么选举或民心的向背。

继承原则客观上保证了英国王位可以一脉相承，绵延近千年至今。它也使英国人更习惯于考虑如何使已有的国王更能被接受，而不是改朝换代。

3. 国王的功能与权威

那么，国王究竟拥有哪些权威，又在一个社会中发挥着怎样的作用呢？对于统治者的功能，中世纪的思想家有很多论述，出于不同的背景，他们各自强调了不同的方面。教会法学家们往往强调统治者是正义的施予者和邪恶的压制者；世俗作家则复兴了加洛林时代的君权观念，在亚里士多德目的论的影响下，他们将统治者视为国家目标的引导者，认为"统治就是将国家引向其既定的目标"。② 与这些功能相应，人们常强调统治者的神圣性，认为他是高于凡人的，是"半神"（Semideus），统治者也被看作道德的楷模，掌握道德权威，这些都使之居于至高无上的地位，有权要求臣民服从，引申为其对臣民的强制管理权。

13世纪法国的思想家罗马的吉尔斯（Giles of Rome）著作影响广泛，其

---

① J. H. Burns, *The Cambridge History of Medieval Political Thought*, *C. 350 – C. 1450*, Cambridge: Cambridge University Press, 1988, p. 498.

② J. H. Burns, *The Cambridge History of Medieval Political Thought*, *C. 350 – C. 1450*, Cambridge: Cambridge University Press, 1988, p. 483.

中就集中地体现了这种思想。他说国王是彻底公正的，国王的统治是为了人民之福利，正是这一点赋予了其统治的权利，同时也使臣民心甘情愿地为其服务，"自由地"服从他。国王必须是正义的守护者，从而应有强制的管理权，更重要的是他必须掌握社会的标准（norms），"国王是弓，人民则是箭，由国王指向他们希望的目标"。国王通过为人民制定良法来完成他的使命，所以立法权对于国王的职位有根本性的重要意义。无论在素质上、权力上还是在职责上，国王都"相当于半神"（quasi semideus）。[1]

在13世纪的英国，这样的观念被明确地应用于英国国王。著名法官勃拉克顿（Henry de Bracton, ? -1268）在《论英国的法律和传统》[2] 一书中，多次把国王称为"上帝之大臣"（minister Dei），并反复强调英王为"上帝在人间的代理人"（vicarius Dei in terris），还用《诗篇》中描写上帝的语句来赞颂英王。[3] 勃拉克顿并不忌讳将有关罗马皇帝的原则应用于英国国王。他说："英王在世间是至高无上的；英王是其王国的皇帝。"[4] 他又引用罗马法的条文来强调国王至高无上的地位："因为平等者不能对平等者拥有权力，所以，在王国内没有人与国王有平等的地位，更没有地位高于国王者。"[5]

《刘易斯之歌》（Song of Lewes）是1264年贵族在刘易斯之战中战败保王派后，为贵族的行动张目的政治歌谣。从贵族的抱怨可以看出，国王认为自己应当有"自由"，并声称这是必要的。来自国王的权利，如果国王不能为其所欲为，便不再是国王了。国王可任命任何人为王国的官吏，把来自任何国家的人作为咨政官，而不必有英格兰的男爵们插手其中，因为"君主的命令有法律之力"。对国王的这种态度，贵族虽然不满，却也很无奈，只能把怒火转向国王身边以欺诈的言语误导国王的谋臣。[6] 可见，即使在国王失势的非常时期，叛乱者也未敢忘记其至高无上的权威。

---

[1] J. H. Burns, *The Cambridge History of Medieval Political Thought*, *C. 350 – C. 1450*, Cambridge: Cambridge University Press, 1988, pp. 484 – 485.
[2] *此处乃沿用一般的说法，有学者认为此书并非出自勃拉克顿本人的手笔。*
[3] Fritz Schulz, "Bracton on Kingship", *English Historical Review*, Vol. 60, No. 237（May, 1945）, pp. 147, 149.
[4] Fritz Schulz, "Bracton on Kingship", *English Historical Review*, Vol. 60, No. 237（May, 1945）, p. 169.
[5] Kenneth Pennington, *The Prince and the Law*, *1200 – 1600*, Berkeley: University of California Press, 1993, p. 93.
[6] Harry Rothwell, *English Historical Documents III*, *1189 – 1327*, London: Eyre and Spottiswoode, 1975, p. 906.

三、国王的义务与限制

不可否认，在当时作家的著作和现实的政治斗争中也有大量对国王的权威进行规范和限制的论述和尝试。正是这些内容被近代以来的西方史家不断神化，成为英国自古即有王权有限的观念甚至法治传统的佐证。这些观念中进步的因素当然不能忽视，但是把这些观念放在当时的环境中去考察之后，笔者发现其对国王所起的实际限制作用是很有限的，有时还被国王利用，作为加强其权力的工具。这里将分别对一般被认为对国王有所限制的几个方面略加考辨，以求做出客观的评价。

1. 君权

12世纪中叶兴起的"君权"（crown）概念历来被当作对国王施加限制的法宝之一。crown本义是王冠，从12世纪起逐渐抽象为王的职位的象征，这种抽象化首先出现在英国，之后西欧各国相继出现了这种观念。① 君权的概念最初来自国王的私有土地与国库土地的区别，它包括所有继承而来且必须丝毫无损地传之后代的王室权利和权力。君权反映了王位连续性的特点，也突出了其公共性，它是属于整个王国的，当时已有君权即共同体的化身（embodiment）的观念。② 在法学家看来，君权是一组权利，包括王的特权、管辖权、财政权以及土地和财富。它必须不受任何其他人或组织的侵夺，甚至不受国王本人愚蠢的慷慨馈赠的损害。③ 君权概念的意义在于将王个人与王的职位区别开来，从而对王个人的行为构成约束。有关君权的这些观念在13世纪初形成了君权的"不让与"（Inalienability）原则。这一原则在罗马法和教会法中都可以找到根源。罗马法学家是由对《君士坦丁的赠礼》的讨论而注意到不让与原则的；阿库修斯指出，《君士坦丁的赠礼》在法律上是无效的，因为皇帝不能损害他的继任者的权利。几乎与此同时，教皇洪诺留三世（Honorius III）发布教谕，宣称匈牙利国王不能做

---

① Bernard Guenée, *States and Rulers in Later Medieval Europe*, Oxford: Basil Blackwell, 1985, p. 83.
② J. E. A. Joliffe, *The Constitutional History of Medieval England*, London: Adam and Charles Black, 1937, p. 206.
③ J. H. Burns, *The Cambridge History of Medieval Political Thought*, C. 350 – C. 1450, Cambridge: Cambridge University Press, 1988, p. 499.

有损于其职位的让与,即使他已发誓要进行让与,因为国王也曾发誓要保卫王国的权利和君权的尊严。他的这个教谕建立了教会的不让与理论。通过不让与原则,法学家们强调了国王职位加于国王个人的限制,提醒国王是王国的"守护者"(guardian),而非"主人"(lord)①。

在13世纪的英国,君权观念已很流行。《牛津条例》中就提到"对王和君权的忠诚"(faith to the king and the crown),② 爱德华一世也曾向教皇说他"受到誓言的约束,不能在没有向贵族咨询的前提下做任何触动本王国王冠(diadem)的事"③。第一份明确表达君权不让与原则的政府文件出现在1257年。④

在理论上,君权的观念确实为国王的行动增加了羁绊,而且在14世纪初贵族就曾以保卫君权作为反对爱德华二世的理由之一。然而,君权事实上对国王的限制也不能夸大。虽然从理论上抬高君权有降低国王个人地位的趋势,但在当时的环境下,谁能够、谁敢于在国王个人与君权间做明确的区分呢?因为这种行为要冒被指为"僭越王位"的危险。即使到14世纪,进行这种区别也被认为是一种叛逆。⑤ 而1322年的一项法令则更明确地宣布,臣下在任何时候,通过任何授权所颁布的针对国王或君权的任何形式的法令和条例都是无效的。⑥

从国王的角度来看,君权观念也有诸多有利之处。君权不让与的原则事实上为国王提供了保卫其权威的武器,亨利三世在《肯尼沃斯宣言》(*Dictum of Kenilworth*)的第六条中就援引这一原则否定了在动乱中对贵族的所有让步,⑦ 而上述爱德华一世的话也不过是拒绝向教皇纳税的借口罢了。

---

① J. H. Burns, *The Cambridge History of Medieval Political Thought*, C. 350 – C. 1450, Cambridge: Cambridge University Press, 1988, pp. 438 – 439.
② G. B. Adams, *Select Documents of English Constitutional History*, New York: The Macmillan Company, 1926, p. 58.
③ E. H. Kantorowicz, *The King's Two Bodies*, *A Study in Mediaeval Political Theology*, Princeton: Princeton University Press, 1997, p. 362.
④ E. H. Kantorowicz, *The King's Two Bodies*, *A Study in Mediaeval Political Theology*, Princeton: Princeton University Press, 1997, p. 166.
⑤ Sir F. Pollock & F. W. Maitland, *The History of English Law Before the Time of Edward I*, Vol. 1, Cambridge: Cambridge University Press, 1952, p. 525.
⑥ J. H. Burns, *The Cambridge History of Medieval Political Thought*, C. 350 – C. 1450, Cambridge: Cambridge University Press, 1988, p. 500.
⑦ Harry Rothwell, *English Historical Documents III*, 1189 – 1327, London: Eyre and Spottiswoode, 1975, p. 382.

君权不可侵犯的观念的确立更被认为是通往国王司法主权的必要步骤。①

2. 建议与认可

接受臣下的建议（counsel）也是国王被普遍强调的义务之一。有人认为这种义务来源于国王作为封君的身份，而中世纪的法学家们却未从此角度考虑，他们认为国王与他的咨政官们共同构成王国的"统治体"（ruling body），因此重大的决策应当听取臣下的意见。国王集思广益、勇于纳谏被视为美德，而偏听偏信、专断独行者则被斥为暴君。英国的教俗贵族一直被认为是国王的"天然谋臣"（consiliarii nati），甚至也有人提出国王纳谏不能仅仅停留在表面上，而要确实遵谏而行。②

鼓励国王纳谏确实会对国王有所约束，但其实纳谏是君主实现统治的必要途径，东西方皆然，是否构成限制关键在于国王听谁的建议，以及决策权在哪里。由此观之，则13世纪英国的国王在这方面并未受到特别的限制。当时普遍的观念是国王可以自由地选择咨议官，而且也没有任何制度动摇国王的决策权。1258年的贵族叛乱，曾经对国王的这种权力提出挑战，《刘易斯之歌》中就声称国王周围邪恶的咨议官是王国的敌人，并为贵族会议架空国王辩解说："因为对王国的统治关系着全体臣民的安危，因此王国由谁守护至关重要：正如船行大海，若白痴掌舵，则全船遭殃。"③ 这里体现了一种以公共利益排斥国王的选择的观念，十分难能可贵，但是它与当时的主流思想是根本冲突的，要到几个世纪之后才能被普遍接受。

此外，我们应当跳出国王与贵族对立的定势来看问题，在封建时代，国王与贵族作为共同的统治阶层，合作是主要的。国王有选择谋臣的自由，并不意味着要排斥贵族参政；同样，贵族作为"天然谋臣"，也不只意味着有了对抗国王的资本，事实上，贵族的建议非常有益于国王的统治，因为他们"为国家（body politic）提供了强有力的臂膀"④。

比建议更进一步的便是认可（consent），即国王的决策要得到臣民的认

---

① J. H. Burns, *The Cambridge History of Medieval Political Thought*, C. 350 – C. 1450, Cambridge: Cambridge University Press, 1988, p. 499.
② J. H. Burns, *The Cambridge History of Medieval Political Thought*, C. 350 – C. 1450, Cambridge: Cambridge University Press, 1988, p. 502.
③ Harry Rothwell, *English Historical Documents*, III, 1189 – 1327, London: Eyre and Spottiswoode, 1975, p. 910.
④ J. H. Burns, *The Cambridge History of Medieval Political Thought*, C. 350 – C. 1450, Cambridge: Cambridge University Press, 1988, p. 503.

可才有效。认可原则的来源是国王征税的要求,这是把国王的税收视为额外收入,根据封建原则引申而来的。① 然而,在 14 世纪以前的英国,把认可视为整个国王权威的基础的观念尚未出现。甚至在议会兴起以后的相当时期内,除了立法和税收,国王的决策权仍未动摇。而且,由于对认可概念的不同理解,以及表达认可的方式的不完善和不确定,这一原则在税收和立法方面的实际限制也大打折扣。②

3. 王与法

国王与法律的关系历来是中古王权研究的焦点之一,争论很大。究其原因,盖由于"王在法下"还是"王在法上"被视为判定中古国王的权威是否有限的主要标准,因此,宪政史家自然倾注极大的热情寻求"王在法下"的踪迹,而相反的史实自然也不会为负责的学者所忽视,于是争论就难免了。就 13 世纪英国而言,争论主要围绕法学家勃拉克顿的有关论述展开。

作为国王法庭的一位法官,勃拉克顿不同于那些学究式的法学家,从他的论著中更能窥视到当时的现实状况。但也许正因为他不是专业的法学家,所以其著作中留下了许多令人迷惑的难题。学者们对勃拉克顿的思想是否前后一致,对他是否有足够的罗马法知识等问题一直争论不休。而他对国王与法律关系的有关论述,更是有五花八门的解释,面对长期的争讼不决,有人无奈地说勃拉克顿"做了一份难以消化的肉汤"③。

勃拉克顿首先强调,"王不能够低于任何人,但应当低于上帝和法律,因为法律造就了国王。因此,让国王给予法律所给予他的,即统治与权力,因为如果一个地方是由意志而非法律统治,就不会有国王存在"④。许多人认为这表明勃拉克顿认为"王在法下",甚至有人说:"他的学说构建了成功地反对专制主义(Absolutism)的思想和传统。"⑤

---

① 马克垚:《英国封建社会研究》,北京大学出版社 2005 年版,第 77 页。
② J. H. Burns, *The Cambridge History of Medieval Political Thought*, *C. 350 – C. 1450*, Cambridge: Cambridge University Press, 1988, p. 518.
③ Kenneth Pennington, *The Prince and the Law*, *1200 – 1600*, Berkeley: University of California Press, 1993, p. 92.
④ Fritz Schulz, "Bracton on Kingship", *English Historical Review*, Vol. 60, No. 237 (May, 1945), p. 144.
⑤ Bryce Lyon, *A Constitutional and Legal History of Medieval England*, Toronto: George J. McLeod, 1980, p. 436.

但是，勃拉克顿的另外一些说法却未免使持此观点者有些失望，他的一段被广泛引用的论述是这样说的："国王是上帝的代理和其在尘世的大臣，国王的权利仅来源于此，除此国王没有别的权力。但这与那句罗马法格言'君所悦者有法律之力'并不矛盾，因为在这一法律（即这句格言所在的《罗马法大全》D. 1.4.1）的最后写道：'因为通过为确定君主权力而颁布的王法'，（人民已经把所有的权利和权力转交给了君主）"。① 此外，他又说没有人可以合法地强迫国王——没有任何令状是针对国王的。与13世纪以前的法学家一样，勃拉克顿无疑相信国王有义务遵守法律，但是他认为国王只能通过自己的意志，而不是法律的强制来完成他的这一义务。他还认为国王可以豁免于法律，并可以"改进"（improve）已有的法律。②

勃拉克顿的学说给人造成王既高于又低于法律的自相矛盾的印象，这也是争论产生的原因所在。事实上，如果不以近代宪政思想的先入之见来诠释"王在法上"还是"王在法下"的问题，而是站在当时的环境中去理解的话，就会发现勃拉克顿的观点并不自相矛盾。对于当时的政治思想家和法学家而言，这种强调了王与法之间的互补关系的观念并无难解之处，相反却是适应王的神、人双重性的唯一可以接受的观念。"王高于又低于法律"并不自相矛盾，正如"圣母玛利亚是贞女和母亲，儿子的女儿"一样。③ 勃拉克顿其实阐述了一种王与法律互相依存的关系。这也反映了当时普遍的思想，阿奎那等13世纪的思想家都认为，国王在上帝的审判面前不能摆脱法律的约束，但却不受法律的强制限制，在改变法律和豁免于法律的惩罚方面，国王是高于法律的。④ 而且值得注意的是，无论阿奎那还是

---

① 几乎所有有关的论述都引用了这段话，并给出拉丁文原文，因为西方的史家由于对拉丁原文不同的解释而有不同的翻译。此处的中译参考的是坎托洛维奇的译文，括号中"人民已经把所有的权利和权力转交给了君主"的内容为他的补充，见 E. H. Kantorowicz, *The King's Two Bodies: A Study in Mediaeval Political Theology*, Princeton: Princeton University Press, 1997, p. 150. 关于西方学者对这一段话的理解，E. 刘易斯的文章中有比较详细的综述和评析，见 Ewart Lewis, "King above law?", *Speculum*, Vol. 39, No. 2 (Apr., 1964), pp. 240–269.

② Brian Tierney, "Bracton on Government", *Speculum*, Vol. 38, No. 2 (Apr., 1963), p. 301.

③ E. H. Kantorowicz, *The King's Two Bodies: A Study in Mediaeval Political Theology*, Princeton: Princeton University Press, 1997, p. 144.

④ J. H. Burns, *The Cambridge History of Medieval Political Thought, C. 350 – C. 1450*, Cambridge: Cambridge University Press, 1988, p. 487.

勃拉克顿，都未像一贯认为的那样分别讨论神法、自然法和实体法，① 因而王与法的这种关系就有更多的普遍意义。

这种思想反映到现实中，就表现为国王在法律面前拥有较大的自由。虽然在理论上国王低于法律，应该依法行事，但由于国王不能受任何人的强制限制，这种"王在法下"的观念就难以得到有效的保证，"一旦国王违反法律，并无有效的办法制止他，法律对国王的约束更多只是道义上的意义了"②。事实上，如果国王拒绝服从法律该怎么办，如何使国王真正服从法律的问题直到17世纪都没有明确的答案。③ 相反，国王颁布和修改法律法令的权力以及对司法权的掌握，使国王能够很好地利用法律为自己的统治服务。所以，正如孟广林所说，中世纪的"王在法下"不过是一种"浪漫想象"。④

总之，13世纪英国存在各种对国王的权威加以限制的观念，有的观念还比较激进。但是，当时国王至上的观念是占据主流地位的，而且并未形成限制国王的有效手段，所以这些观念仍是弱势的、受压制的，对国王形成的实际限制不能夸大。此外，许多一般被视为限制国王的观念其实有双面的作用，在王权强大的背景下，可以为国王所用，为其统治服务。

四、暴君说与反抗

从以上分析可以看出，在当时的思想中，国王被赋予极大的权威，而对这种权威的限制又是很有限的，国王完成其使命很大程度上依赖于国王自身超凡的美德。然而，在现实中，据有国王之位者并非一定是德高望重者，也不一定会全力去维护所谓的"公共福利"，或至少会与臣下和平民对公共福利有不同的理解，因而冲突便是难免的。那么，臣民是否有权反抗"不称职"的国王？如何反抗？中古思想家对此也有很多论述，"暴君说"就是其中最重要的学说。

---

① Brian Tierney, "Bracton on Government", *Speculum*, Vol. 38, No. 2 (Apr., 1963), p. 304.
② 马克垚：《中英宪法史上的一个共同问题》，《历史研究》1986年第4期，第175页。
③ W. S. Holdsworth, *A History of English Law*, Vol. II, 3rd ed., London: Methuen, 1923, p. 255.
④ 孟广林：《王在法下的浪漫想象：中世纪英国法治传统的再认识》，《中国社会科学》2014年第4期。

事实上，在中世纪西欧"暴君"（tyrant）一词所指一直很宽泛，绝不仅仅是加于世俗统治者身上的概念。有人曾指出这种指控太空洞，几乎可以指任何人。① 就国王而言，被指为暴君的典型行为包括以个人的不道德或政府的专断行为破坏法律，无视正义，违背或未能维护个人的权利和财产权，不接受封臣的建议，等等。这些行为使国王丧失了臣民的效忠和共同体的认可，因而沦为暴君。当时的思想家据此总结了界定暴君的两条标准：第一，是否依法统治；第二，是否为了公共福利而统治。②

虽然暴君不再具有国王的权威，人们也坚信暴君的统治是要遭天谴的，终将倒台，但是对于由谁对付暴君、如何对付暴君，人们却顾虑重重。亚里士多德曾说暴君"将"（would）被推翻，但这是否暗示暴君"应"（should）被推翻呢？

大部分思想家在谈到反抗时表现出谨慎的态度，或根本反对对暴君采取反抗的行动。早期的教父曾教导："反抗只有在作为取代对神法的破坏的手段时才是正义的。"托马斯·阿奎那在《神学大全》中的观点是：推翻暴政必须以不造成重罪（mortal sin）为前提，而且其结果又必须比暴君的统治更有利于整个共同体。这种高度的谨慎事实上不会对实际的行动有多少鼓励，因为这要求行动者不但要确保道义上的正义性，而且还要预见行动的结果。③ 而在《论国王》（De Regno）中其态度就更保守了，他首先强调应当尽量忍受暴君，因为行动太危险：如果失败，则暴君将被激怒；如果成功，又会群龙无首，派别滋生。如果对暴君实在忍无可忍，他的办法是：如果暴君不是国家的最高统治者，则可以由其上级除掉（显然他这里指的是广义上的暴君）；而对真正的暴君，则只能求助于上帝——"万王之王"。这其实是典型的不反抗理论。④

如果说对暴君采取行动不为时人所赞成的话，来自西塞罗和索尔兹伯里的约翰的"诛暴君"（tyrannicide）理论更鲜有支持者。大多数人同意阿

---

① J. H. Burns, *The Cambridge History of Medieval Political Thought*, *C. 350 – C. 1450*, Cambridge: Cambridge University Press, 1988, p. 493.

② Antony Black, *Political Thought in Europe*, *1250 – 1450*, Cambridge: Cambridge University Press, 1992, p. 149.

③ J. H. Burns, *The Cambridge History of Medieval Political Thought*, *C. 350 – C. 1450*, Cambridge: Cambridge University Press, 1988, p. 494.

④ Antony Black, *Political Thought in Europe*, *1250 – 1450*, Cambridge: Cambridge University Press, 1992, p. 150.

奎那的看法：如果说暴君的统治是罪恶的，诛杀暴君则可能造成更大的罪恶。① 在当时看来，臣民对付暴君的唯一合适的方式是规劝。对暴君的讨论主要出现在"君主之鉴"（Mirrors of Prince）之类劝诫性著作中。学者们想通过这些主要用于教育未来的国王的著作使之知悉自己的义务，并通过预言不愉快的后果使他们心存敬畏，从而在登上王位后不敢偏离正途，为所欲为。很多人认为这种劝诫是很有效果的，因为中世纪时人们对上帝的敬畏毫不逊于对世间惩罚的畏惧。

　　退一步说，谴责暴君行为与指责某王为暴君还有很大的距离，更别说鼓励针对他的具体行动了，因为任何人都没有做出这种判断的合法权利，贸然指责某王为暴君，很难得到广泛的支持。在整个中世纪，法国从未有过类似的尝试，英国在废黜爱德华二世和理查二世时也小心地避免以暴君作为指控的理由之一。② 所以，学究们关于暴君理论的谨慎教导并未给实际行动的人提供武器，暴君理论的作用更多地体现在引导和威慑方面，而非现实的行动中。

　　事实上，在整个中世纪，英国对国王采取行动的最常见的理由是另有一个王位要求者，而他能提出比现在的国王更合法、更充分的理由来获得王位；或者以保护王的职位的神圣性为由，指出现王有某些缺陷，不适于继续为王。这种更迭方法使矛盾集中于王位的占有者身上，王的职位本身几乎丝毫无损。而即使是针对国王个人的公开反抗，也并不多见，更没有合法的理由。在 13 世纪，国王仍是法律奈何不得的人物。"惩戒国王的唯一方式就是 1215 年的方法——贵族叛乱。"③ 但是这样使反抗者自己首先背离了法律，这样的悖论不但束缚了反抗者的手脚，也使之难以赢得广泛的支持，因而行动取得成功的可能性也就很小了。

　　笔者始终认为，不受任何限制的绝对权力无论古今都是不存在的，中古英国的国王也没有绝对权威。但在当时的人们的观念中，君主制的必要性是不容置疑的，国王至上的观念是其主流，国王被赋予巨大的权威和权力，而其所受的限制很大程度上是道德上的限制，而且太多地依赖于其自

---

① Bernard Guenée, *States and Rulers in Later Medieval Europe*, Oxford: Basil Blackwell, 1985, p. 85.
② J. H. Burns, *The Cambridge History of Medieval Political Thought*, *C. 350 – C. 1450*, Cambridge: Cambridge University Press, 1988, p. 495.
③ Bryce Lyon, *A Constitutional and Legal History of Medieval England*, Toronto: George J. McLeod, 1980, p. 353.

身的觉悟，即当时人们都愿意相信国王有"从心所欲而不逾矩"的素质。当然，出于对上帝的敬畏和对子民的爱戴，国王一般是具有这种觉悟的。但是当国王缺乏这种警觉，或对限制有不同的理解，或根本不认为自己应该遵守这些规矩的时候，冲突就是难免的；而一旦出现冲突，臣下又缺乏根本、合法的手段来维护其对国王的限制，只能寄希望于上天对之进行惩罚。

所以说，13世纪的思想环境并未给予所谓宪政思想太大的空间，国王至上才是当时国王观念的主流。正如一位英国史学家所言："从当时英国的材料中抽象出一种宪政国家的理论，事实上是不可能的。"[1]

---

[1] Brian Tierney, "Bracton on Government", *Speculum*, Vol. 38, No. 2 (Apr., 1963), p. 317.

第二章 幼主秉政

——代理机制下的王权运作

　　1216 年，英王约翰在内忧外患中突然病亡，他 9 岁的儿子亨利仓促即位，是为亨利三世。英国在诺曼征服之后首次进入一个幼主时期。

　　在世袭君主制盛行的时代，幼主在位并不鲜见。中国古代史上这种情况的出现十分频繁，[①] 并相应形成了贵族权臣摄政辅政、太后称制等皇权运行机制。[②] 同时，幼主秉政往往伴随外戚乱政、阉党擅权甚至权臣谋位等现象，这些常被看作中国古代皇权专制的重要表现之一。事实上，在中古英国，诺曼征服之后的数百年间出现幼主的情况也不少：1216 年第一位幼主亨利三世即位时年仅 9 岁；1327 年爱德华三世 14 岁即位；1377 年理查二世 10 岁即位；1422 年亨利六世登上王位时尚不满 1 岁；1483 年爱德华五世 13 岁即位，但仅在位数月即被叔父理查三世取代；1547 年爱德华六世 9 岁为王，不过未及亲政就在 15 岁去世了。在 300 余年间，英国就有 6 位国王是幼年即位，由臣下代治的幼主期累计将近 50 年。因此，要全面了解中古英国王权的状况，则幼主时期的王权如何运作、国王权威受何影响、最终发展结局如何，都是必须关注的问题。

　　前文指出，与中国古代的皇权一样，中古英国王权与国王个人紧密相关，但又不仅仅是指国王个人的权威。王权既是赋予国王个人的各种精神和世俗方面的权威，同时又要通过王国的各种制度和统治机构来体现和实施。国王理论上拥有何种权威或受到什么限制固然是认识王权的重要指标，但这些权威或限制通过什么来具体体现及其实施的效果如何，才应是衡量王权强弱的更为有力的依据。因此，在考察王权时，只有兼顾国王个人、宫廷以及国王政府几个方面，从理论、制度及其实施几个层面综合分析，

[①] 有人统计，自秦至清的 226 位皇帝中有 76 位是幼年即位的。郭永学：《试论中国封建统治中的"幼主"现象》，《长白学刊》1995 年第 3 期，第 74 页。

[②] 对这一历史现象最近的研究包括徐凯：《清初摄政、辅政体制与皇权政治》，《史学集刊》2006 年第 4 期，第 33－42 页；祝总斌：《古代皇太后"称制"制度存在、延续的基本原因》，《北京大学学报》（哲学社会科学版）2008 年第 2 期，第 146－153 页。

才能得到比较准确的认识。

幼主阶段为考察中古英国王权的发展走势提供了难得的样本。国王的幼年时期之所以特殊，就是因为此时国王个人与构成王权的其他几个方面完全脱离，国王幻化为一个权力的象征符号，其本人几乎不发挥作用。国王政府以国王的名义治理国家，但事实上起作用的是摄政的权臣或贵族委员会。国王的缺位并不影响王国政府的管理制度继续发展完善，其运行也可以更加高效。不过这种发展是一把双刃剑。一方面，它为国王的回归做好了准备，如果国王成年后可以成功地驾驭这一新的体系，则王权可能有大的发展；另一方面，这种无王或虚王背景下成长的体系也势必培养出一种排斥国王实体化的力量，也就是说，国王个人和以其名义运行的制度体系之间会产生一种张力，这种力量决定了国王个人的回归不可能毫无阻力，甚至还必须经过血腥的争斗。

关于中古英国的幼主现象，国内尚无专文述及。在国外学界，就笔者所见，梅特兰等人曾从法律的角度谈及幼王继位、在位和亲政所涉及的法律问题，但未见有人对幼主时期从王权运作的角度进行综合考察，有关论述多散见于关于某一国王的论著中。本章将分别从幼主即位的法理基础和影响、幼主时期的王权运作、幼主亲政的过程、幼主期的影响等几个方面，对中古英国王权的这一特殊现象进行考察。

一、"家天下"观念与幼主即位

纵观中古英国的历史，可以说幼主即位是严格的世袭君主制的体现。几位幼主即位的权利基本没有受到质疑，其登上王位不但没有造成政治混乱，反而常常成为化解政治危机的契机。这一现象的背后，是中古英国王位属于王族一家的"家天下"观念的深入人心，以及王位的长子继承制度的日益成熟。

亨利三世的情况最为典型。① 他登上王位时的环境可谓内外交困：法国

---

① 有关亨利三世幼年期这段历史，最初的记载主要来自温多弗的罗杰撰写的编年史《历史之花》（Roger of Wendover, *Flowers of History*, J. A. Giles, Trans., London: H. G. Bohn, 1849.）。此人是圣奥尔本修道院的历史编修，被认为是"当时最好的编年史家"。他的记载迄于1235年，之后的史事由著名的马修·巴黎续写。马修·巴黎等人对1235年之前的历史也有所补充，在1849年版的英文译本中以脚注的形式收入。当代的有关研究成果众多，其中仍以鲍威克（F. M. Powicke）的有关论著影响最大，卡彭特（D. A. Carpenter）则算是晚近的权威。不过，西方学界的研究似乎还没有与我们所说的"王权"完全相应的视角，他们关注的 Kingship, Crown, Monarchy 以及 Governance，都是我们考察王权时应注意的内容。

大军压境，国内贵族作乱。然而，没过几年险些被法国的路易王子（Prince Louis，即后来的法王路易八世，圣路易的父亲）从约翰王手中夺走的英国王位便在一位幼童手中重新稳固。曾经起而作乱并迫使约翰王签署《大宪章》的贵族们也很快各安其位，之后十余年内零星的叛乱企图再也没有对王位本身构成威胁。似乎一位幼王的出现反倒化解了曾经相当激烈的矛盾，这确实值得仔细探究。

1216 年 10 月，约翰王在与路易的征战中突患重病。弥留之际，他指定 9 岁的长子亨利为王位继承人，并发令给全国所有的郡守和堡主，要求他们效忠亨利。[①] 战功显赫的"骑士之花"威廉·马歇尔（William Marshal）为年幼的亨利三世授封骑士，在教皇使节（Legate）瓦罗（Walo 或 Gualo）和其他教俗贵族的见证下把他扶上宝座。由于坎特伯雷大主教斯蒂芬·朗顿（Stephen Langton）身在罗马，所以临时由温彻斯特主教彼得·德·洛奇（Peter des Roches）为亨利戴上王冠并施涂油礼，宣布他为英格兰之王。[②]

幼王即位是诺曼征服以来前所未有的无奈之举，却成为驱除外敌、结束内战的重要转折。本来英国贵族联合法国王太子路易反叛约翰也属无奈之举。他们对约翰漠视其权利特别是不履行《大宪章》的做法忍无可忍。但在当时的"家天下"观念下，没人敢推翻国王并取而代之，因而只能设法扶植一位有王位继承权的人，以"合法"地取代国王。路易王子之所以兴师觊觎英国王位，是因为其妻子卡斯提尔的布朗克（Blanche of Castile）是亨利二世的外孙女，理论上具有一点继承英国王位的比较牵强的权利。在约翰王大失人心，特别是陷入谋杀侄子亚瑟的指控后，[③] 路易相信自己可以说服英国人接受一位新国王。因此他才不顾教皇对他处以绝罚（Excom-

---

[①] Roger of Wendover, *Flowers of History*, J. A. Giles, Trans., Vol. 2, London: H. G. Bohn, 1849, p. 378.

[②] Roger of Wendover, *Flowers of History*, J. A. Giles, Trans., Vol. 2, London: H. G. Bohn, 1849, p. 380.

[③] 亚瑟是约翰的兄长杰弗里的儿子，按照长子继承制度，在王位继承顺位上优先于约翰，但此时英国的长子继承制度并不严格。在罗杰的记载中，路易向教皇提出讨伐约翰的第一条理由就是约翰谋杀侄子亚瑟，因而已被法国国王宣判死刑。教皇一方面强调虽然约翰是法王的封臣，但同时也是神圣的国王，因此法国没有资格判处他死刑；另一方面，教皇认为亚瑟是有罪之人，约翰处死他并无不妥，对杀死亚瑟的事实并无争议。见 Roger of Wendover, *Flowers of History*, J. A. Giles, Trans., Vol. 2, London: H. G. Bohn, 1849, pp. 368–369.

munication）的威胁，接受英国叛乱贵族的邀请，出兵英格兰。①

但在约翰去世、王位继承权更充分的亨利三世即位之后，不论对约翰王个人的反抗还是对英国王位的要求都失去了意义。虽然盎格鲁-撒克逊时代曾有禁止幼童继承王位的传统，②但从当时人们的反应来看，没有人对亨利即位的年龄提出质疑。同时人们普遍相信，即使约翰有罪，也不能累及他的儿子。③现在亨利三世是亨利二世最为年长的直系后裔，在王位继承顺位上有绝对的优势，路易的行动变成了企图篡夺英国王位的冒险。叛乱贵族一方很快出现动摇，包括马歇尔的长子小威廉和亨利二世的私生子索尔兹伯里伯爵威廉在内的许多重要贵族纷纷投奔保王派。④这一变化的后果也体现在战场上。1217 年 5 月 20 日，马歇尔以 70 岁高龄亲自指挥了林肯之战，并取得大胜。之后的几个月里，又有超过 150 位贵族离开叛乱者阵营。大势已去的路易只好答应议和。1217 年 9 月 20 日，马歇尔与法国人签署《兰贝斯条约》（Treaty of Lambeth），⑤路易宣誓承认亨利三世的英王地位，撤出英岛，将来永不再犯，路易还答应帮助说服其父法王菲力·奥古斯都恢复英王在大陆的权利；亨利与马歇尔也宣誓将恢复和保护英国贵族的权利。⑥

总之，在中古英国的王位世袭制度下，按照逐渐成熟的长子继承制，未成年的亨利顺利地登上了王位，没有出现因国王年幼而发生的王位争夺。相反，年幼的国王即位，还成为化解他们的父王时代各种矛盾的契机。

---

① Roger of Wendover, *Flowers of History*, J. A. Giles, Trans., Vol. 2, London: H. G. Bohn, 1849, pp. 355 – 361.
② Ch. H. M. Chadwick, *Studies on Anglo – Saxon Institutions*, Cambridge: Cambridge University Press, 1905, pp. 355 – 366.
③ Roger of Wendover, *Flowers of History*, J. A. Giles, Trans., Vol. 2, London: H. G. Bohn, 1849, p. 380.
④ Kate Norgate, *The Minority of Henry the Third*, London: Macmillan and Company, 1912, p. 25.
⑤ 罗杰记载的签约日期是 1217 年 9 月 11 日，见 Roger of Wendover, *Flowers of History*, J. A. Giles, Trans., Vol. 2, London: H. G. Bohn, 1849, p. 402. 但今人参照其他材料予以修正，有关讨论见：J. B. Smith, "The Treaty of Lambeth, 1217", *English Historical Review*, Vol. 94, No. 372. (Jul., 1979), pp. 563 – 565.
⑥ Roger of Wendover. *Flowers of History*, J. A. Giles, Trans., Vol. 2, London: H. G. Bohn, 1849, pp. 402 – 403.

二、幼主时期的王权运作与机制革新

国王年幼不能主政，因此幼主即位后的首要问题就是如何建立可靠的机制来维持王权的运作。在中古英国，主要是通过权臣摄政或成立贵族摄政委员会来代行王权的。这种制度在很大程度上可以缓解过去国王与贵族间的权利之争，贵族广泛参政保证了虚王时期的社会安定。在这种体制下，国王政府的运行一般会更加高效，在国王内府作用下降的同时，摆脱了国王个人随意操控的各政府部门在功能的专门化和人员的职业化等方面的发展趋势都很明显。当然，贵族摄政制度也是逐渐形成的，在几个幼主期内有不同的操作形式，但总的趋势是越来越成熟和制度化。同时还要看到，贵族摄政制度下，各种贵族间争夺实权的斗争从未断绝，特别是摄政者与帝师、外戚等国王近臣之间的斗争，更是幼主时期的特色。

亨利三世的幼年期，就先后经历了摄政代治、三头共管和宰相专权三个阶段，其背后既有各种势力间务实的妥协与合作，也有激烈的斗争。这些纷争及其伴随的制度安排和革新，反映了当时王权运作的特色。

1. 摄政代治与三头共管

一个孩子可以依靠"天然的权利"登上王位，却无法天然地懂得掌控朝政。谁可以代替国王并以国王的名义来掌握政局，这是一个前所未有的棘手问题。亨利三世即位时，面对内外交困的局面，国王阵营中的贵族们推举德高望重的马歇尔总揽国务。[1] 据说最初被贵族推举为摄政时，马歇尔犹豫再三，直到另一位势力显赫的贵族切斯特伯爵对他表示拥护，并召开贵族会议讨论通过后，他才接受了任命。[2] 此后直到1219年5月去世，马歇尔是英格兰事实上的领导人。人们对如何称呼这个大权在握的崭新官职颇费脑筋，在1216年亨利三世即位之初的几份文件中至少有四次把他称为"宰相"（justiciar），但当时事实上有一位约翰王任命的真正宰相休伯特·德·伯格（Hubert de Burgh）正在困守多佛尔城堡。所以，当1216年11月11日宰相本人前来参加贵族会议重签《大宪章》时，马歇尔才有了一个新

---

[1] 也有记载说约翰王亲自将亨利托付给马歇尔，见 H. Rothwell, *English Historical Documents III*, *1189 – 1327*, London: Eyre and Spottiswoode, 1975, p. 82.

[2] H. Rothwell, *English Historical Documents III*, *1189 – 1327*, London: Eyre and Spottiswoode, 1975, pp. 83 – 84.

的头衔,在 1216 年版《大宪章》中他首次被称为"摄政"(rector),[①] 英国也首次有了一个国王之下、宰相之上的官职。按照封君封臣制度的传统,年幼的国王还需一位监护人,马歇尔让彼得·德·洛奇担当了这个职责,并担负起教育国王的任务,使他成为对国王的成长影响颇大的帝师。

虽然是忠于王权的"骑士之花",但摄政的马歇尔在平息内乱时的措施已体现出了与约翰王的不同。他宽大处理曾支持路易的英国贵族,除了参与叛乱的教会人士不被罗马教廷宽恕外,其余的贵族都得到了赦免。1216 年和 1217 年,马歇尔两次主持重签《大宪章》,阻断了贵族继续叛乱的借口。这两年还签署了数百份令状,那些愿意臣服国王的人都恢复了内战爆发前的领地。[②] 这些措施换取了贵族的支持,特别是经济上的支持,使战乱造成的严重财政危机得到了缓解。

战乱既平,马歇尔及其同僚的主要任务便是恢复国内秩序,重建中央权威。然而,作为摄政代治者,他们面临的最大的问题就是,其政令缺乏一位成年国王的署证所具有的"天然"合法性。因此,他们要使自己的地位稳固、政令畅通,必须寻找其他途径。马歇尔虽德高望重,但他的领导远不是个人统治,而是时时寻求贵族的支持与认可,这也决定了幼主时期王权运作的基本思路。虽然马歇尔的头衔"国王和王国的总管"(Rector Regis et Regni)表明他具有对国王和王国事务的最高领导权,但他知道自己并没有与国王一样的权威,他离不开贵族权臣的合作和认可。因此,马歇尔一方面尽量把权力分散,具体国务管理交给宰相休伯特负责,教皇使节和帝师彼得·德·洛奇也具有较大的权威和影响力。另一方面,他充分利用过去国王召开大小咨议会的传统,一般问题由当时的主要贵族和大臣召开小会议决定,如需要做出重大决策,则召集全国的教俗贵族召开大会议,广泛地征询意见、采纳建议,以使政令获得尽可能广泛的认可。[③] 马歇尔摄政时期,日常的小会议和贵族们参加的大会议都经常召开。这个半咨询、半执行性质的议事会在功能和组织上初步成型,特别是小会议,在亨利三

---

① F. M. Powicke, *King Henry III and the Lord Edward: The Community of the Realm in the Thirteenth Century*, Vol. 1, Oxford: Oxford University Press, 1947, p. 7.
② F. M. Powicke, *King Henry III and the Lord Edward: The Community of the Realm in the Thirteenth Century*, Vol. 1, Oxford: Oxford University Press, 1947, p. 23.
③ Kate Norgate, *The Minority of Henry the Third*, London: Macmillan and Company, 1912, p. 71.

世时代后期终于成长为英国政府的一个重要的机构——御前会议。① 这种一定程度上的集体决策机制，使权力核心很快恢复了正常运作，国王政府的各项功能逐渐开始恢复。1217 年 11 月财务署（Exchequer）开始工作，1218 年 11 月巡回法官的工作恢复，在重建国王司法体系、恢复地方治安秩序的同时，增加了政府的财源。②

摄政统领下的贵族集体决策，应是幼主时期最理想的王权运作方式。但是摄政的人选却不容易确定。1219 年马歇尔去世后，没有人再具有他那样的地位和号召力，于是摄政一职也随之而终。许多史家曾经认为教皇使节潘多夫（Pandulf）③ 继承了摄政的权威，但证据并不能令人信服。④ 更大的可能是政府的最高领导权由教皇使节潘多夫、宰相休伯特·德·伯格和帝师彼得·德·洛奇三人分担。这种"三头政治"大约维持到 1221 年，它实际是一种权力的暂时平衡。休伯特与彼得从约翰王时代起就政见不同，矛盾重重，1213 年正是休伯特取代彼得而担任宰相。他们在幼主时期的合作反映了当时两人的力量均势：休伯特在抵抗法国人的战争中表现英勇，为他赢得了很高的声望，⑤ 同时他在约翰王时代就表现出很强的行政管理能力，在处理约翰王的危机时也卓有成效，这些能力和经验是新王朝不可或缺的；而彼得则作为幼王的老师和监护人时刻伴君左右，有近水楼台的优势，因此当时谁也奈何不得谁。其次，两人的出身背景也使他们在当时只能密切合作：休伯特出身低微，发迹于国王内府，直到 1227 年才取得肯特伯爵的头衔，⑥ 彼得也是来自大陆的普瓦图地区的"外国人"，他们与英国的本土贵族都有距离。面对刚刚归顺的本土豪强，只有努力辅佐国王，恢

---

① James F. Baldwin, "The Beginnings of the King's Council", *Transactions of the Royal Historical Society*, New Series, Vol. 19, (1905), pp. 27 – 59.
② F. M. Powicke, *King Henry III and the Lord Edward*, Oxford: Oxford University Press, 1947, Vol. 1, p. 29.
③ 1218 年圣安德鲁节（11 月 30 日）左右，瓦罗返回罗马，潘多夫继任教皇使节一职。Roger of Wendover, *Flowers of History*, J. A. Giles, Trans., Vol. 2, London: H. G. Bohn, 1849, p. 413.
④ B. Wilkinson, *The Constitutional History of England*, *1216 – 1399*, Vol. 1, Toronto: Longmans, Green and Company, 1948, p. 76.
⑤ 在路易入侵时，赫伯特坚守多佛尔城堡，孤军奋战，挡住了法军的多次强攻和利诱，使路易终未完全掌握英格兰东南地区。Roger of Wendover, *Flowers of History*, J. A. Giles, Trans., Vol. 2, London: H. G. Bohn, 1849, pp. 364, 373 – 375, 381.
⑥ Roger of Wendover, *Flowers of History*, J. A. Giles, Trans., Vol. 2, London: H. G. Bohn, 1849, p. 487.

复王室权威，才是他们维持显赫地位的唯一出路，这个共同的目标成为他们暂时合作的基础。

但是复杂的国内外斗争使"三头政治"难以持久。首先是教皇使节潘多夫在坎特伯雷大主教斯蒂芬·兰顿的操控下被迫离职。保留至今的一封信件反映了当时的斗争状况。1220 至 1221 年左右，休伯特为首的 9 位贵族写信给教皇洪诺留三世，请求教皇禁止几位被驱逐的叛国分子返回英国。该信中也透露出，当时英国有一些人正在罗马努力游说教皇，争取允许这几位叛乱者回国。虽然信中没有明确提到哪些人物，但联系当时的背景不难发现，1217 年英法停战后被驱逐的叛乱者中的最大头目，正是坎特伯雷大主教斯蒂芬·朗顿（Langton Stephen）的弟弟西蒙·朗顿（Simon Langton），[①] 而 1221 年斯蒂芬正与教皇使节潘多夫激烈地争夺英国教会的领导权。斯蒂芬劝说教皇此时英国已经和平，教皇使节已完成使命，应该召回。而潘多夫则认为英国国内仍有人在策划叛乱，斯蒂芬的弟弟如果回国将会导致内战爆发。从最终的结果来看，显然大主教的游说很有效，因为不久以后潘多夫就接到了召回令，于 1221 年 7 月返回罗马。不过三头的信也并非无用，教皇没有允许叛乱者回国。[②]

接着，彼得·德·洛奇也暂时退出了权力核心。1221 年 10 月，亨利三世年满 14 岁，按照封建传统可以脱离监护人的保护。不管小国王的态度如何，彼得·德·洛奇确实在此时离开了王廷，从此失去了代国王立言的特权，也丧失了与休伯特抗衡的基础，地位随之大为下降。[③] 之后不久彼得干脆参加了十字军，直到 1231 年才返回英国。这样，三头仅剩一头，宰相休伯特成为英格兰的实际掌舵者。

2. 宰相当国

从诺曼征服起，宰相就一直是英国政府中最重要的官员之一，安茹王朝（Angevin Dynasty）的早期时代更是被称为"宰相时代"（Age of the Justiciars）。这样称呼是有一定道理的，当时宰相可以在必要时代行国王的权

---

① Roger of Wendover, *Flowers of History*, J. A. Giles, Trans., Vol. 2, London: H. G. Bohn, 1849, p. 403.

② N. Denholm‑Young, "A letter from the Council to Pope Honorius III, 1220‑1", *English Historical Review*, Vol. 60, No. 236. (Jan., 1945), pp. 88‑96.

③ D. A. Carpenter, "The Fall of Hubert De Burgh", *The Journal of British Studies*, Vol. 19, No. 2. (Spring, 1980), p. 6.

威，有国王的"另一个自我"（alter ego）之称。在国王的名义下他们集中了行政、财政、司法的广泛权力，以后没有任何臣下的权力能达到这种程度，"安茹时代英格兰和诺曼底行政史的最大特点是将权力委托于宰相，他们以国王的名义主持法庭，以自己的名义发布令状……通过财务署行使其代表国王的权力"①。

宰相在亨利二世时代以来的权力膨胀是与当时国王跨海而治的客观条件分不开的。安茹王朝早期所辖地域跨英吉利海峡两岸，国王经常长期身居大陆。比如，亨利二世在位的34年多当中就离开英格兰14次，有21年多在大陆；理查一世更是在9年为王当中只有5个月在英格兰；约翰王在位的17年中也有5年征战于大陆，直到大陆领土丧失殆尽后才返英长居。②毫无疑问，几位早期安茹国王长期不在英格兰给宰相在岛内的权力扩张提供了空间。

亨利二世时代的宰相应当从两方面来看。一方面，他们是国王的代理人。国王的权力委托于宰相，使行政的一致性得以维持，保证了国王在海峡两岸的有效统治；但另一方面，宰相权重难免会对国王的权威构成威胁，尤其当国王长期身居海外时，宰相往往营私取利，培植党羽，在具体政务上逐渐擅做主张，甚至公开与国王对立，成尾大不掉之势，这样王相冲突便是难免的了。安茹前期众宰相鲜有善终者，便反映了这种状况的普遍存在。可以说，当时的国王对宰相既倚重又忌惮。当国王实力弱小或身居海外、鞭长莫及之时，就是宰相权力的发展时期；相反，则一山难容二虎，相权的削夺不可避免。

在约翰王丧失大陆领土退回英岛之后，宰相代理国王维持政府的意义已经很小，这样其存在的必要性也就有了疑问。事实上，约翰王已经采取了一些行动削夺相权。他逐渐削夺宰相的司法、财政等大权，将之延揽至内府部门掌握。宰相渐失实权。王国的管理更直接地置于亲信之手，大会议被暂停召开，财务署也由家臣监控，宰相的作用大减。

然而，这一进程却由于约翰王早亡以及一位年幼的国王即位而被打断。如前文所述，1216年亨利三世登上王位时年仅9岁，这在英格兰是从无先例的。当时的环境可谓内外交困，法国大军压境，国内贵族作乱，因而再次出现了由大臣代行王权的迫切需要。

---

① S. B. Chrimes, *An Introduction to the Administrative History of Mediaeval England*, Oxford: Basil Blackwell, 1966, p. 37.
② 马克垚：《英国封建社会研究》，北京大学出版社2005年版，第98页。

马歇尔摄政时具体的行政大权就交给了宰相休伯特,他的执政才能得到充分的施展,协助马歇尔顺利地渡过危机,重建了国内的秩序。1219 年摄政马歇尔去世之后,经过短暂的三头共治,休伯特便开始独掌大权,到 1232 年被废之前,他堪称英国的真正主人,"执英王国于掌心"①。

休伯特掌权的近十年时间,是恢复国王政府权威的重要阶段。休伯特采取强有力的措施,一方面顶住了贵族进一步分割权力的要求,另一方面把贵族占据的许多王家城堡与领地收归中央。虽然这期间引起贵族的一些反抗,但结果是非常成功的,这也保证了亨利三世亲政后拥有比较坚实的经济基础。

这里我们要对英国贵族的复杂性和流动性有所注意。作为国王"大佃户"的旧贵族,此时分为被招安的叛乱者和平叛有功者两个集团,但他们又有共同的"古老"权利。休伯特本人也是平叛功臣,却是从幕僚成长起来的新贵族,当政期间他也扶植了一批类似出身的党羽进入贵族行列。他们在恢复王权的同时成为羽翼渐丰的既得利益者,受到国王近臣和旧贵族两方面的猜忌和敌视。这些利益错综复杂的权势集团间的合作、冲突与制衡,成为摄政体制运作的基本背景。

休伯特最初恢复中央权威时面临着两方面的阻力。一方面来自曾参与叛乱的贵族们,他们不断要求国王兑现停战条约上的承诺,即恢复其被约翰王剥夺的产业和特权;另一方面则来自在内战中有功的贵族阶层,他们在战争中掌握了很多王家城堡,并且因为亨利三世年幼而把这种监管权保留了下来,他们希望把这种权利尽量持久地保持下去。如何在不破坏王权的前提下安抚贵族,同时把功臣们占有的王室产业和权利顺利收回,是一个不小的难题。休伯特比较成功地完成了任务,但无疑损害了许多贵族的既得利益,引起很多反抗,这为他日后的倒台埋下了伏笔。

1223 年,面对贵族们不断要求恢复特权的呼声,休伯特以国王的名义下令在全国展开了一项调查。在发给全国每一位郡守的令状中,要求他们成立一个由 12 位骑士或领主组成的委员会,调查当地在亨利二世时代存在哪些特权,在复活节(Easter)后 15 天内上报结果。② 这一调查意义重大,一方面,它选择王权强大的亨利二世时代作为认定特权的时限,使大部分

---

① F. M. Powicke, *King Henry III and the Lord Edward*, Vol. 1, Oxford: Oxford University Press, 1947, p. 43.
② Roger of Wendover, *Flowers of History*, J. A. Giles, Trans., Vol. 2, London: H. G. Bohn, 1849, p. 443.

贵族恢复在约翰王时代以来在混乱中攫取的特权的算盘落空；另一方面，调查使中央政府掌握了国王在地方各郡应有的收入情况，并要求郡守把这些收入如数上交财务署。郡守滥用权力和私吞王室收入的情况得到有效的控制。

1223年，教皇宣布年满16岁的亨利三世"部分成年"，可以在谋臣的辅佐下主持国家的主要事务。作为国王"部分成年"的结果，教皇命令那些占据国王的"城堡、领地和市镇"的伯爵、男爵、骑士和其他人等，立即将其交还国王。① 宰相便利用国王以此获得的新权威开始重新分配王家城堡和郡的监管权，许多功臣贵族因此失去大量收入，不满情绪迅速蔓延。1224年，一些贵族在切斯特伯爵的领导下发动武装叛乱，不过响应者很少，贵族们最终不得不交出城堡。② 贵族举事不成，显然是因为宰相代表着国王的权威，他的措施也有足够的法理依据。以坎特伯雷大主教斯蒂芬·朗顿为首的教会贵族的支持对宰相这些措施的执行至关重要。③ 不过贵族们也非完全无理取闹，因为按照封君封臣制的惯例，他们以监护权为由占据的王室城堡和产业本可以再维持几年，直到国王完全成年。贵族认为国王不断削夺贵族的权利都是由于宰相的鼓动，因此对宰相的怨气与日俱增。④

3. 国王政府的革新

在重建中央权威的同时，国王政府也经历了一些有意义的革新，国家行政体系向着更加职业化、官僚化的方向迈进。

从亨利二世建立安茹王朝起，英国的国王政府就逐渐形成了一套比较完备的行政体系，但服务于国王个人的色彩较浓，国王政府中的官吏被视为国王的仆从。⑤ 到了亨利三世的幼年时期，年幼的国王没有任何对政府的有效控制，行政权力几乎完全交给了宰相掌管，但宰相又没有国王那样一

---

① Roger of Wendover, *Flowers of History*, J. A. Giles, Trans., Vol. 2, London: H. G. Bohn, 1849, p. 446.
② Roger of Wendover, *Flowers of History*, J. A. Giles, Trans., Vol. 2, London: H. G. Bohn, 1849, pp. 449–450.
③ F. M. Powicke, *King Henry III and the Lord Edward*, Vol. 1, Oxford: Oxford University Press, 1947, p. 60.
④ D. A. Carpenter, "The Fall of Hubert De Burgh", *The Journal of British Studies*, Vol. 19, No. 2. (Spring, 1980), pp. 1–17.
⑤ S. B. Chrimes, *An Introduction to the Administrative History of Mediaeval England*, Oxford: Basil Blackwell, 1966, p. 88.

言九鼎的权威,甚至没有类似马歇尔那样的个人影响力,因此更需要权臣贵族的合作,结果使咨议会的地位进一步提高,政府的运作和官员的任免理论上都是在其认可下进行的。

这样,国王年幼不主政的环境鼓励了一种思想的出现:政府要职有其自身的独立地位,名义上得权于国王,实际上却向咨议会负责。① 比如,1222 年拉尔夫·内维尔(Ralph Neville)当选为奇切斯特主教,但同时仍保留了在国王政府的中书令(Chancellor,也有人译为"文秘官",但不太能反映此职在当时的地位与功能)一职,理由是他的这个职位是得到整个王国的认可的,除非出于整个王国的意愿,否则他不能被剥夺职位。② 这种"集体领导"下的政府摆脱了国王个人随心所欲的摆布,贵族相互之间的掣肘也阻碍着其他人轻易形成类似的个人影响,结果就使行政机构可以更专心地"按自身规律办事"了。

政府"独立性"加强在机构方面的表现,就是宫室(Chamber)、锦衣库(Wardrobe)等国王内府机构在行政事务中作用大减,而财务署则在机制和权力方面都有较大的发展。此外,英国的司法体系在这个时期也有了长足的发展,普通法庭和法律都更加完善,事实上幼主时期的最后几年是真正的"勃拉克顿时代",他的著名论文中的案例主要来自这个时期。③

从技术角度看,这样一种专业化的趋势无疑有利于行政机关提高效率和走向成熟,但无疑也为国王个人影响力的回归制造了困难。政府机器的这种发展,并不代表更多的所谓"宪政"意义。如马克垚所说,在封建时代,官僚组织的完善自然导致一种独立性倾向,并往往与国王个人意志产生冲突,这是中外皆然的现象。④ 根据本书对王权的定义,国王政府机构的效率与国王个人对其的控制程度,是反映王权强弱的两个不同层次的指标,而不是对立的两面。

总之,在幼主期内,王权运作的机制和实际过程自有特点。如果说摄政的权臣一定程度上填补了国王个人影响的空白的话,咨议会则代表一直

---

① S. B. Chrimes, *An Introduction to the Administrative History of Mediaeval England*, Oxford:Basil Blackwell, 1966, p. 87.
② Roger of Wendover, *Flowers of History*, J. A. Giles, Trans., Vol. 2, London:H. G. Bohn, 1849, p. 442. 这一记载来自马修·巴黎后来的补充。
③ M. T. Clanchy, *England and Its Rulers, 1066 – 1272*, 2nd ed., Oxford:Wiley-Blackwell, 1998, p. 148.
④ 马克垚:《英国封建社会研究》,北京大学出版社 2005 年版,第 83 页。

向王权争取建议与认可权的贵族的声音。在中古英国的大部分时期，贵族们通过封君封臣制度赋予的建议权来掣肘国王的努力从未取得成功，[1] 但是幼主时期的出现，不但为这种权利提供了充分表达的空间，而且为其运作机构的发展提供了契机。

这种摄政统领下的贵族集体决策机制也促进了国王政府的革新，其中最主要的就是御前会议的发展与完善。亨利三世早期开始形成的御前会议逐渐成为国家政治日常运作中最为重要的机构，但是由于它的小型化和人选的随意性，当国王强势的时候常常变成国王摆脱贵族掣肘而自行其是的工具。因此，围绕御前会议的权力和人员结构的斗争就成为中古英国后期贵族参政要求的重要体现。然而，正如英国史家沃茨所说，只有在非常时期咨议会才会正规化和经常化。[2] 而幼主期就是最主要的"非常时期"之一。

三、幼主亲政与恢复个人权威的努力

幼主时期国王退入幕后，成为权力的象征符号。但是在君主制度下，国王本人从不会忘记自己本应拥有的绝对权力，因此绝不会甘心长期做代政者的傀儡。而且，越是经过幼主时期成长起来的国王，往往越是对绝对的权力有更大的渴望。究其原因，一方面是教育的影响。不论出于何种目的，帝师们更愿意帮助国王建立君权神授、唯我独尊的观念，这当然是年幼的国王所喜闻乐见并易于全盘接受的。另一方面则是国王自己的经历使然。从小失去父王的庇护，幼主与正常成长的王储相比更容易缺乏安全感，对于操控政局的摄政者缺乏信任，特别是当摄政者更多地照顾贵族的利益或中饱私囊的时候。在此背景下，幼主总是急于亲政，但既对自己的权威有不切实际的预期，又缺少与贵族周旋的经验与策略，结果在掌权过程中常与贵族产生矛盾。由于同样的原因，幼主亲政后往往难以与贵族建立良好的合作关系，而是更倾向于提携近臣和新人，这又成为幼主成年后政局困难的一大原因。

亨利三世走上前台的经历可以让我们清楚地看到幼主成长的轨迹。

---

[1] J. L. Watts, "The Counsels of King Henry VI, C. 1435 – C. 1445", *English Historical Review*, Vol. 106, No. 419 (Apr., 1991), p. 283.

[2] J. L. Watts, "The Counsels of King Henry VI, C. 1435 – C. 1445", *English Historical Review*, Vol. 106, No. 419 (Apr., 1991), p. 294.

1. 王相之争与废除宰相

如前所说，宰相休伯特对国王权威的恢复和加强可以说是不遗余力，其中一个原因就是他的出身决定了只有依靠王权他才能维持自己的地位和利益。鲍威克的分析不无道理："他以一个高度集权的行政体系维护王权的利益及英格兰的福祉的决心，从未也不可能与他维护自己的地位的野心相分离。"① 长期的大权独掌，使休伯特的心态发生了显著的变化，为自己谋利的动作越来越大，这样不但使他在贵族中树敌颇多，而且越来越为亨利三世所不能容忍。

在掌握大权的几年间，休伯特不断把自己出身低微的亲信安插在重要的教俗岗位上，引起贵族们的不满。如果说这还算是他巩固地位的必要手段的话，那么一些纯粹的敛财行动则足以反映他贪婪的一面。有一件事颇能说明问题。1225年，国王的叔叔索尔兹伯里伯爵威廉出征大陆返回时在海上遇风浪失踪，休伯特迫不及待地策划让自己的侄子雷蒙与伯爵夫人结婚，以谋取爵位和产业。这个提议直接遭到伯爵夫人的拒斥，她对雷蒙说，且不说自己的丈夫生死还未明朗，即使真的死了，他的出身也根本不能跟自己相配。不久后伯爵历险而还，得知宰相的作为后大怒，要找宰相算账，休伯特不得不赔上一些马匹和礼物道歉。但在二人和解并共进一餐后，伯爵却突然病亡，因此宰相又陷入投毒的传言当中。② 此外，1231年坎特伯雷大主教理查向罗马教廷申诉时，也指出宰相非法侵占了坎特伯雷的教产。③ 1232年休伯特倒台后，被迫交出了在伦敦的一座修院里藏匿的钱财珠宝，其数额相当巨大。④

在宰相不断扩充势力的同时，国王也在努力寻找机会走上前台。因为是第一次出现幼主当政，所以国王应该在什么时候宣布亲政没有先例可循。当时法国已有国王在14岁即成年的惯例，在耶路撒冷王国则是15岁，但是

---

① F. M. Powicke, *The Thirteenth Century*, *1216 – 1307*, Oxford: The Clarendon Press, 1953, p. 23.
② Roger of Wendover, *Flowers of History*, J. A. Giles, Trans., Vol. 2, London: H. G. Bohn, 1849, pp. 466 – 469.
③ Roger of Wendover, *Flowers of History*, J. A. Giles, Trans., Vol. 2, London: H. G. Bohn, 1849, p. 542.
④ Roger of Wendover, *Flowers of History*, J. A. Giles, Trans., Vol. 2, London: H. G. Bohn, 1849, p. 561.

如果按照封君封臣制的传统，则一个封臣要到 21 岁才开始担负骑士役。①因为约翰王晚年时把英格兰奉献于教皇从而成为教皇的封臣，所以在这个问题上教皇具有很大的发言权，当然来自英格兰政府的意见也没有被忽视。最终的情况是，亨利三世在 14 岁和 16 岁时分别恢复了部分权力，从 1223 年起王室信件都加上了一句"本王亲鉴"（Teste me ipso）。②但直到年满 20 岁时亨利三世才获得完整的权威。1227 年 4 月，教皇格里高利九世（Gregory IX）致信英国教俗贵族和臣民，宣布亨利三世已完全成年，将开始"自由而和平地"执掌"他的王国"，臣民如有不忠，将处以绝罚。③

实际上，在完全执政之前，亨利三世就已在为恢复王权冲锋陷阵了。他留诸史书的第一项业绩，就是 1224 年对功臣福卡斯（Falcasius）反叛的强力镇压。

重建王室法庭的司法权威，是恢复中央王权的重要方面，但在当时却是困难重重。巡回法庭是王室司法权深入地方的载体。早在 1218 年马歇尔就恢复了巡回法官的工作，它是代表国王政府加强地方管理的重要手段，对于王权的重建意义重大。不过，经过多年战乱的地方豪强显然并不把这些出巡的中央代表放在眼里。1224 年，几位巡回法官在贝德福郡接受受害人的申诉，判处当地的大贵族福卡斯有罪并使之面临巨额罚款。这位贵族来头颇大，当年曾是约翰王的得力干将，在内战中功绩卓著，占据了很多叛乱贵族的产业和城堡，富甲一方。④法官的判决让他恼羞成怒，竟派出骑士捉拿这些法官。虽然大部分法官逃脱，但还是有一位叫亨利的法官被抓并被关入贝德福城堡，遭受折磨。亨利三世得知这个消息时正在出席贵族会议。对于这样的行为，出席会议的教俗贵族一致认为应该予以严惩，并表示将给予大力支持。于是国王放下所有的事务，亲自率兵攻打贝德福城堡。面对国王信使的劝降，堡内的骑士声称他们只听从福卡斯的指挥，因为他们与国王并无臣服关系。这更加激怒了国王，王军围攻月余，终于破城，守军全部被处死。逃到威尔士的福卡斯众叛亲离，只好向国王投降。

---

① F. M. Powicke, *King Henry III and the Lord Edward*, Vol. 1, Oxford: Oxford University Press, 1947, p. 43.
② M. T. Clanchy, *England and Its Rulers, 1066 – 1272*, 2nd ed., Oxford: Blackwell, 1998, p. 147.
③ B. Wilkinson, *The Constitutional History of England, 1216 – 1399*, Vol. 1, Toronto: Longmans, Green and Company, 1948, p. 92.
④ Roger of Wendover, *Flowers of History*, J. A. Giles, Trans., Vol. 2, London: H. G. Bohn, 1849, pp. 348 – 350.

国王赦免了他的死罪，但没收了其全部产业和财产，使他从最富有的人变成了最穷的人之一。① 之后不久，他又被驱逐出境，教皇曾派使节为他说情，说他曾为先王出生入死，应当让他回国并恢复产业。对此，国王答复说，驱逐的决定是依照王国的法律做出的，必须得到遵守。②

这一事件固然反映了当时权贵们桀骜不驯的一面，但事件的解决方式无疑也给他们上了印象深刻的一课：小国王不可小视。

1227 年的牛津会议是亨利三世独立走上政坛的标志。会上他宣布自己已到完全脱离监护的法定年龄，因此所有的监护人员都要离开宫廷，同时他宣布将正式接管政权。他还做出惊人之举，宣布两年前，即 1225 年重新签署的《大宪章》和《森林宪章》（Forest Charter）无效，因为当时自己在监护之下，对自己的身体和御玺都没有控制权，因此，那些令状的签署都是"无理的僭越"。随后他下令给所有的贵族，要想继续享有那些特权，必须交付一笔税金后由国王亲自重新签署宪章。③ 虽然贵族们普遍认为这是宰相授意的敛财之法，但正如梅特兰所说，这一做法并没有违背任何法律。④

不管这件事是否宰相授意，有一个事实是明确的，即国王早已不再对宰相言听计从了。虽然直到 1232 年前，休伯特一直是国王最为倚重的大臣，但二人的相处并不那么融洽。亨利三世迫不及待地开始争取对政府的控制，而休伯特并不打算放弃其特权。也许他太倚老卖老，小瞧了这位刚刚成长起来的野心勃勃的国王，在许多问题上他不征求国王的意见而自行其是，对国王提出的一些行动计划百般阻挠甚至背后破坏，还将大量王家收入中饱私囊。⑤ "他的所为更像日本的幕府将军，而非辅佐一位渴望亲掌政局的国王的大臣。"⑥ 1229 年，在出征法国的问题上，国王与宰相的矛盾激化，

---

① Roger of Wendover, *Flowers of History*, J. A. Giles, Trans., Vol. 2, London: H. G. Bohn, 1849, pp. 451 – 454.
② Roger of Wendover, *Flowers of History*, J. A. Giles, Trans., Vol. 2, London: H. G. Bohn, 1849, p. 462.
③ Roger of Wendover, *Flowers of History*, J. A. Giles, Trans., Vol. 2, London: H. G. Bohn, 1849, p. 486.
④ F. Pollock & F. W. Maitland, *The History of English Law Before the Time of Edward I*, Vol. 1, Cambridge: Cambridge University Press, 1952, p. 523.
⑤ Bryce Lyon, *A Constitutional and Legal History of Medieval England*, Toronto: George J. McLeod, 1980, p. 338.
⑥ W. L. Warren, *The Governance of Norman and Angevin England, 1086 – 1272*, London: Edward Arnold, 1987, p. 172.

甚至还爆发公开的冲突。

  1226年，导致约翰王病死疆场的元凶法王路易八世面临着与他当年的对手同样的命运。在征讨图鲁兹的战争中，38岁的法王染病而亡，而其长子路易［即后来的"圣路易"——路易九世（Louis IX）］也是年仅12岁的孩子。① 虽然法王临终前对儿子的即位进行了周到的安排，但当时法国贵族们的"离心力"比英国更甚，加上人们对摄政的王太后的不满，法国很快陷入动荡之中。1229年，曾经在安茹帝国版图内的布列塔尼和普瓦图贵族们为对抗法国王室，邀请亨利三世重新入主大陆。雄心勃勃的亨利三世认为这是恢复前朝辉煌的大好时机，休伯特却建议国王暂缓行动，等待更好的机会。② 不过亨利三世不愿放弃这个机会，他下令组成一支"比任何一位先王曾召集的规模都大"的军队，准备渡海远征。然而，军队到了海边才发现准备的船只太少，甚至不足以运送一半的部队。暴怒的亨利三世把问题归咎于负责搜集船只的休伯特，当众指责他是"老卖国贼"，说他收了法国王太后的五千马克贿赂而故意破坏他的军事行动。说到恨处，国王甚至拔剑要杀了这位权倾一时的宰相。③ 虽然此后两年内亨利远征无功而返说明休伯特的主张也许是对的，但他公然违抗国王的决定，显然使他作为国王最为依赖的谋臣的地位受到了影响。

  不仅如此，在随后的几年内，休伯特在亨利最关心的另两件事——威尔士问题和王室财政问题的处理上也不能让国王满意。直到1232年，威尔士边境的治安一直是国王面对的首要问题。休伯特当政时期在威尔士采取了许多行动，不过效果很差，威尔士王罗埃林（Llywelyn）的势力日增，边地贵族节节败退。④ 国王认为，在威尔士边境的失败根源在于财政困难，但宰相在这方面也没有更多的办法。在1232年3月的一次大咨议会上，宰相没能说服贵族通过一项征收动产税的提议。在困难的情况下，国王甚至把王室的珠宝都抵押给了布列塔尼公爵。

---

① 雅克·勒高夫著，许明龙译：《圣路易》，商务印书馆2002年版，第80-81页。勒高夫对于这一几乎与英国同时出现的法国幼王时期的阐释，对我们研究亨利三世的幼年时期也颇有启发。
② Roger of Wendover, *Flowers of History*, J. A. Giles, Trans., Vol. 2, London: H. G. Bohn, 1849, p. 514.
③ Roger of Wendover, *Flowers of History*, J. A. Giles, Trans., Vol. 2, London: H. G. Bohn, 1849, p. 531.
④ R. F. Walker, "Hubert de Burgh and Wales, 1218-1232", *English Historical Review*, Vol. 87, No. 344 (Jul., 1972), p. 466.

这样，当彼得·德·洛奇经过 5 年十字军东征在 1231 年 7 月返回英格兰时，很快就发现击败政敌的时机到了。彼得在十字军东征中声望大增，并且与德国皇帝和罗马教皇都过从甚密。在皇帝和教皇的身边，彼得对巩固君主的权威有了更多的体会，加上他高超的理财经验和能力，这使他自然成为此时亨利最欢迎的人物。① 彼得发现当时的休伯特很孤立，国王也急于寻找一位有能力辅佐他复兴王权的人物，于是他立即前往威尔士觐见国王，并且邀国王到温彻斯特度过了 1231 年的圣诞节。② 他向国王描绘了复兴约翰王时代辉煌王权的图景：对臣下更有力的权威，通过财政改革达到富裕，对法国王室执行更强硬的政策。③ 二人自然一拍即合。而挡在他们前进道路上的宰相休伯特成为首先要被搬开的绊脚石。

　　休伯特倒台的过程史书并没有明确的记载，不过从当时保存下来的一份文件中却可以窥视到一些斗争的端倪，这份文件就是所谓的"勃罗霍姆誓词"（The Oath of Bromholm）。勃罗霍姆是宰相休伯特家乡附近的一座小城，休伯特·德·伯格名字中的庄园伯格（Burgh）距离勃罗霍姆仅仅 9 英里（约 14.48 千米）。那里的修道院供奉着一块"双十字形状"的木头，据说来自处死耶稣的真十字架，是一位英格兰籍牧师在君士坦丁堡宫殿的圣物间得到的。它被勃罗霍姆的僧侣买下，之后这里很快成为英格兰人朝圣的新目的地。④ 亨利三世就曾多次到这里朝拜。

　　大约在 1232 年 7 月初，亨利三世又一次来到这里，在圣物面前进行了一次不同寻常的宣誓。誓词说，国王和其继承者将真诚地、而且是出于自愿地维护颁予肯特伯爵夫人玛格丽特（即宰相的夫人）的特许状以及其中包括的所有封赐、赠礼和许可；如果誓言被违背，国王或其继承人将被交予教皇发落，并处以绝罚，直到伯爵夫人的权利得到恢复。誓词还提到国王给包括宰相本人在内的其他几个人也签署了同样的文件。同时，宰相本人也立下誓言，誓词说：肯特伯爵、英格兰宰相休伯特·德·伯格奉国王之命起誓，如果国王自己或在别人的怂恿下意欲侵犯给予上述伯爵夫人等

---

① F. M. Powicke, *King Henry III and the Lord Edward*, Vol. 1, Oxford: Oxford University Press, 1947, p. 75.

② Roger of Wendover, *Flowers of History*, J. A. Giles, Trans., Vol. 2, London: H. G. Bohn, 1849, p. 546.

③ F. M. Powicke, "The Chancery during the Minority of Henry III", *English Historical Review*, Vol. 23, No. 90. (Apr., 1908), pp. 220-235.

④ Roger of Wendover, *Flowers of History*, J. A. Giles, Trans., Vol. 2, London: H. G. Bohn, 1849, pp. 447-448.

人的特许状、赐予、赠礼等，他将负责阻止这种意图，并尽最大力量维持这些特许状有效。①

我们不知道当时发生了什么，但这些非同寻常的宣誓显然意在阻止针对休伯特家族的行动。但是，誓言并不可靠。在上述宣誓之后不到6个星期内，休伯特便"在温彻斯特主教彼得的建议下"被解职，并很快被没收了所有的产业，并处以巨额罚款。② 1232年9月中旬，休伯特和其夫人逃到修道院寻求庇护，而他的对手彼得·德·洛奇则成为英格兰最有权势的人。1232年11月，休伯特向国王屈服，被迫交出了自约翰王时代以来从王室得到的所有土地和特权。

对于休伯特为何突然倒台，长期以来史家做出了许多猜测和解释。有学者认为休伯特支持1231年开始出现在英格兰的针对教皇派来的意大利籍教会人士的排外运动可能是他被解职的直接原因。③ 根据罗杰的记载，当时这些劫掠罗马人的武士开仓放粮，赈济贫民，可谓行侠仗义。同时他们声称是奉国王之命行事，并出示了国王签署的令状。事后的调查发现宰相是这些人的幕后支持者。④ 如果这些说法可信，那么仅凭冒用国王名义签署这样的令状就足以让宰相倒台了。

但从亨利三世在勃罗霍姆立下这一不同寻常的重誓并马上背弃誓言的情况看，其背后显然有过一场严峻的斗争。很可能当时是宰相强迫国王起誓的。⑤ 另外一份文件可以佐证这一说法。教皇格里高利九世写于1233年1月10日的一封信件中显示，亨利三世向教皇提出了解除一项誓言的请求，声称他是在武力的威胁之下立誓的。誓言涉及国王的财产、特权与赠予等，与他的加冕誓词相抵触，因为在加冕誓词中他声称要维护国王的权利、自

---

① F. M. Powicke, "The Oath of Bromholm", *English Historical Review*, Vol. 56, No. 224 (Oct., 1941), p. 530.
② Roger of Wendover, *Flowers of History*, J. A. Giles, Trans., Vol. 2, London: H. G. Bohn, 1849, pp. 553 – 554.
③ D. A. Carpenter, "The Fall of Hubert De Burgh", *The Journal of British Studies*, Vol. 19, No. 2. (Spring, 1980), p. 13.
④ Roger of Wendover, *Flowers of History*, J. A. Giles, Trans., Vol. 2, London: H. G. Bohn, 1849, p. 546, 552.
⑤ F. M. Powicke, *King Henry III and the Lord Edward*, Vol. 1, Oxford: Oxford University Press, 1947, p. 80.

由和荣耀。教皇最终同意解除亨利三世对这个誓言的义务。①

从时间和内容推断，教皇信件中提到的誓词就是指勃罗霍姆誓词。教皇解除这一誓词的理由基于前任教皇英诺森三世创立的一个原则，即如果一个誓言与前一个誓言相冲突，则新誓言无效。

可以说，勃罗霍姆之誓是休伯特为了保持地位而做出的"绝望而危险的尝试"②，但在当时的环境下，这样的行动只会加速自己的倒台。

休伯特被解职后，宰相的职位还没有立即废止，接替休伯特的是塞格雷夫的斯蒂芬（Stephen of Segrave），但其主要职能只是在司法方面，类似后来的"大法官"（Chief Justice）。两年后随着斯蒂芬的离职，宰相职位彻底消失了。1258—1261年间贵族运动中短暂地重设宰相一职，但影响不大。"宰相时代"随着休伯特的倒台而结束，亨利三世再也不必为"另一个自己"的碍手碍脚而烦恼了。

2. "专制"的尝试与王权的重建

废除宰相之后，用鲍威克的话说，亨利三世"终于翻身做主人了"，在随后两年内"品尝了专制权力带来的危险的愉悦"。③ 亨利三世采取了加强自己权威的一系列措施，主要体现在两个方面：一是大量起用新人；二是复兴内府行政机构，推行财政改革，改善王室财政状况。

起用新人也许是彼得·德·洛奇的建议，也许是亨利三世自己几年来的经历使然，总之亨利不再信任那些对祖上的权利斤斤计较的封建贵族。他相信只有新人才会完全忠于自己，帮助他完成复兴王权的大业。

新人跃升的一个重要结果就是小会议的改变。它仍然保留了在幼主时期获得的代表王国声音的地位，但其成员中却没有了那些自认为是王国精英的贵族的身影，取而代之的是国王身边的官员，这样它的决策自然更多地体现了国王的意志。同时，随着休伯特的倒台，他主政时期选用的重要行政人员也被迅速更换，而早先由宰相管辖的众多王家城堡和产业也需要人来接管。这些空缺大多被来自大陆普瓦图和布列塔尼等地的所谓"外国

---

① F. M. Powicke, "The Oath of Bromholm", *English Historical Review*, Vol. 56, No. 224 (Oct., 1941), p. 535.

② D. A. Carpenter, "The Fall of Hubert De Burgh", *The Journal of British Studies*, Vol. 19, No. 2. (Spring, 1980), p. 10.

③ F. M. Powicke, *King Henry III and the Lord Edward*, Vol. 1, Oxford: Oxford University Press, 1947, p. 124.

人"填补。亨利甚至邀请两千多名大陆的骑士携带马匹和兵器前来替他守卫各地的王家城堡。① 困扰整个亨利三世时代的"外国人"问题自此开始便成为冲突的焦点。

最受重用的"外国人"是彼得·德·洛奇的侄子（一说是儿子）彼得·德·里沃（Peter de Rivaux）。在成功地协助国王赶走政敌休伯特之后，洛奇自己并没有谋取什么要职，而是将里沃推到前台，让他担任了众多的职务，独揽大权到前所未有的程度。早在1232年6月11日，他便被任命为锦衣库、宫室和内府金库三机构的终身长官，被授权在任职的每一个部门任命一位代表，这已足以使他控制整个内府。1232年6月28日，他又得到国王的伦敦宫室长官的职位，并且成为国王的总采买官。这样内府财政的大小事务就完全由他支配了。此外，里沃在1232年6月15日被指定为小御玺（Privy Seal）② 的终身保管人，这一职位是前所未有的，这使他成为第一位脱离中书省的御玺掌管者，也是英国历史上第一位"掌玺大臣"，当然这一职位正式出现是以后的事了。在内府之外，他也获得大量的权力。他被任命为21个郡的终身郡守，许多王家城堡的监管人，王家森林法官，以及所有由王室收回（escheat）或监护（wardship）的贵族领地的监管人。1233年1月，他又成为财务署的司库。总之，在不到一年的时间内，彼得·德·里沃掌握了英国所有重要的财政职务。

亨利三世将几乎所有的财政权力集中到里沃手中，目的就是改变过去王室财政管理上的混乱状况，尤其是减少地方上的郡守和堡主的贪腐行为，为国王的金库带来更多的现金。里沃领导下的财政体系也确实进行了影响深远的改革。首先是以锦衣库为首的内府财政机构成为政府财政机构的核心，进而成为整个行政体系的中心，在休伯特时代经历了重大革新的财务署等部门变成了锦衣库领导下的具体办事机构。其次，中央财政对地方的控制进一步加强。在1223年地方特权和收入调查的基础上，休伯特在1231年曾进一步下令，如果郡守私吞地方收入，将处以重罚并收监。彼得·德·里沃执掌财政大权之后，把之前的这些规定有效地付诸实施。

但是，新贵的发迹以及大量外国人把持政府引起了本土贵族的不满。他们曾经欢呼休伯特的倒台，但很快发现亨利三世不但废除了宰相，而且对他们也置之不理了。特别是被剔除出小会议之外使贵族们顿觉自己地位

---

① Roger of Wendover, *Flowers of History*, J. A. Giles, Trans., Vol. 2, London: H. G. Bohn, 1849, p. 565.
② 有关小御玺的功能，详见本书第73页。

大降。他们向国王抗议,指出这种做法是违背王国传统的,贵族作为国王的封臣,对王国事务的参与权不能被忽视,理应在政府拥有一席之地。对此彼得·德·洛奇不无讽刺地回答说,国王当然有权任用足够多的外国人来保卫王国,这样才能使傲慢而不忠的臣民各安其位。①

　　建言无果,贵族们开始消极对抗。1233年6月,亨利召集贵族在牛津参加大会议,但贵族们拒绝出席。盛怒之下,国王宣布把威廉·马歇尔的儿子理查·马歇尔(Richard Marshall)为首的几位贵族驱逐出境并没收财产。不过贵族们认为国王并没有权利这样做,因为对贵族的处罚必须要在由贵族组成的法庭上做出,彼得·德·洛奇对此的答复是,英国的贵族跟法国不一样,英王有权通过自己任用的法官处理任何人。② 显然,这里的争议正是1215年《大宪章》39条所解决的问题,在随后的《大宪章》重签中这一条也得到了保留。奇怪的是,当时的贵族并没有以《大宪章》为自己的斗争依据,编年史家也没有提到这一文件。

　　可以看出,这是一个法理正在革新的时代,贵族们的传统观念面临一位渴望更大权力的国王的挑战。但是,雄心勃勃的国王此时显然还不具备彻底革新的实力。在随后与理查·马歇尔为首的贵族势力的对抗中,缺乏支持的国王很快败下阵来。国王组织的来自大陆的雇佣军在贵族武装的骑士们面前不堪一击。③ 战乱使王室的收入也大受影响。内外交困之下,亨利不得不接受教会贵族的调停,在1234年5月28日与贵族和解,并答应他们"清君侧"的要求,将彼得父子一起解职。不过他们仍是亨利倚重的谋臣,里沃甚至在1253年后再次担任了锦衣库的首脑。④

　　1234年的挫折说明亨利三世还无法摆脱贵族来推行"专制",⑤ 甚至有

---

① Roger of Wendover, *Flowers of History*, J. A. Giles, Trans., Vol. 2, London: H. G. Bohn, 1849, p. 566.
② Roger of Wendover, *Flowers of History*, J. A. Giles, Trans., Vol. 2, London: H. G. Bohn, 1849, p. 572.
③ Roger of Wendover, *Flowers of History*, J. A. Giles, Trans., Vol. 2, London: H. G. Bohn, 1849, pp. 575, 581.
④ F. M. Powicke, *King Henry III and the Lord Edward*, Vol. 1, Oxford: Oxford University Press, 1947, p. 85.
⑤ 关于西方史家所谓中世纪欧洲"专制主义"(Absolutism)的含义,见马克垚:《英国封建社会研究》,北京大学出版社2005年版,第68-69页。

史家认为它的"宪政"意义超过 1258 年的危机。① 其实，亨利三世向贵族妥协显然更多是出于经济上依赖贵族的无奈，而非法理上的自觉。亨利的妥协说明，虽然里沃的财政改革可以增加国王的日常收入，但当应付战乱危机时，当时国王可支配的这些常规资源并不足以提供充分的支持，贵族封臣的"协助"不可或缺。

不过，亨利在危机之后的举措反映了另一个事实：只要没有重大危机，贵族对国王的统治政策依然无从置喙。

在安抚贵族的同时，亨利并没有放弃自己的追求。除了把两位彼得暂时放入后台，1234 年的"教训"并没有促成国王任何实质性的改变。② 里沃的免职并没有使他发动的财政改革进程终止，也没有抹杀他在行政上的影响。"在抛弃普瓦图人之后，亨利三世绝不会同时放弃使其内府成为国家行政中心的那些政策。"③ 亨利三世在压力下对用人策略暂时进行了一些调整，但在行政体制的发展方向上，1234 年前后没有显著的区别。在休伯特时代就开始的将地方政府控制于中央的政策在彼得父子手中得到加强，并且在他们倒台之后坚持了下来，成为亨利三世时代对中世纪行政制度发展的一大贡献。④ 里沃对郡守加强控制的措施，在 1234 年之后虽然有短暂的中断，但很快就在新的中央财政官员领导下重新开始执行，而且力度更大，郡守的很多权利被其他官员分割。⑤ 郡守开始真正成为中央政府在地方的忠实代表。这种延续性在机构上最重要的表现就是内府的锦衣库不但保留了 1232 年以来的重要地位，而且权力进一步扩张，成为亨利三世时代行政权力集中于内府的主要标志。可以说，彼得父子在 1232—1234 年间的短暂掌权为亨利三世时代的治理模式定下了基调。这些措施帮助亨利三世成功地掌控了最高权力，并把国王的个人权威发展到前所未有的高度，有的史家

---

① F. M. Powicke, *King Henry III and the Lord Edward*, Vol. 1, Oxford：Oxford University Press, 1947, p. 143.
② B. Wilkinson, *The Constitutional History of England*, 1216 – 1399, Vol. 1, Toronto：Longmans, Green and Company, 1948, p. 109.
③ S. B. Chrimes, *An Introduction to the Administrative History of Mediaeval England*, Oxford：Basil Blackwell, 1966, p. 101.
④ Sir Maurice Powicke, *The Thirteenth Century：1216 – 1307*, Oxford：The Clarendon Press, 1953, p. 65.
⑤ F. M. Powicke, *King Henry III and the Lord Edward*, Vol. 1, Oxford：Oxford University Press, 1947, p. 98.

甚至把1234年之后的20多年称为国王的"个人统治"（personal rule）时期。① 虽然1258年开始的贵族运动一度对亨利三世本人的地位造成了很大冲击，但并没有在本质上动摇这一时期王权发展的成果。②

在简单梳理亨利三世幼年时代英国王权的运作情况之后，可以在最后对这一特殊时期的王权发展走向进行初步的判断。总的来说，幼主时期是国王个人与王权的其他成分分离，然后又走向复合的过程。在严格的世袭君主制下，幼主即位非但不会造成王位争夺，往往还成为化解王权危机的契机。在幼主时期内，国王个人仅是权力的象征符号，王权主要通过权臣摄政或成立贵族委员会来运作，国王近臣、掌权的摄政者与传统的封建贵族三者合作治政，但也矛盾重重。国王政府在幼主时期内常常可以高效地运作，国王内府作用减弱，政府机构趋于专门化，官僚更加职业化。幼主时期对国王的思想与行为都有独特的影响，他们渴望名副其实的权威，对贵族缺乏信任，因此在亲政过程中往往与代治的贵族发生冲突，在亲政后他们的政策重心是重建国王个人对王权的掌控。

亨利三世早期的历史证明，幼主时期的制度安排和具体运作保证了英国王权的发展轨迹不会出现大的波动，甚至还成为王权进一步走向强大的契机。从摄政时期到宰相当政，以国王名义掌政的权臣贵族在重建秩序的同时，为王权的恢复也打下了良好的制度基础，亨利三世亲政后的措施则使这种发展的结果牢牢掌握在自己手中。如果说废除宰相并控制咨议会使亨利三世在政府的决策权方面占据绝对的优势的话，那么复兴内府机关、将行政大权重新集中于内府的结果就是他在政府实际操作和运转当中也取得了主动，从而使当时国王对政府的驾驭真实而全面。虽然在贵族的反对下国王不得不放弃更激进的个人统治措施，但当经过幼主时期洗礼的国王个人与王权的制度基础实现如此紧密的结合之后，有理由说，此时的英国王权比以前更加强大了。

---

① D. A. Carpenter, "King, Magnates, and Society: The Personal Rule of King Henry III 1234 – 1258", *Speculum*, Vol. 60, No. 1 (Jan., 1985), pp. 39 – 70.
② 蔺志强：《一二五八年至一二六七年英国贵族改革运动》，《历史研究》2004年第6期，第141–152页。

第三章　个人专制？
——国王亲政与内外朝之争

本章要考察的是亨利三世时代国王政府的控制权之争，以及政府组织和机构的发展变化情况。根据王权问题的个人与制度两个方面，这里的考察也从两个角度着眼：一是国王在掌握与控制政府过程中的矛盾与斗争，二是政府本身在制度上的发展与完善。

笔者认为，在国王政府本身的发展方面，亨利三世时代的成就是显著的，政府的行政、财政等部门从组织到运行都进一步规范化，其成员也日益职业化，向国家官僚的身份演进，从而使整个政府稳定而有效率。而亨利三世通过废除宰相、复兴内府、重用新人、排斥旧贵族等政策，从受人摆布的幼主到建立起前所未有的高度的"个人统治"（personal rule），一度实现了对政府的全面掌握。在亨利三世统治的主要时期，英国的国王政府是由国王紧密控制的、强有力的政府。单独作为一种官僚机器来看，亨利三世的政府体系达到了前所未有的技术水平，而国王对这部机器的控制也是前所未有的，"从未有国王掌握如此大权，国王的权力也从未被如此完整地实现过"①。

应当注意的是，亨利三世时代国王与政府的发展状况也体现了王权的本末发展不同步、不平衡的特点，二者有其各自的发展轨迹。在亨利三世亲政以前，摄政马歇尔和宰相休伯特等都对国王政府的恢复和重建功不可没。而1258年后，国王个人权威虽然跌入谷底，但国王政府的运转并没有受到根本的损害。同时，二者的相互影响也是不容忽视的，幼主时期国王政府的全面恢复是亨利三世个人执政的必要前提，而亨利三世在个人执政时集权于内府部门，简化行政程序的政策，客观上也促进了政府效率的进一步提高，但是政府部门官僚化和专门化的发展趋势也反过来限制了国王个人在某些事务中随心所欲的权力。总的来看，国王政府在这一时期的发展与完善是一个相对平稳上升的过程，而国王个人的地位则有较大的起伏，

---

① S. B. Chrimes, *An Introduction to the Administrative History of Mediaeval England*, Oxford: Basil Blackwell, 1966, p. 97.

是许多斗争的焦点所在。因此在评判此时的王权要动态地去认识，同时要把握其根本。

一、复古还是创新？

1. 亨利三世亲政以前的英国政府

要理解亨利三世时代政府的变化，有必要首先回顾一下亨利三世执政以前英国政府的特点。从亨利二世即位建立安茹王朝起，为了适应国王经常跨海巡游的需要，英国的国王政府就逐渐形成了两个相对独立的分支：其一是伴随国王巡游全国的内府（Household），当时它主要包括中书省（Chancery）和宫室（Chamber），分别作为国王的秘书和财政机构，协助国王办理所到之处的相关政府事务；其二是在英格兰岛内的以宰相（Justiciar）为首的一套行政体系，负责维持国内的日常行政运转，这套机构包括中央的财务署（Exchequer）和各种法庭等部门。地方上的郡守由财务署领导，也属于政府的这一支。但是，政府体制的这种分工是当时国王跨海而治的客观条件的产物，并不是国王个人与所谓国家机构的分工。因此，虽然这两个分支在机构上易于分别，但它们在功能上并没有明确的分界。它们互相关联，互相依赖，体现着统一的国王政府的原则。

这种统一性突出地体现在两个机构的安排上。首先，原则上所有的国王事务只由一个秘书机构负责，即中书省。唯一的中书令（Chancellor）掌管着唯一的御玺，负责处理所有应由国王签署的文件，并加盖御玺——不管是关于英格兰还是大陆领地的事务。而在神圣罗马帝国则分别有不同的中书令负责德国、勃艮第和意大利的事务。其次，财务署会议制度保证了各部门的沟通与协作。财务署每年定期召开两次会议，会议由宰相主持召开，是在英国国内的财务官员与巡游的王室内府主要官员以及其他被任命为"财务署男爵"（Barons of the Exchequer）的贵族们的联合会议。财务署会议上要解决政府的所有重大或疑难的事务，协调政府各方面的行为，几乎算得上是国王政府的最高权力机构。这些安排都是为了使国王政府的两翼可以一起工作，保持经常的个人接触，以维护政府的统一性。但是这种机构安排也在不断变化中，比如，财务署会议初设于亨利一世在位时期，当时国王最远不过在诺曼底，所以国王的随从官员参加会议并不特别困难。但到亨利二世时，由于疆域广大，加之国王经常长居大陆，他的随行官员很多时候只能由别人代表出席会议。但是这种制度一直维持了下来。①

无论政府各部门如何协作或分工，安茹早期国王政府置于国王的严格控制之下是不争的事实。另外，在政府官员的选拔任用上国王也掌握着绝对的主动权，所有官员都由国王任命。在亨利三世即位之前，大贵族不但对政府官员的选用影响很小，而且他们当中被选入政府任职者也是少数。国王在政府中选用的都是身边的亲信，或者在宫廷培养出来的熟悉行政事务的"职业"官员。在1179年以后，几乎所有的宰相都是在王廷中锻炼成长起来的廷臣出身。国库长（Treasurer）和中书令也基本来自国王身边。这些出身较低的官员的发达完全依赖于国王，因而也对国王忠心耿耿。"他们从未在任何意义上对大会议、封建贵族或教会负责，而总是完全依赖于国王。"②

但是国王政府在约翰王的最后几年和亨利三世的幼年时期产生了一些变化。由于约翰王在内乱中不得不对贵族做出一定让步，更主要的是由于亨利三世幼年时期贵族的辅政，导致这一时期政府行政中的"贵族影响"得到发展，从而也给政府带来了一些新特点。1216—1232年间，年幼的国王没有对政府的任何有效控制，行政权力几乎完全交给了宰相为首的官员行使，最终的决策权也转到由贵族组成的"大会议"。因此，当时的宰相、中书令等要职都有一种独立于国王的意味。比如，宰相休伯特·德·伯格是肯特伯爵，这使他有某种作为传统贵族代表的意义，而他在幼主时期的显赫地位也是独立于国王而来的。1226年上任的中书令，奇切斯特主教拉尔夫·内维尔（Ralph Neville）更是由大会议任命的，他被授予终身任职和掌管大御玺的权力。国库长瓦尔特·摩克勒克（Walter Mauclerk）也得到终身任职的权利，而国王在此过程中没有起任何实际作用。在这一意义上，幼主时期出现了"贵族"影响，甚至是控制行政的现象。

这是对幼主时期政府特色的主流看法。也有史家不同意幼主时期政府为贵族所控制的说法，提出所谓的"中间道路说"，认为"在这个时期，强有力的、错综复杂的、有潜在专制倾向的官僚机构试图在王权与贵族之间寻找一条中间道路，使自身以对整个制度而非王个人负责的国家官吏的身

---

① W. L. Warren, *The Governance of Norman and Angevin England, 1086 – 1272*, London: Edward Arnold, 1987, p. 187.
② S. B. Chrimes, *An Introduction to the Administrative History of Mediaeval England*, Oxford: Basil Blackwell, 1966, p. 88.

份出现。"①

　　无论如何，国王对政府的控制在这十几年中无疑是松弛了。亨利三世成年以后在争取重掌政府大权中针对的正是在十几年的幼主期出现的这种变化。因此，就起点而言，1232—1258年政府体制的巨大变化并不是相对于早期的安茹时代，而是相对于亨利三世的幼年时期的。

2. 亨利三世的政策评析

　　从宣布成年起，亨利三世就迫不及待地开始争取对政府的控制。在具体分析他的政策措施之前，先对其政治观念进行总体的分析，会有助于理解其施政的理念。

　　亨利三世亲持政权的欲望首先是受自己的君权理念所支撑。在前文已经看到，13世纪英国的思想状况是"国王至上"的观念占据主流，君主权威得到肯定，并有系统的理论基础的支持；加洛林时代神授君权的观念复活，在12世纪开始复兴的罗马法观念也为之注入了新的力量。在此背景下，亨利三世自然也对自己至高无上的地位毫不怀疑。他认为自己的权威来自上帝，他自视为上帝的代理人、全体臣民的父亲，不论任何等级的臣民都应该服从他的意志，同时也可以向他寻求保护，而违抗国王的意志就等于亵渎神明。

　　另外，亨利三世也不认为传统或法律可以束缚自己，这一点可以从1258年发动叛乱的贵族的申诉中反映出来。当时贵族们向教皇抱怨说国王的来自普瓦图的兄弟们"该死地鼓惑国王说君主是不低于法律的，这样便使君主置身于法律之外，从而使正义本身被驱逐出了王国"②。亨利三世是非常虔诚的基督徒，认为自己是英国教会的领袖，相信自己对教会也有管辖权。当林肯主教罗伯特·格罗斯坦斯特（Robert Grosseteste）认为国王是俗人，无权审判教士时，亨利反问他："那涂油圣礼对国王的意义何在呢？"③

　　亨利三世这种极高的国王权威观念处处都有体现。比如，他让人们在

---

① J. E. A. Joliffe, *The Constitutional History of Medieval England*, London: Adam and Charles Black, 1937, p. 276.
② M. T. Clanchy, *England and Its Rulers*, *1066 – 1272*, 2nd ed., Oxford: Blackwell, 1998, p. 159.
③ M. T. Clanchy, "Did Henry III Have A Policy?", *History*, Vol. 53, No. 178 (1968), p. 213.

他面前高唱"君王颂"(laudes Regiae),为"国王病"(King's Evil)的患者触摸治疗,花费大量金钱重建华丽的西敏寺(Westminster,或译威斯敏斯特)教堂作为忏悔者爱德华的神殿以及举办加冕典礼的场所。无论是教堂里精美的壁画,还是其中举行的各种复杂的王室庆典,都反映出亨利三世对自己权威的神圣性深信不疑。[1]"亨利三世使君主制度引人注目地戏剧化(theatricality),它一直延续至今。"[2] 但是亨利三世不只把这种观念作为自己争取权力的基础,而且视之为国王的义务,因此他时刻在努力维护他作为万民之父的形象。比如,他坚持贵族应该把《大宪章》的原则推行于其属民,并让自己的官员"勤勉地、准确地"调查贵族压迫属民的情况。他自己也身体力行,好善乐施,供养着大量的穷人。在1240年之后,他每年平均为穷人供餐180 000份,而1244年更是达到226 000份之多。[3]

总之,亨利三世相信自己的权力至高无上,而当时也没有什么思想观念或制度可以有效地限制国王的这种欲望。在这种理念的驱使下,亲握政权、实行个人统治便成为亨利三世的最高追求。

为了实现亲政的目标,亨利三世对政府机器进行了彻底的检修。但是,亨利三世对政府体系调整的目标是什么,是要重建被破坏的安茹早期政府体制,还是要设计一种新的政府格局;是有一个彻底的改革计划,还是仅仅做一下必要的调整以适应环境的变化,史家各有评说。陶特认为,亨利三世行政改革的设计者彼得·德·洛奇心中有"专制主义的逻辑体系":由廷臣牢牢地把握所有财政和行政事务,正如法国在13世纪末以前那样。这个目标为1234年的政治危机所灭。但陶特指出两位彼得(即彼得·德·洛奇和他的侄子彼得·德·里沃)短暂执政的残余后果是留给亨利一个作为小规模的中央行政服务机构的内府部门——锦衣库(Wardrobe)。这使亨利三世可以随意地绕开中书省和财务署的既有程序。[4] 乔利夫也认为,两位彼得的两年执政对政府的结构意义重大。他们将行政的重心转入内府,成为亨利三世个人统治的基础。"1234年的改革标志着国王作为行政首脑的再次

---

[1] M. T. Clanchy, *England and Its Rulers*, 1066-1272, 2nd ed., Oxford: Blackwell, 1998, pp. 163-164.

[2] W. L. Warren, *The Governance of Norman and Angevin England*, 1086-1272, London: Edward Arnold, 1987, p. 179.

[3] Richard Mortimer, *Angevin England*: 1154-1258, Oxford: Blackwell, 1994, p. 17.

[4] T. F. Tout, *Chapters in the Administrative History of Mediaeval England*, Vol. 1, Manchester: Manchester University Press, 1920, p. 227.

出现。"① 而更多的人则认为亨利三世在幼主时期非正常的环境结束之后，所做的更像是传统实践的修订而非新政府体制的创造。如克里姆斯认为，亨利三世不过是要恢复传统的国王政府的观念，而"把所有国家官职、所有政府部门都置于王的直接控制之下"也不过是"完善安茹式的政府体系"。"亨利三世不过是恢复了由其祖父开始的，作为安茹中央集权政府政策关键部分的进程，亨利二世时代的行政发展最终被带向完善。"② 依此解释，亨利三世完全实现了他的行政改革目标，在其行政政策上获得很大成功。

但是，这种过分强调亨利三世的政府与过去的延续性的观点显然没有充分认识到从这一时期开始的变革的重要意义。当时的政府确实开始了一种重要的转折。综合亨利三世亲政以后国王政府的特点，会发现以下两个方面的明显变化。

其一，在政府部门方面，首先是宰相一职被废止，与之相伴随的是御前会议（King's Council）的兴起。在政府的决策层面，一批国王的谋臣代替了过去的宰相。其次是内府的复兴，锦衣库的崛起是其主要的标志。这个脱胎于宫室又取而代之的内府机构集中了巨大的权力，掌管着诸多方面的国王事务。通过对之重新组织并使之合理化，中央行政牢牢地掌握在国王手中。

其二，这一时期国王政府各部门的划分及其职能更加明确化。中书省职员中在财务署的被称为"财务署中书令"，其余的中书省职员在西敏寺独辟官署，区别于为国王服务的其他职员。中书令的职权也大大改变。财务署的会议作为国王政府两翼的主要官员聚会之所的古老功能被遗弃了，这一功能也为御前会议所取代。"财务署男爵"成为专门的财政官员。国王的各个法庭也有了明确的职能范围，诉讼亦有了固定的程序。

总之，从亨利二世时代开始创建的政府双重结构消失了，它为一种直接对国王负责的单一结构的政府模式所代。传统上把休伯特倒台到1258年间称为亨利三世"个人统治"时期，而"把他的'个人统治'与其先辈区

---

① J. E. A. Joliffe, *The Constitutional History of Medieval England*, London: Adam and Charles Black, 1937, p. 277.
② S. B. Chrimes, *An Introduction to the Administrative History of Mediaeval England*, Oxford: Basil Blackwell, 1966, p. 89.

别开来的,正是亨利三世拥有一个直接由国王控制的组织良好的政府官僚体系。"① 换句话说,区别在本质上来自这样一个事实:与百年来或自诺曼征服以来的状况相比,这一时期国王对行政机器的控制更连贯、直接而且长久。安茹早期政府体制的进一步发展,结合更高程度的国王个人指导,决定了此时国王政府的基本特点。所以,从客观上讲,这是一个继续发展、创新的时代。可以说正是在亨利三世的时代开始了从安茹早期政府向晚期中世纪政府的过渡。

下面将具体对亨利三世时代政府的这些特点和变化进行探讨。

二、国王集权的强化

1. 御前会议的兴起

亨利三世亲政之后强化集权的最大动作,便是前文述及的废除宰相,摆脱了"另一个自我"(alter ego)的羁绊。除了休伯特个人与国王的权力之争,当时的形势也促成了宰相一职的废止。对比于先王们,亨利三世不但再没有到大陆巡游的问题(除了几次短期的征伐),即使在英格兰岛内,他的巡游也很少超过米德兰以北,他比任何先王都更长久地留在宫中,尤其是西敏寺宫。泰晤士河谷和东南部地区正是从亨利三世时代起成为英国王室活动的中心。② 一山难容二虎,相权的削夺不可避免。

宰相的废除对行政制度本身产生了重要的影响。早期安茹时代的行政部门功能混同的特色至此不复存在,也不能维持下去了。"在行政方面,1234年的事件加速了早已开始的一种发展,从此以后,政府的几个部门的独立身份不再混淆——内府、中书省、财务署、王座法庭、民事法庭——也许仍相互重叠,却已是各自独立了。包含于宰相职位中的行政、司法、财政功能的集中化已随同此职位一起消失了。"③

然而,在行政部门各司其职的同时,仍需要一个权力核心来进行大政决策,并协调行政部门的运作。废除宰相后,国王不可能做到凡事皆由己

---

① W. L. Warren, *The Governance of Norman and Angevin England*, 1086 – 1272, London: Edward Arnold, 1987, p. 190.
② Richard Mortimer, *Angevin England*: 1154 – 1258, Oxford: Blackwell, 1994, p. 17.
③ S. B. Chrimes, *An Introduction to the Administrative History of Mediaeval England*, Oxford: Basil Blackwell, 1966, p. 37.

出，于是一个小而精的机构迅速崛起，这便是御前会议（King's Council）。

在对亨利三世时御前会议的状况进行考察之前，有必要先对其渊源做一下交代。在从诺曼时代起的英国政府机构中，一直存在一种由国王的亲戚、家臣和部分教俗贵族组成的，规模和时间都不确定的咨询会议。它与盎格鲁-撒克逊时代的"贤人会议"（Witan）有一定的渊源，但不完全是一回事。在诺曼王朝时期，虽然仍有一些编年史家称这种机构为"Witan"，但它更多地被称为"王廷"（Curia Regis，但作为咨询会议只是王廷的职能之一①），或"大会议"（Magnum Concilium）。除了对重大的国家事务进行讨论、为国王提供建议外，大会议也有法庭的职能。与大会议同时存在有小会议（The Small Council），但当时它与大会议没有任何严格的区别，它们处理相同的事务，有相同的职能。二者唯一的区别是小会议的规模较小，成员相对固定，能经常在国王身边协助国王统治。此外，在处理事务的重要性上也有所区别，重大的问题要召开大会议协商解决。② 正是这个小会议后来发展为亨利三世时的御前会议。

进入安茹王朝后，虽然仍同在王廷之下，但大会议已有专门的名称"Magna Curia"或"Magnum Concilium"，以区别于小会议。此时大会议仍作为最高法庭，职能与权力与诺曼时代无太大的差别，而小会议作为政府运转中心的功能已是安茹早期中央行政的基础，宰相、中书令和内府成员又是小会议的核心。③

亨利三世时代开始了小会议的新的发展阶段，从这时起它开始被史家称为"御前会议"（King's Council）。不过，专门的称呼"御前会议"在何时明确出现尚有争论，一般认为以《牛津条例》为标志，有的史家认为在亨利三世早期御前会议还不存在，在当时史料中出现的"Consilium Regis"应译为"King's Counsel"——指国王在大小事务的讨论中所得到的各方面建议的总和。但是这一认识与当时已出现明确的"Consiliarii Regis"（king's councillors，国王的咨议官）这类人员这一事实相冲突，而且多数史家相信这些人当中至少部分已经正式宣誓。④ 无论如何，亨利三世的小会议确已完

---

① 马克垚：《英国封建社会研究》，北京大学出版社2005年版，第89页。
② Bryce Lyon, *A Constitutional and Legal History of Medieval England*, Toronto: George J. McLeod, 1980, p. 149.
③ Bryce Lyon, *A Constitutional and Legal History of Medieval England*, Toronto: George J. McLeod, 1980, p. 251.
④ S. B. Chrimes, *An Introduction to the Administrative History of Mediaeval England*, Oxford: Basil Blackwell, 1966, p. 101.

全不同于大会议，它虽仍执行国王交予的任何任务，但只对大会议、中书省和财务署所不涉及的事务提供建议。"内阁（The Privy Council）的基础奠定了。"① 而大会议则往另一个方向发展，最终成为贵族运动中形成的"议会"（Parliament）的核心。

对于亨利三世时期御前会议的成分和功能，研究者一直以来只能是推测，因为这一时期它没有保存自己的档案，相关史料来源很分散，主要来自编年史，但其重要性却是毋庸置疑的。史家屈哈恩评论说："如果没有御前会议这一在王廷中地位不定但却无所不能的机构，没有这一政府的动力和协调中心的引导和控制，亨利三世的个人政府不可能持续24年之久。"② 这一说法充分反映了御前会议在亨利三世政府中的重要地位。

但这一说法也有夸大或不确之处。首先御前会议在当时并非"无所不能"，因为它是没有执行权的。在行政档案中没有来自御前会议的命令也表明它非执行机关，而是建议性的。在亨利三世后期当御前会议在公函（Letter Patent）中出现时，使用的格式是："经过与御前会议就此事的仔细商讨，国王命令……"只是到最后国王病重时，才出现"如御前会议之令……"的说法。③ 总的来说，御前会议在亨利三世时代是一个小的咨议性的机构，为国王的行政决策提供建议，或至少使国王在愿意采纳时有现成的、专业的建议。直到爱德华一世时它的具体行政工作才超过建议功能。④

其次，御前会议事实上也难以算作一个固定的机构，至少它是非常设的机构。在亨利三世个人执政的二十多年中，它是由国王召集的一小群顾问的临时组合，每一次会议的成员、范围和权力完全由国王本人掌握。国王召集一些人出谋划策并不是亨利三世所独有的行为，无论东西方国家，这种非正式的、日常的建议，对任何国王都是必要的，而且政府越复杂，这种需要就越强烈。而御前会议这种既非地位明确的实体，又无永久处所，也无明确权限的灵活而实用的特点，对于一个渴望大权独揽的国王而言再合适不过了。

---

① Bryce Lyon, *A Constitutional and Legal History of Medieval England*, Toronto: George J. McLeod, 1980, p. 355.
② 转引自 S. B. Chrimes, *An Introduction to the Administrative History of Mediaeval England*, Oxford: Basil Blackwell, 1966, p. 98.
③ W. L. Warren, *The Governance of Norman and Angevin England, 1086 – 1272*, London: Edward Arnold, 1987, p. 191.
④ Bryce Lyon, *A Constitutional and Legal History of Medieval England*, Toronto: George J. McLeod, 1980, p. 360.

但是御前会议也不是完全没有定型的，从亨利三世亲政起它就出现了相对稳定的趋势，一个明显的表现就是前述被称为"国王的咨议官"的御前会议成员的出现。这种身份在亨利三世早期就出现了，他们专门被任命在小会议上为国王就王国的管理出谋划策。御前会议成员固定化的一个证据是一些成员要立"咨议官之誓"（Councillor's Oath）。誓言的形式已无从知晓，但可推断其中心应是保证维护对国王事务的忠诚。需要指出，在这一时期这些人是否起誓本身尚缺乏足够的证据。虽然有非官方的资料记载1234年前有咨议官曾宣誓，而且贵族在每次危机中都要提出或重申这样的宣誓，但是没有任何在1257年前的宣誓文件保留下来，而比较可信的证据更是到爱德华一世时才出现。① 笔者认为，当时的情况下全部参会成员都已确定显然是不可能的，也不符合御前会议自身的特点，但应当是有一些主要的成员通过咨议官的身份固定下来了。

这些人无论是否在宫廷内外任要职，无疑作为国王的咨议官本身就是重要而有影响的地位。但在当时，他们是完全服从和服务于国王的，而不是国王被迫接受他们的建议，他们不能迫使国王接受建议，也没有行政权力。在当时，国王是执行官，咨议官由他挑选，而是否接受某人的建议也全在于他的考虑。因此，本质上，咨议官仍是"顾问"（counsellors），而非"议员"（councillors）。②

然而，进入御前会议就意味着可以经常面见国王，并在国家管理中出谋划策，施加影响，而由于当时政府体系复杂性的增加和事务的日益庞杂，虽然原则上事事最终都由国王决定，但实际上往往是在某一方面精通的顾问的建议在起作用，他们对政策制定和政府管理的影响是不可低估的。甚至有人认为，也许有时御前会议是政府真正的掌握者，而不仅仅是为作为唯一操作者（当然是理论上）的国王提供建议，"它掌握着国家之舰的舰桥，但按照作为舰长的国王的意志向其指引的方向航行"③。无论怎么发挥作用，"Consiliarii"的实际重要性在13世纪初迅速增长是不争的事实。

随着御前会议重要性的迅速上升，谁应当跻身于国王的咨议官便成为

---

① S. B. Chrimes, *An Introduction to the Administrative History of Mediaeval England*, Oxford: Basil Blackwell, 1966, p. 100.

② S. B. Chrimes, *An Introduction to the Administrative History of Mediaeval England*, Oxford: Basil Blackwell, 1966, p. 98.

③ W. L. Warren, *The Governance of Norman and Angevin England, 1086 – 1272*, London: Edward Arnold, 1987, p. 192.

争论的焦点：是应完全由国王决定，还是要给国王以外的其他利益集团一定的决定权？因为控制御前会议便意味着最终掌握指导整个政府体系的权力，而不需要任何结构或运行上的基本变动。因此这很快就成为国王与反对他的政策的权贵们关系紧张的主要根源，也成为国王与贵族实力消长的晴雨表。"亨利三世时代国王与大贵族的关系集中于定期的会议，表现为贵族试图通过影响其御前会议的成员构成而控制国王。"① 当后来御前会议进一步稳定和规范化而成为常设的国家机构，并且得到一些执行权以后，其构成更成为中世纪晚期政治的焦点问题。不过，斗争的焦点集中于御前会议人选这一现象有一个积极的后果，就是使英国的政府在中世纪后期的发展可以不断延续。虽然在不断的政治斗争中控制御前会议，从而也控制着政府方向的派别经常变换，但君主制的政府体制却在波澜不惊地不断发展完善着。

亨利三世选择御前会议成员的原则自然是服务于他加强个人对政府的控制、提高政府效率的目标的。因此他既要保证这些顾问对自己的忠诚，又要选择真正熟悉政府的行政事务的人参与进来。所以亨利三世喜欢任用廷臣、家亲或幕僚（ministri）参加御前会议，而传统的教俗大贵族桀骜不驯，又很少懂得具体的行政管理，故而越少越好。"因为国王常要选择有能力的人处理紧要事务。"② 正如鲍威克所说，这些人"作为内府的成员，能够监督他们所熟悉的政府行为。有的可以设计新令状或起草新法令，有的可以为聚敛钱财出谋划策，或使财政措施得以实施。他们可以协助修订一项司法代理的题头或一项行政质询的条款。"③ 同时，这些顾问熟悉大贵族和主教们的世界，也熟悉教区和郡的行政生活，这使他们知道如何有效地发挥监督和调查的作用。

当然不可能每一位成员都具备良好的行政职业素质，而且很可能亨利三世最重要的建议者不是其职业行政官，而是亲信。但是行政官员成为国王的亲信也并不是奇怪的事。亨利三世的亲信中确有一些是来自他的身边，一直伴其左右的，如彼得·德·里沃、约翰·曼西尔（John Mansel）等；另外许多人则都曾经是司法系统、中书省、国库的资深官员，由于行政工

---

① Richard Mortimer, *Angevin England: 1154–1258*, Oxford: Blackwell, 1994, p. 98.
② S. B. Chrimes, *An Introduction to the Administrative History of Mediaeval England*, Oxford: Basil Blackwell, 1966, p. 100.
③ S. B. Chrimes, *An Introduction to the Administrative History of Mediaeval England*, Oxford: Basil Blackwell, 1966, p. 101.

作之需接近国王,进而得到信任,成为国王的亲信。① 但是除了他们,还有一些亲信并没有多少行政才能,只是因为是国王的亲戚或朋友而高就,其中最突出的是那些国王的外国亲戚,他们被指责根本不懂英国事务却窃得显位,从而成为批评的焦点。不过,从亨利三世的角度来看,这些亲戚或朋友恰是最忠心不二地维护自己统治的人,他当然更愿意听他们的建议了。

亨利三世这样取舍的结果是传统的教俗贵族更少出现在御前会议,甚至有人说亨利三世"看来是把男爵们作为一个阶层都摒弃于御前会议之外了"②。贵族们当然不会甘心被从这样一个政府核心中排挤出来,而且亨利三世所选择的人及他们制定的政策正日益严重地侵蚀着他们曾经享有的特权。因此,围绕御前会议的构成和运行的斗争在亨利三世时代一直存在,甚至是贵族争取权利的主战场。被国王弃用的贵族要求在御前会议中派出代表,至少部分地控制其运行,以保证他们的权利不完全被漠视或侵夺。所以,改变御前会议的构成、吸收贵族代表参与其中就成为1234、1237和1244年的几次危机以及1258年的总危机中贵族提出的主要要求。但是,在1258年之前,贵族没有什么实质性的收获。

1234年大会议上贵族们在坎特伯雷大主教埃德蒙·里奇(Edmund Rich)的领导下迫使亨利三世将"进谗言者"解职,并接受了9位由贵族推荐的顾问进入御前会议。1237年贵族也以一笔协助金为条件迫使国王接受了他们认为合格的12位顾问参加御前会议。但是,这些让步都没有维持多久,当国王渡过危机之后,被安插进来的人很快就被弃置一边,国王重新使用自己的亲信。而1244年贵族再次提出类似的主张则干脆没有在大会议上通过。因此,到1257—1258年以前,贵族们事实上在御前会议中没有代表。③

2. 内府行政的复兴

如果说废除宰相并控制御前会议使亨利三世在政府的决策权方面占据了绝对的优势的话,那么复兴内府机关、将行政大权重新集中于内府的结果就是使他在政府实际操作和运转当中也取得了主动权,从而使当时国王

---

① W. L. Warren, *The Governance of Norman and Angevin England, 1086 – 1272*, London: Edward Arnold, 1987, p. 191.
② C. W. S. Barrow, *Feudal Britain, 1066 – 1314*, London: Edward Arnold, 1983, pp. 262 – 263.
③ Bryce Lyon, *A Constitutional and Legal History of Medieval England*, Toronto: George J. McLeod, 1980, p. 357.

对政府的驾驭真实而全面。

从诺曼王朝到安茹王朝早期，内府一直是政府行政部门的中心，而且许多重要的中央行政机关就是先后从内府中产生和发展起来的。约翰王时代内府的重要性达到最高峰，他以功能尚不能完全区分的宫室和锦衣库来完成财政、秘书和行政方面的绝大部分事务。亨利三世刚即位时年幼不主政，内府的地位大大降低，但是从1232年起，经过亨利三世的努力，内府又重新成为中央行政的中心。

内府行政在亨利三世时代的复兴，在用人方面表现为出身于内府的国王宠臣在行政部门中的重用；而在机构上，锦衣库的迅速崛起是其主要的标志。

（1）普瓦图党时代

亨利三世复兴内府，是由重用彼得·德·洛奇和他的侄子彼得·德·里沃这两位出身于内府的宠臣开始的。他们发动和主持的财政改革使亨利三世亲政伊始便在政府运作方式上独树一帜。因为这两位是普瓦图人，所以被反对者冠以普瓦图党之称。实际上除此二人外并无多少普瓦图人参与，他们的主政也仅是1232—1234年间的短暂时期。然而，内府的崛起确实是与他们两位的掌权分不开的。

当时，宰相被废，幼主时期的显要几乎都被剥夺了实权。新任的宰相塞格雷夫的斯蒂芬仅掌司法，已难称宰相。休伯特手下的中书令拉尔夫·内维尔和国库长瓦尔特·摩克勒克虽由国王重新认可得以保留任职，但是已不再是最高权力圈的成员了。这些人留下的权力真空几乎尽由彼得·德·里沃一人填补。

亨利三世将几乎所有的财政权力集中到亲信两位彼得手中的客观结果是过去的贵族官员被从财政部门剔除出去。一些史家认为，这是宫廷官员与代表贵族立场的所谓"国家官吏"斗争的结果。[①] 但巨大的财政压力和过去财政管理上的混乱状况才应是亨利下决心彻底改革财政的主要原因。亨利三世让一位精通财政事务的亲信对问题百出的王室财政进行彻底的整顿，唯一的目的就是为国王的金库带来更多现金。

1234年，在教俗贵族的压力下，亨利三世被迫将两位彼得解职。他们的倒台也被陶特等宪政史家定性为"对掌握小御玺的内府官吏执政的第一次宪政反抗"。这种看法掩盖了这次危机的真正性质。因为在当时断然区分内

---

① T. F. Tout, *Chapters in the Administrative History of Mediaeval England*, Vol. 1, Manchester: Manchester University Press, 1920, p. 218.

府与其他官员为时尚早，而发难的教俗贵族的矛头当时也并非指向行政机制，甚至也不是针对所谓"外国人"。当时只有两位彼得算是得势的外国人，反对者关心的核心问题也不是行政的结构和方法，而是国王的御前会议的构成。他们发现亨利三世不但废除了宰相，而且对他们也置之不理。"英格兰的显贵们在欢呼或默认了宰相的倒台之后，发现自己正面临一种完全意外的状况。他们在宫廷被轻视了。"[1]

许多史家强调亨利三世在恢复内府地位的过程中遭到贵族的抵制，并将其与反对专制倾向相联系。事实上，与其他方面的情况一样，对亨利三世集权政策不满的并不是所有的贵族，即便是所谓"男爵"（barons）中也有不少是国王的积极支持者，因此这种把整个贵族阶层放在国王对立面的思路在这里行不通。此外，抵制亨利三世重用内府官员政策的贵族也并不是要以更好的、"民主"的行政机构取代内府，他们不过是争取分享内府的权力或在其中谋取职位。而一旦跻身其中，他们也没有重大的改革，而只是排斥异己或"驱逐外国人"[2]。

彼得·德·里沃的免职并没有使他发动的财政改革进程终止，也没有抹杀他在行政上的影响。"在抛弃普瓦图人之后，亨利三世绝不会同时放弃使其内府成为国家行政中心的那些政策。"[3] 亨利三世在压力下进行了一些调整，但这些措施并没有在行政体制上造成什么影响，事实上在1234年前后行政没有显著的区别，甚至彼得·德·里沃本人也继续在财政方面发挥着重要的作用。

(2) 锦衣库的勃兴

这种延续性在机构上最重要的表现就是锦衣库不但保留了1232年以来的重要地位，而且权力进一步扩张，成为亨利三世时代行政权力集中于内府的主要标志。锦衣库通过对小御玺的掌管和充足的财政资源，为国王提供了能便利支配的财政和行政支持。直到14世纪，锦衣库一直是内府的

---

[1] S. B. Chrimes, *An Introduction to the Administrative History of Mediaeval England*, Oxford: Basil Blackwell, 1966, p. 95.

[2] Bryce Lyon, *A Constitutional and Legal History of Medieval England*, Toronto: George J. McLeod, 1980, p. 364.

[3] S. B. Chrimes, *An Introduction to the Administrative History of Mediaeval England*, Oxford: Basil Blackwell, 1966, p. 101.

中心。①

锦衣库是内府中宫室下的一个分支机构，起初只是一个保管处，管理国王的衣物和财物，以及国王希望随手拿到的文件，并为国王个人的开销准备足够的现金。因此它的官员是非常接近国王的，经常是国王的亲信。锦衣库常伴随国王出巡，也为国王处理一些紧急的秘书事务，从约翰王时代开始日益重要，成为主要的财政机关之一。② 当时锦衣库与宫室二者功能多有重叠，但宫室已经是经过多年发展的比较成熟的内府财政机构，锦衣库明显还从属于宫室。实际上在锦衣库崛起之前，正是宫室发挥着内府中心的作用。在亨利三世之前，国王的小御玺由宫室保管，因为它负责国王的日常之需，掌管他的"私囊"，因而总是很接近国王。但至少从亨利二世时代起宫室就已不只是私家之用了，而是利用其灵活快速、不受加之于宰相下属机构的那些固有程序约束的特点，被发展为国王与其所有领地内的官员与机构联系的纽带。它负责国王的财政支出，但不只是王的私人开支，也包括外交和战争的费用。它还为国王筹集现金。宫室内除了锦衣库外，还有一个由宫室职员们组成的秘书处。在约翰王时代，宫室变成"国王周围主要的行政活动中心"，其财政作用甚至超过了西敏寺的国库（Treasury）。宫室的扩张也许部分是因为约翰愿意使用亲信办事，但另外也是因为它为常驻国内的国王提供了对政府进行个人控制的方便途径。③ 但是在幼主期之后，锦衣库不但完全取代了宫室原来的作用，而且更进一步拓展了权力范围，内府为中心的行政体制发展到了一个新的高度。

有的史家把亨利三世时代锦衣库取代宫室称为一个历史事变，认为它是年幼的国王以及彼得·德·里沃在锦衣库的学徒身份的共同结果。因为年幼的国王没有多少需宫室过问的事务，但国王即使年幼也需要个人的起居服务，也有王室开支需要处理，因此锦衣库的照顾还是必要的，而当时锦衣库的财政官就是彼得·德·里沃。当亨利三世成年之后也不急于恢复宫室以前的职能，而是以锦衣库彻底取代了它。究其原因，首先应该是由于亨利三世已经习惯了使用锦衣库，另一个原因也许就在于宫室本身的传

---

① Bryce Lyon, *A Constitutional and Legal History of Medieval England*, Toronto: George J. McLeod, 1980, p. 365.
② Bryce Lyon, *A Constitutional and Legal History of Medieval England*, Toronto: George J. McLeod, 1980, p. 375.
③ W. L. Warren, *The Governance of Norman and Angevin England, 1086–1272*, London: Edward Arnold, 1987, p. 189.

统已经不适应新的环境：宫室代表的是过去分割的、在全国漫游的内府，新的锦衣库则体现了更紧密地与王国行政体系相联系的内府的特点。① 但从更深层次的背景来看，由于锦衣库是一个新兴的机构，其特点就是灵活性大，没有传统势力在其中的影响，也没有什么既定的程序，改革的潜力巨大，加上它的首脑是几乎一直在国王身边的近臣，也许这才是亨利三世利用它作为推行自己高度集权的行政理念的中心的真正原因。

锦衣库地位的上升其实从亨利三世继承王位不久就开始了。1216—1219年锦衣库的状况不得而知，但从1220年起就有了锦衣库运作的记录，以后锦衣库的重要性逐渐开始有超过宫室的趋势。这一时期财务署开始直接将国王的部分收入交入内府，而这项事务由锦衣库负责，这也无疑促进了锦衣库的财政地位迅速发展。到1227年的时候，按照陶特的说法，锦衣库就已经不仅对整个国王内府的财政负责，而且还具有其他重要的行政功能。"锦衣库在有些时候不仅是第二国库，更是一个军事机关和司令部。"②

1227年时锦衣库也许还受宫室的部分管辖，但1232年的改革无疑使它完全取代了宫室的地位成为整个内府最重要的会计和财务部门，在财政上的重要性上升的同时，它在行政的其他方面也集中了越来越多的权力。内府司库很快由锦衣库长官兼任了，小御玺的保管也不再由宫室负责，而成为锦衣库的一项功能。同时，锦衣库的长官不再由几人共任，而是由一位内府的官员专门负责。与此同时，宫室虽还独立，却在行政上地位大降，直到14世纪才又重新崛起，在行政上占据重要地位。③

1232—1234年的改革不仅使锦衣库成为内府中的执牛耳者，而且由于这两年当中财务署、中书省等传统行政机构地位下降，职能也有所转变，锦衣库在整个国家行政中成为最重要的机构。这样，到1234年时，锦衣库已成为牢牢掌握于国王之手的得力而高效的行政机关。

1234年前后锦衣库的地位没有因普瓦图党的倒台而衰落，1234—1258年间，锦衣库的发展从机构的角度看也是连续性的。作为内府部门，它一直是国王最有效的统治工具。作为行政机构，它得到了固化和扩展。

---

① W. L. Warren, *The Governance of Norman and Angevin England, 1086 – 1272*, London: Edward Arnold, 1987, p. 174.
② T. F. Tout, *Chapters in the Administrative History of Mediaeval England*, Manchester: Manchester University Press, 1920, Vol. 1, p. 195.
③ S. B. Chrimes, *An Introduction to the Administrative History of Mediaeval England*, Oxford: Basil Blackwell, 1966, p. 104.

过去一般以 1240 年为界将这一时期分为两个阶段。这一划分主要是陶特的观点。他认为 1240 年之后锦衣库由"外国人"掌管，而人员的变化使其明显不同于以前。① 其实在当时无论是什么人掌握锦衣库，他们都是执行国王的政策，并不对锦衣库本身的职能有太大影响。即使 1240 年之后锦衣库协助亨利三世进行了两次失败的海外冒险尝试，并进而导致 1258 年的贵族叛乱，那也是国王的海外政策的问题，与政府体制本身无关。对于这个时期锦衣库的历史最好作为一个整体来看，史家屈哈恩对它做了最好的概括："最重要的是锦衣库的发展非常迅速，以它几乎无限的适应性和扩展能力，使国王能够应付政府的不断扩展和对外政策带来的紧急事务，而且比财务署和宫室都更灵活方便。"②

在亨利三世统治的主要时期，锦衣库在行政的各个方面都发挥着重要的作用。它的财政功能当然是最重要的，它的灵活高效使国王的收入可以最大限度地收归国库，同时也可以迅速地使用到国王需要的任何地方。尤其在 1240 年以后，锦衣库的收入急剧膨胀，而它经手的开支也数目庞大。据统计，在 1241—1245 年间，锦衣库的收入增至每年 22 000 镑。在战时，锦衣库完全随国王出征，1242 年 5 月至 1243 年 9 月，亨利三世在加斯科尼的军事行动便由锦衣库负责后勤供应。而此时，国内的财政工作全部由财务署来负责。"财务署对于锦衣库的唯一职责就是向它提供国王不断要求的资金。"③

锦衣库除了掌管财政以外的另一个最重要的功能就是保管小御玺，这使它发挥着过去属于中书省的秘书功能，为国王起草各种证书和令状，并为重要的政府文件加盖小御玺。

从约翰王统治的中期起，小御玺的使用就已出现。当时有许多来自中书省的文件中注明它是由国王通过书面命令签署，并加盖个人印玺，即"小御玺"（Privy Seal）。从这时起由中书令掌管的另一个御玺也开始被称为"大御玺"（Great Seal），而在此之前它一直被笼统地称为"King's Seal"或"Royal Seal"。有时候约翰王在署证文件时会避开中书省。比如在 1208 年 5

---

① T. F. Tout, *Chapters in the Administrative History of Mediaeval England*, Vol. 1, Manchester: Manchester University Press, 1920, p. 241.
② S. B. Chrimes, *An Introduction to the Administrative History of Mediaeval England*, Oxford: Basil Blackwell, 1966, p. 106.
③ T. F. Tout, *Chapters in the Administrative History of Mediaeval England*, Vol. 1, Manchester: Manchester University Press, 1920, p. 267.

月他发出一封信,加盖了小印玺,并解释说:"朕没有'大御玺'在身边。"这表明当时使用私玺还是不正常的,国王偶尔使用还要加以解释。① 而此后它将日益频繁地被使用,到约翰王晚期的时候,甚至连有些特许状也只加盖小御玺了。

　　亨利三世幼年时期不主政,所以作为私人印章的小御玺暂时消失了。但至少在1230年12月亨利三世就拥有了小御玺,并从彼得·德·里沃执政起便由锦衣库长官执掌。这样亨利三世的锦衣库就成为中书省之外的一个内府秘书处。当时小御玺还不经常使用,因为在日常行政中大御玺已足够应付,而且一般情况下,国王支配大御玺也没有什么问题,大御玺仍方便地为国王所用。但是,在关键时刻或紧急情况下,特别是国王出巡或征战,或者国内发生矛盾冲突,国王对大御玺指挥不灵时,小御玺完全可以行使大御玺的功能,并体现出它灵活快捷的优势,极大地方便了国王发布命令、签署文件。这样,大御玺及其掌管者在一定程度上失去了牵制国王的作用,小御玺兴起的作用和锦衣库掌管小玉玺的重要性正是体现在这个意义上。

三、官僚政府体制的发展

　　从上一节可见,亨利三世通过废除宰相、加强御前会议的职能、恢复内府行政地位等措施,集权于自己手中。如果说以上考察的是亨利三世个人如何控制政府的话,那么下面探讨的内容就是他要控制的是一个什么样的政府的问题。实际上这两个问题并不能截然分开。前面讲的御前会议、锦衣库等机构的发展,乃至国王在其中的主导地位等,都反映了当时政府本身的特点;而以下要谈的政府诸部门的发展完善,也从机制的角度反映国王统治力量的加强。当然,政府部门的官僚化和职业化会在很多事务中限制国王个人随心所欲、为所欲为的权力。但是,对于整个王权来说,它主要发挥正面的作用,将官僚体制的发展与王权的发展对立起来的看法是错误的,仍是把王权等同于国王个人权力的反映。

　　在本章的开头已经提到,亨利三世的政府体系达到了前所未有的技术水平,而其最重要的表现,就是一些政府部门开始出现职能专门化、程序规范化、人员职业化和官僚化的趋势。"在中央政府这一方面,这些年经历了组织上的巨大进步,一直向更高的技术效率和更好的适应性水平发展。"

---

① W. L. Warren, *The Governance of Norman and Angevin England*, *1086 – 1272*, London: Edward Arnold, 1987, p. 187.

在这一时期,财务署将继续它的财政改革,并在组织上独立于内府;中书省将改进其组织,并在本质上减少作为内府机构的特性。"行政发展至此,已在很大程度上可以自我生存了。"① 但是,这些部门与锦衣库为首的内府关系仍是和谐的,共同服务于国王的统治。

1. 财务署

亨利二世时代是财务署发展的顶峰,它是当时欧洲最发达的财政系统,著名的《财务署对话集》记录了它的工作。财务署有严格的部门分工、专业的会计人员、严密的财政收支程序,更重要的是它当时已明显区别于宫室等变幻不定的内府机构,是比较成熟的国家财政管理中心,全国财政大部归其掌握。② 但是在约翰王后期以及亨利三世年幼时期,财务署的管理松弛,逐渐衰落。

1232—1234 年彼得·德·里沃掌握财政大权并担任财务署司库以后,才开始了财务署新的发展时期。里沃在财务署发动了较大的改革,而且这一改革并没有因为他的离职而停止。在 1258 年以前,财务署的发展是连续的,直到被贵族运动所打断。因此与前代相比,这一时期的财务署表现出许多新的特点。

首先是人员更加专业化。早在亨利二世时代财务署会议就是最高规格的国务会议之一,国王、宰相和各部门高官以及贵族会经常与会,和所谓财务署男爵们商讨涉及财政收支的事务。但在亨利二世时代,财务署会议就有逐渐成为专业人员会议的趋势。《财务署对话集》中说财务署会议中的中书省职员虽然只是代理(中书令),但掌有重要的、多方面的职权,以至于在清查账目的过程中始终都不能脱离岗位。此外,在亨利二世早期,财务署会议每年召集两次,每次几个星期而已。但到 12 世纪末,会议持续到 9 个月以上,这样这些主持会议的中书省官员几乎成为专门的财务署官员,而无暇顾及中书省的其他事务。而且在亨利二世晚期还出现了本应由中书省官员分管的财务署工作被与中书省无关的国库官员取代的情况,原因就是这些人更熟悉财政事务。同时,政府部门的主要官员越来越少参加财务署会议,结果使很多"经常出现的""可疑和棘手的事务"需要记下来等候汇报给他们再做处理。约翰王时代的有关档案就表明宰相经常不参加此类

---

① S. B. Chrimes, *An Introduction to the Administrative History of Mediaeval England*, Oxford: Basil Blackwell, 1966, p. 97.
② 详见马克垚:《英国封建社会研究》,北京大学出版社 2005 年版,第 92 – 95 页。

会议。而且，国王的官员和近臣们在复活节和米迦勒节（Michaelmas）出席的例行会议也不再那么准时召开了。① 这些变化说明，财务署在日益转变为由专业人员构成的专门事务性的机构，而过去曾经作为政府主要官员工作会议的功能则逐渐淡化。

到亨利三世时期，宰相和中书令已彻底脱离了财务署。过去财务署那些由高官构成的"财务署男爵"已极少参加财务署会议，更多的是他们有财政专长的代表在其中工作，这些人日益成为职业的"财务署男爵"。这种官员约在1234年就出现了。② 过去主持财务署簿记的中书令属员也开始直接由国王任命，从而彻底与中书省脱离了联系。这一职位从13世纪30年代起成为财务署最重要的官员，被称为"财务署大臣"（Chancellor of the Exchequer，现在英国的财政大臣即用此名，当源于此）。作为部门首脑，财务署大臣现在主要负责政策和管理方面的事务，而他过去负责的簿记工作则新设了两个专门的职位，称为"财务纪事官"（Remembrancers）。这两个官员在财务署工作程序的发展上贡献很大，同时他们也承担过去财务署司库的工作，因为像彼得·德·里沃这样的财务署司库早已不参与到财务署的具体事务中了。这样，"12世纪王廷高官们的'兼职'职责在13世纪变成了训练有素的专业人员的'全职'工作了"③。

其次，财务署的工作程序和技术更加成熟和规范化。财务署在12世纪就发展了很多处理财政事务的技术，在当时的欧洲是十分先进的。比如，它用符木（tally）进行收支结算的方法一直沿用到19世纪，而使用方格子布（exchequer，财务署即得名于此）进行会计计算也称得上是当时的重大发明。这些先进方法的使用大大提高了当时英国的财政管理水平。到亨利三世时期，由于大量账目从郡守手中分离出来，需要在财务署独立核算，财务署必须扩大规模以应付日益增多的事务，同时技术和程序的改进也不断进行着。

1236年以后，符木的使用有了新发展。当时财务署不再直接付现金给王室的债权人，而是交给他标有相应数目的符木。债权人可以拿着这些符

---

① W. L. Warren, *The Governance of Norman and Angevin England, 1086 – 1272*, London: Edward Arnold, 1987, p. 187.
② S. B. Chrimes, *An Introduction to the Administrative History of Mediaeval England*, Oxford: Basil Blackwell, 1966, p. 118.
③ Bryce Lyon, *A Constitutional and Legal History of Medieval England*, Toronto: George J. McLeod, 1980, p. 372.

木找某一王室收入征收人要钱，而后者在付款后将符木保存起来，将来以之向财务署报账。这样就使直接交到财务署的现金数量大大减少，从而减少了现金运送的危险，也减轻了其工作压力。不仅如此，这种符木还可以流通使用。王室债权人往往不愿意直接去找王室收入征收人要钱，而是将它交给一些商人银行家，从他们那里拿到钱。而银行家再委托代理一起与王室财政官员结算。这种制度促进了信用的发展，符木事实上成了一种"木制的货币"，也是后来汇票的雏形。

此外，财务署的簿记制度也有了很大改进。账目登记流水作业，减轻了其工作负担。当时账目分类更加细密，一些新增的收支门类的账目被从圆筒卷档（Pipe Roll）中转移出来，许多新的档案种类从这时起连续而大量地保存了下来，"每一种都专门记述其所分管的某类财政事务的状况"①。比如这时出现了专门登记需马上收取的主要王室债权或罚款的档案，从而使圆筒卷档不必再逐一记录王室的旧债，而只掌握总数即可。② 总之，当时由专业人员掌握的财务署不断抛弃陈规，尝试以新的方法减轻其工作压力，大大地提高了财务署的工作效率，也推动了整个财政体系的进步。

财务署的地位和功能在亨利三世时代也进一步发生了改变。这时的财务署在很大程度上已成为机制成熟的事务性的国家部门，它的程序性运行已较少受人为因素的干扰，但与此同时它却没有独立的方向性的功能，而是开始接受内府中新崛起的指导性的财政机构锦衣库的领导。如鲍威克所说："彼得·德·里沃在一两年内将财务署变成了内府的部门，更确切地说是内府的财政中心锦衣库的一个派出部门。彼得·德·里沃的改革虽然在1234年被突然终止了，但是它的影响得以长久地保留。1234年以后，彼得·德·里沃在财务署的继任者们继续实施改革以加强财务署与它所脱胎的内府的传统联系。它的成员的行政经验被更策略和隐蔽地用于在与王廷的全体成员和地方行政的合作中扩展国王的利益。"③ 可以说，财务署成为维护王权的更有力的工具。在亨利三世时代它主持的一些调查就突出地说明了这一点。

---

① S. B. Chrimes, *An Introduction to the Administrative History of Mediaeval England*, Oxford: Basil Blackwell, 1966, p. 119.
② Bryce Lyon, *A Constitutional and Legal History of Medieval England*, Toronto: George J. McLeod, 1980, p. 373.
③ S. B. Chrimes, *An Introduction to the Administrative History of Mediaeval England*, Oxford: Basil Blackwell, 1966, p. 116.

在1232—1233年间，彼得·德·里沃发动财务署对地方积债和欠缴的国王收入进行调查。所有相关的官员都被召见，解释为何不清偿债务，或为何未能如期收缴国王的收入。不服从调查的欠债者被严加处理。① 当时的调查档案记载表明这类拖欠相当严重，也从另一个角度体现了财务署的办事效率。1234年彼得·德·里沃倒台暂时结束了这一调查，但是财务署的这项功能并没有随之消失。1236年之后财务署又开始不断进行各种调查，有的史家甚至认为这是著名的"特权凭据调查"的开始。与此同时，财务署的司法功能也显著地增强了。

可以看出，亨利三世个人执政时期的财务署是一个有力而高效的行政机构。"我们不应把财务署看作神秘行事的、独立的、不受控制的组织，它其实是各方都当作票据交换所的繁忙而开放的场所。也许正因为如此，教俗贵族便不必再作为它的成员，虽然财务署男爵们还远非封闭的职业专家群体。财务署更加职业化是由于它所负责的事务日益增多，它的存在就是为了照看国王的利益和传统的财政职责，财务署的财政事务一直在国王的管理之下。"②

2. 中书省

同财务署一样，中书省从内府分离并进而成长为有较成熟的运行规范的国家行政机构的进程也在13世纪之前就开始了。特别是亨利二世时代以来，随着王权的加强和中央政府体系的扩张，中书省的工作量大增，它在体制上也不断进行着调整与革新。到12世纪末时，中书省已有了很大的变化，不仅规模大大扩大，其事务范围也扩展许多。中书省的成员早不再是由那些王宫中有一定文化修养的神父或其他神职人员兼任了，越来越多的对行政事务熟悉的职员在其中任职。比如在亨利二世的司法改革以后，令状程序使用扩展，中书省里逐渐出现了许多专门的职员，被称为"书记官"（Cursitors），他们的职责就是以标准的格式起草令状。③ 同时，中书省也开始拥有固定的官署，有可能在12世纪末时中书省的主要部分已置于西敏寺，

---

① Bryce Lyon, *A Constitutional and Legal History of Medieval England*, Toronto: George J. McLeod, 1980, p. 371.
② S. B. Chrimes, *An Introduction to the Administrative History of Mediaeval England*, Oxford: Basil Blackwell, 1966, p. 119.
③ Richard Mortimer, *Angevin England: 1154 – 1258*, Oxford: Blackwell, 1994, p. 65.

不过还有一部分人员跟随国王，以备不时之需。① 到约翰王时期，中书省过去的秘书功能部分地由在内府新出现的小御玺来完成了，中书省也开始从内府中分离出来，开始有了相对独立的地位。它由一个高级"国家官吏"领导，有自己的人员，负责绝大部分王室文件的起草和归档，它掌管大御玺并以之签发文件，它有自己独特的运转程序。不过在亨利三世时最重要的中书令拉尔夫·内维尔（Ralph Nevill）1244 年去世之前，它还没像财务署那样发展为独立的政府部门。②

在亨利三世时代，中书省发生了更大的变化，一些因素的出现加速了中书省的官僚化，使之日益明显地从内府分离出来。同时，它的重要性也相对地下降了。

促使这些变化发生的最主要因素是小御玺的复活。1230 年小御玺的重新出现是中书省"出宫"的必要前提。由于小御玺有更大的灵活性并更紧密地跟随国王，因此在许多领域国王更多地使用小御玺，从而使之在行政领域不断蚕食中书省掌管的大御玺的使用范围。由中书省掌握的传统的御玺日益远离国王个人而变成"英格兰之玺"（Seal of England），1230 年后经常有加盖大御玺的文件要再到锦衣库加盖小御玺才能生效。小御玺日益成为国王指挥中书省或其他政府部门的工具。③ 大御玺地位的下降不可避免地使保管大御玺的中书省日益脱离宫廷，向一个纯事务性的行政机构转变。

亨利三世时代中书省这种发展的最突出表现就是中书令地位的下降。在亨利三世亲政以前的百余年里中书令一直是国王政府中仅次于宰相的权臣，著名的托马斯·贝克特（Thomas Becket）和休伯特·瓦尔特（Hubert Walter）就先后在亨利二世和约翰王时期担任过中书令。④ 拉尔夫·内维尔从 1226 年开始担任中书令一职，在最初几年也是权倾一时，但随着亨利三世的亲政，他的地位就日益衰落了。内维尔虽然终身任职到 1244 年去世，但是在 1232 年之后就基本上退出了权力中心，1238 年之后更是空有其名了，不但没有了过去的权力，连大御玺也不再掌管了。他死后更没有了正

---

① W. L. Warren, *The Governance of Norman and Angevin England*, 1086 – 1272, London: Edward Arnold, 1987, p. 187.

② Bryce Lyon, *A Constitutional and Legal History of Medieval England*, Toronto: George J. McLeod, 1980, p. 361.

③ S. B. Chrimes, *An Introduction to the Administrative History of Mediaeval England*, Oxford: Basil Blackwell, 1966, p. 114.

④ 详见马克垚：《英国封建社会研究》，北京大学出版社 2005 年版，第 91 页。

式的中书令任命，大御玺也不断由不同的人执掌。在亨利三世中期的掌大御玺者人数多于亨利二世以来的所有中书令。此外，中书令的地位下降还体现在其经济地位的改变上。在此之前，起草和签署文件的费用是中书令的津贴，但1244年之后它由中书省内新设的"财务主管"（Keeper of the Hanaper）接管，以后即使中书令重设，也成为一种领薪的官职。①

中书令地位的下降最好从行政发展本身来解释。过去很多评论都把内维尔视为"贵族"中书令，并将其沉浮与国王和贵族的斗争联系起来。其实内维尔一直是作为中书省的职业官吏成长的。虽然1222年就任奇切斯特主教使他进入教界贵族阶层，而且1226年他获得中书令的终身任职权和掌管大御玺的权力也是由贵族大会议所赋予的，但是1232年之后内维尔的留任只能以他愿意与国王的新宠们合作来解释，他要忘掉所有的所谓贵族背景，重新记起自己是一位王家官吏。在这期间也没有任何所谓内府与中书省冲突或敌对的迹象。1232—1238年间亨利三世也没有蓄意要解除内维尔的职务。1238年亨利三世与内维尔的冲突也纯粹是因为在教职选任上的纠纷，与政府机制本身毫无瓜葛。

中书令地位下降直至在一段时间内被取消，一方面降低了整个中书省的重要性，但同时也便利了中书省的一些改革，使它成为一个更专门的政府机构。一个突出的表现就是财务部（Hanaper Department）在中书省的设立和其重要性的迅速上升。内维尔去世以后，这个新的部门在中书省成立，负责处理过去归中书令管理的所有资金。这个机构得名于它将令状及其回复放于一个篮子中（in hanaperio）的工作。② 从此以后，财务主管（Keeper of the Hanaper，意为相关文件和收费的管理者）负责收取御玺的使用费，支付中书省的开销，并将其管理账目上呈锦衣库查验。③ 财务部的设立进一步加重了中书省的官僚化。在1258年起的改革运动中，贵族们坚持应该有一个中书令专人负责大御玺的保管，但他们也认可了内维尔去世后中书省运行中的主要变化。

可以看出，亨利三世时代的大部分时间里中书省虽然首先还是一个内

---

① W. L. Warren, *The Governance of Norman and Angevin England, 1086 – 1272*, London: Edward Arnold, 1987, p. 190.
② Bryce Lyon, *A Constitutional and Legal History of Medieval England*, Toronto: George J. McLeod, 1980, p. 362.
③ S. B. Chrimes, *An Introduction to the Administrative History of Mediaeval England*, Oxford: Basil Blackwell, 1966, p. 115.

府机构，但在人员职业化和程序规范化方面有了新的进展。它的地位与过去相比有所下降，办事能力却大大改进，它的权力消长完全掌握在国王手中，它也完全是听命于国王，为国王的政策服务的。

第四章　威加海内

——王权在地方的实施

　　亨利三世时代的国王政府相对于前朝得到了进一步的发展，它是一部更加官僚化、规范化、指挥灵活的统治机器，而这部机器又在国王的充分掌握之中。但是，政府机制本身并不足以完全说明王权是否强大，统治机器是否发达。国家机器由谁掌握固然重要，但同样重要的是这部机器发挥了多大作用、它的实际影响如何。显然，如果发达的中央政府机器只是在很有限的范围内发挥作用，则王权的实际地位自然也就有限了。

　　这一点在中世纪英国表现得尤其明显。盎格鲁-撒克逊时期中央权威很不发达，国家政权是高度分割的。政府主要是地方政府，具体的政府事务通常在较低级的行政构架内完成。地方政府在很大程度上实行自治，当时的社会秩序更多由社会、经济和宗教的因素而非制度化的政府和统治者的意志来影响和控制，由古老的习惯而非由权威制定的法律影响，由地方士绅而非国家权力来控制。依靠传统的力量，地方政府既保卫自己的利益，又为王室的利益服务。国王的代表在必要时可以强力介入地方事务以保障其利益，却没有制度化地参与地方共同体的管理。① 国王政府体系中中央权威对地方的介入程度很低，这时的王权也就是比较有限的。

　　诺曼征服后，中央权威的实施，包括行政活动的地域范围及其向王国各个领域的渗透程度，都发生了决定性的变化。但是，由于政府机器相对不发达，王国管理仍部分地以分封等形式委托于教俗封建贵族。因此王国内到处有各种形式的特权领地，限制着中央权威的直接介入。这样，在13世纪之前，中央政府对于大多数人的生活而言是偶尔的、而非常见的一个因素，王权直接行使的手段在范围和程度上都是有限的。

　　中央政府的权威不断地深入到地方管理，并逐步削夺特权或加强对特权的监管的过程，也就是王权逐渐强化的过程。

　　从这个角度来看，亨利三世时代的进步是显著的。正如史家罗斯维尔

---

① W. L. Warren, *The Governance of Norman and Angevin England, 1086–1272*, London: Edward Arnold, 1987, p. XIV.

所说，这一时期的总趋势是"牺牲封建制度来加强君主制原则，将古老的地方公社制度转变为中央集权的君主体制，并使地方传统服从于普通法"①。到亨利三世的末年，国王的权威已经稳定恒久地通过一个发达的政府体系得以实施，这一体系合法地介入地方共同体，在许多方面直接面对臣民个人。地方政府的结构和行使功能的方式都有了很大的改变。教俗贵族的特权受到限制，城市也更多地服从国王的控制了。与前代相比，王权更深入、更广泛、更真实地得到了实现。

一、郡政革新——中央权威在地方的深入

1. 郡守地位的演变

在盎格鲁-撒克逊时期，郡守（Sheriff）就是英国地方政府的最高长官，权力涉及军事、财政、司法等诸方面。在诺曼征服之初，为加强对地方的控制，国王任用大贵族封臣担任郡守，在其统辖范围内有很大的自主权力。此后郡守一职渐有世袭的倾向，对中央权威也不再事事恭从，国王对其的控制日益力不从心。为了纠正郡守"封建化"②的弊端，加强王权对地方的控制，历朝国王不断采取措施改进对郡守的控制和利用。百余年中，特别是在亨利二世时代，通过控制郡守的财政权、削夺其司法权力，并废除郡守的世袭制度、实行任免制等手段，使中央政府对郡守的控制显著加强。在12世纪前后郡守的权力和功能的转变确实引人注目。在司法上，他不再拥有对王座之诉（Pleas of the Crown）的裁决权；在财政上，他对国王事务的完成也被置于财务署的严格监管之下；其郡政管理也不时地受巡回法官的监督；他的自主权力被大大削弱，很大程度上服从中央政府的差遣，许多权力只有在令状的明确命令下才能拥有。总之，他不再是拥有自主处理郡政的广泛权力的实际统治者。③

但是，有的史家认为到约翰王时代郡守已经完全听命于国王，成为

---

① Harry Rothwell, *English Historical Documents*, III, 1189–1327, London: Eyre and Spottiswoode, 1975, p. 28.
② 马克垚：《英国封建社会研究》，北京大学出版社2005年版，第101页。
③ 有关约翰王之前郡守权力的转变，参见孟广林：《英国封建王权论稿》，人民出版社2005年版，第353–367页；于明：《司法治国——英国法庭的政治史（1154—1701）》，法律出版社2015年版，第112–123页。

"中央政府的传声筒"（errand boy）①，却是严重低估了郡守的职位仍拥有的相对独立的权力。在 13 世纪之初，郡守在许多方面的独立性虽然大不如前，但绝非没有权力，他仍具有广泛的"不需要令状赋予"的权力。而且，无论在司法还是行政上，郡守都是国王令状的独立履行者，管理王室地产等事务使郡守不失为一个有利可图的差使。此外，也不能忽视郡守另外的一些权力：除了作为国王在郡的代表外，他往往还来自在当地较有影响的家族，也有一些来自地方共同体的传统权力。郡守的重要地位可以在 1258—1267 年间当国王与贵族争夺中央政府的控制权时体现出来：每当争端中的一方暂时取得行政控制权时，第一个行动就是撤换郡守。一些郡甚至换了四次郡守。② 比如，亨利三世的弟弟理查所在的康沃尔郡虽然地处偏远，其郡守的更迭也反映着贵族运动的进程：1259 年更换了新郡守诺南特的盖伊（Guy de Nonant），但随着国王势力的恢复，很快又更换了郡守，1260—1264 年间，郡守只由拉尔夫·阿隆代尔（Ralph Arundel）担任，而没有按《牛津条例》的规定每年一换，但 1264 年又更换了新郡守博普尔的约翰（John de Beaupre），这显然与当时贵族叛乱者的胜利有关。不过随着贵族阵营的最终失败，1265 年拉尔夫·阿隆代尔又复职，直至 1271 年。③

亨利三世幼年时期郡守相对独立的地位有所发展。亨利三世亲政之后，实行了一些改革，削夺郡守权力，加强王权对地方的控制。

改革是从 1236 年开始的，这一年被迫离开英格兰一段时间后的彼得·德·洛奇和彼得·德·里沃两位又重返英格兰。虽然德·里沃没有恢复原来的显赫职位，但是学界普遍认为他正是开始于此时的财政改革的真正推动者。而这次改革最重要的方面就是郡守的账目申报制度以及郡的王室岁入（Firma Comitatus，英译为 Farm of the Shire，指每年该郡应向国王缴纳的租金和捐税总量。以前实行总包制，上交规定总额后，节余的部分归郡守所有）管理的改革。改革的结果是郡守基本地位的改变，而且也为以后的改革奠定了基础。

首先，郡守对大部分王室领地的管理权被收回。1236 年以前，由于幼

---

① S. Painter, *The Reign of King John*, Baltimore: Johns Hopkins Press, 1949, p. 90.
② W. L. Warren, *The Governance of Norman and Angevin England, 1086 – 1272*, London: Edward Arnold, 1987, p. 196.
③ Addison Wesley, "Cornwall, Earl Richard, and the Barons' War, Appendix Two: The Sheriffs and Stewards of Cornwall, 1225 – 1271", *English Historical Review*, Vol. 115, No. 460 (Feb., 2000), pp. 21 – 38.

王时期长期疏于管理，大量王室领地的收入被郡守私吞而未上交财务署。1236—1237年间，王室领地的管理权从郡守手中收回，由财务署任命专门的官员管理。国王在各郡的直领地的状况和价值都进行了细致的评估，然后逐一租出。过去一般由郡守掌管的监护（wardship）、保管（custodies）和复归（escheat）的领地，也转到一个新设的官员"复归地产官"（Escheator）手中。此职隶属于财务署，专门负责国王在这方面的岁入。其实这一新的官职在1236年以前就已出现了。1233年1月13日，亨利三世召令全英格兰的郡守都要在其辖区内允许新委任的复归地产官对相应的王室地产实施完全的掌管，郡守不得插手，也不得纵容别人插手。① 而各郡其余仍由郡守管理的王室收入（farm），郡守也要定期向财务署做详细的账目申报，而不能像过去那样只报总数。这些措施充分限制了郡守的私占和贪污，使国王的岁入最大限度地回到国王手中。

其次，对郡守的收入加以限制。财务署为郡守规定了特别津贴，而郡守不能再从郡的收益中随意截取作为自己的报酬。郡守的所有开支都要向财务署申报，请求批准。改革的结果，是郡守现在只是向财务署申报账目的众多官员中的一员了。② 这样在1236年之后，郡守就不再是有利可图的职务，郡守变成了"王室债务的收缴人，而不再是王室领地的掌管者"③。

此外，郡守的任职者身份有了显著的变化。财务署对郡守展开彻底的调查，大量有劣迹或不称职的郡守被撤换。同时，在任用新的郡守时，其人员身份有了很大的变化。

长期以来，郡守职位经常被作为王赐之资以收买人心，但削夺郡守的利益以充国库也是国王追求的目标，这两种要求的矛盾常常使国王左右为难。在约翰王的最后几年，安全是主要的考虑，同时对支持国王者的恩赐也是至关重要的，而郡守的职位又有利可图，所以常被赏赐功臣。在这期间，各郡多掌握在军事首领、国王随员、主要仆臣和国王可信赖的朋友手中。在亨利三世幼年时期，这些出身功臣显贵的郡守又有坐大之势。

亨利三世亲政之后，任用低级贵族担任郡守以维护王室利益的要求又

---

① Harry Rothwell, *English Historical Documents*, III, *1189 – 1327*, London: Eyre and Spottiswoode, 1975, p. 588.
② W. L. Warren, *The Governance of Norman and Angevin England*, *1086 – 1272*, London: Edward Arnold, 1987, p. 192.
③ S. B. Chrimes, *An Introduction to the Administrative History of Mediaeval England*, Oxford: Basil Blackwell, 1966, p. 118.

占了上风，而这时郡守地位的改变也使这种调整减小了阻力，但直到1236年的改革才真正大规模地进行了调整。在这次改革中，国王选用了大量当地骑士担任郡守，他们与"封建化"的郡守已有本质的不同。他们没有大封建贵族的显赫势力，不存在与中央抗衡的动机与实力。同时他们的就任又克服了廷臣担任郡守的许多弊端。从财务署的角度而言，由廷臣担任郡守一职既不方便又代价昂贵，廷臣比来自较低层的人更难以控制：他经常把郡的管理委托于代理人，造成责任分配的困难；最重要的是他不愿意担任"被削夺了个人利益的职务"①。1236年之后，利用郡守的职位可以谋取的利益已大大减少，廷臣不再对掌握郡守之职感兴趣。这样财务署从各郡骑士中选择郡守就不再受到来自宫廷的阻碍了。结果，从这时起直到贵族改革之前，担任郡守的主要是低级王室侍臣和当地的乡绅（gentry）。② 这是一个大众化的发展，是有很大进步意义的。地方士绅不像那些显贵们那么贪婪，而且往往害怕因失职而在乡亲中丧失声誉，因而都勤谨敬业，忠于职守。

不过这一改变在1242年以后由于国王大量的金钱需要而遭到一些破坏。在财务署不断增加要求上缴钱款数量的压力下，一些郡守营私舞弊以补偿自己收入上的损失，许多地方骑士也不愿再担任郡守，以免遭到当地人的敌视。而取代他们的，"是来自遥远异乡的完全的陌生人"③。这些都成为1258年贵族们不满的原因之一。不过，这种逆转的范围应当很有限，到1274年爱德华进行百户调查时，本地骑士和乡绅仍是郡守的主要来源。

整个改革的影响是巨大的，正如史家凯姆所说，1232—1242年之间的改革的后果，就是使13世纪的郡守们比以前任何时候都更成为中央政府的工具。④ 总之，经过亨利三世的改革，郡守进一步失去了其独立的地位，受到财务署、巡回法官等的严密控制，但同时他们的日常工作大大增加，更忠实有效地为国王对地方的统治服务。

2. 巡回法官职权的加强

巡回法官是国王为了削弱郡守势力，加强对地方的直接控制而派出的

---

① W. L. Warren, *The Governance of Norman and Angevin England, 1086 – 1272*, London: Edward Arnold, 1987, p. 194.
② Helen M. Cam, *The Hundred and the Hundred Rolls*, London: Methuen, 1930, p. 8.
③ W. L. Warren, *The Governance of Norman and Angevin England, 1086 – 1272*, London: Edward Arnold, 1987, p. 195.
④ Helen M. Cam, *The Hundred and the Hundred Rolls*, London: Methuen, 1930, p. 7.

王室法官。在 13 世纪以前就有巡回法官，并逐渐形成固定的巡行制度，这种全国范围的巡回被称为"大巡回法庭"（General Eyre），成为分郡制以外中央对地方统治的又一工具。① 在亨利三世时代巡回法官制度得到新的发展。

首先是巡回法官调查范围扩大，从而使其处理的事务大大增加。巡回法官并不是只对司法案件进行审理。巡回法庭并不只是"法庭"（Law Court），而是"巡回的政府"（Itinerant Government）②。巡回法官的职责涉及地方管理的方方面面，而他们的主要工作方式就是在所到之地展开调查。这种调查的内容由中央政府事先规定，到地方以后按照规定的程序逐一询问。

巡回法官的调查项目就是所谓的"巡回条目"（Articles of the Eyre）。到 12 世纪末时，巡回法官的调查内容涉及以下几个方面：司法事务，主要是关于王座之诉的案件；郡政管理的质询，如王室土地管理，封建领地的监护、保管、复归等；宣布或执行某些规定，如罚没违法出售的酒等；对地方官员渎职的调查；等等。③

在亨利三世执政期间，巡回法官的调查内容显著增加。1227 年时"巡回条目"只有 25 条，到 1250 年左右就翻了一倍，达到 50 多条。增加的条目内容包括调查造币、外国人的土地和动产、以军役获取土地但没有骑士头衔者以及特权的调查等，但主要的内容是关于政府在地方的运作以及行政官员失职的调查。

巡回法官事务增加最显著的方面还是在司法方面。在亨利三世时代，巡回法官到一地后除了按"巡回条目"仔细调查之外，还随时听取个人提出的民、刑事诉讼请求。在其后期，巡回法官办理的这样的"申诉案"（plaints）几乎与依令状而审判的案件一样多了。审理这种民间诉讼是国王司法权扩张的直接表现，体现了当时国王的权威可以更直接而深入地施及地方平民。

这种扩张应归功于"非法侵犯"（Trespass）的法律概念在当时的发展。

---

① 关于英国巡回制度的总体考察，参见李云飞：《从高效到超载——中世纪英格兰巡回法庭的兴衰》，《世界历史》2012 年第 4 期，47 – 57 页。

② J. H. Baker, *An Introduction to English Legal History*, 2nd ed., London: Butterworths, 1979, p. 15.

③ W. L. Warren, *The Governance of Norman and Angevin England, 1086 – 1272*, London: Edward Arnold, 1987, pp. 137 – 139.

它被认为是刑事"轻罪"(misdemeanor)和民事侵权行为(tort)范畴的发端。① 这一概念的发展将较轻的罪行也纳入王室法庭的管理范围,从而使王室司法管辖权大大超出了过去以重罪为主的"王座之诉"。根据这一法律范畴,过去一直在郡法庭或贵族的封建法庭提起的私人诉讼(appeals),只要起诉者声称罪行"触犯了国王的和平,且罪行严重",就可被转到王室法庭审理。因此,为了能够在国王法官面前申诉,起诉者往往夸大被告的罪行。而且,即使重罪(felony)的指控不成立,法官也可仅以是否有破坏国王的和平的轻罪而处罚被控者。这样就出现了仅以破坏国王的和平为由,而不必包括犯有重罪的指控。经常被指的罪名有非法使用武力、非法扣押物品和动产、非法拘禁等。"非法侵犯"的指控被认为是揭露和惩戒地方官员滥用职权的有效途径,因为他们对辖区内平民的一些不构成严重侵犯的行为在当时也可以被诉至国王法庭了。它一方面使国王直领地内的地方官员的滥用职权行为受到限制,但更主要的是贵族和教会领地内的管理者也直接受到国王法庭的监督。而它的直接效果是使大量原本由下级法院审理的案件交到了国王法庭。"非法侵犯"指控的发展对于下层人的意义,正如亨利二世发明的令状程序之于上层人的重要性。而且在某种程度上"这二者的联合将截断其他法庭的生命之源"②。

巡回法官工作量的增加引起巡回制度本身的一些调整。在亨利三世时代的前期,设在西敏寺的"王座法庭"(King's Bench)在巡回法官开始出巡时就关闭了,所有的"王座之诉"案件都等到巡游的法官到当地时再审理。但是随着事务的大量增加,巡回法官已很难在当地处理完所有的案件。1248年巡回法官到波克夏(Berkshire)后审理了372件当地的民事案件,以及167件外地未处理完而转来的案件。所以,到第二年时法官巡行期间王座法庭的例行关闭停止了,以缓解巡回法官的压力。但即使这样,巡行中的法官们仍常常不能完成当地的案件,只能将一部分带到下一地继续审理。直到亨利三世统治结束后十多年,即1285年时法官们才被禁止将有关财产纠纷的案件带出案件发生地外审理。而直到1294年,所有的外地案件才真正全部终结。在13世纪中叶,每次巡视到郡都有大约1000人要去面见法

---

① Bryce Lyon, *A Constitutional and Legal History of Medieval England*, Toronto: George J. McLeod, 1980, p. 466.
② W. L. Warren, *The Governance of Norman and Angevin England, 1086 – 1272*, London: Edward Arnold, 1987, p. 215.

官,而其中许多人都是风尘仆仆从外地赶去的。①

事务的增加减缓了法官巡回的速度,从而也引起相应的改革。在 12 世纪末,全部郡区巡行一次大约需要耗时两年,到 13 世纪初一般要 3 年,而到亨利三世朝之末,很可能要 4 或 5 年。这样,每一郡获得巡游的间隔大大拉长。12 世纪末宰相休伯特·瓦尔特组织巡回法庭时,他的计划是 4 年一次;在亨利三世时代则是间隔 4 到 10 年不等。在巡回间隔拉长的情况下,为了保证对地方的事务处理不致积压太久,在亨利三世时开始形成了另外的有限定使命的司法巡查,即负责土地财产案件的所谓"民事巡回法庭"(Justices of Assize Court),或审判那些为涉嫌刑事案而被拘捕待判者的"刑事巡回法庭"(Gaol Delivery Court)。到 1261 年时,国王在执政贵族的要求下下达命令,规定两次普遍巡回间的最小间隔为 7 年,到爱德华一世时,时间间隔更长,②但是这种普遍性的巡回法官制度直到 14 世纪中叶才终止。

巡回法官制度在亨利三世时代的发展有效地加强了国王对地方的管理,同时在"司法获大利"的时代,巡回制度也为国王带来了巨额的收入,有人估计一次全面巡游的收入相当于国王一年的岁入总量,而到亨利三世朝之末,所收更多。但是,巡回制度发展的另一个结果就是它越来越缓慢、无规律,而且由于无人监管,逐渐成为对地方的严重财政掠夺,越来越不受欢迎。1233 年人们曾经纷纷逃入森林以躲避巡回法官的到来。在 1258 年开始的贵族运动中,规范巡回法官的行为成为贵族提出的诉求之一。虽然巡回法官制度发展过程中扰民严重,反抗不断,但它还是存在了较长的时间,它的作用也是不容质疑的,特别是它对于普通法的推行,进而对于英国独特的法律体系的建立的意义更得到普遍的认可。③

3. 郡法庭与百户法庭的革新

中世纪英国的郡法庭(County Court)并不仅仅是办理司法事务的法庭,而是负责处理本郡内的军事、行政、财政、司法等诸方面的事务。所以有学者认为对它的恰当翻译应该是"郡政会议"。在形式上,它是由郡守主持的地方居民大会,按事务内容的不同要求,不同身份、不同范围的当地居

---

① W. L. Warren, *The Governance of Norman and Angevin England, 1086 - 1272*, London: Edward Arnold, 1987, p. 212.
② Helen M. Cam, *The Hundred and the Hundred Rolls*, London: Methuen, 1930, p. 30.
③ J. H. Baker, *An Introduction to English Legal History*, 2nd ed., London: Butterworths, 1979, p. 15.

民出席。郡法庭在作为中央政府派出地方的最高司法机关的同时，在很大程度上还带有公社大会的传统色彩，因而也有一些地方居民自治的功能。

郡法庭在 13 世纪以前的发展过程中不断走向规范化。如在司法审判方面，出庭人员、开庭地点、诉讼程序等都有了明确的规定，并逐渐被纳入统一的国家司法体系当中。在亨利三世时期，这一趋势进一步发展，郡法庭更紧密地依赖于中央政府，更有效地服务于中央政府在地方的统治。

首先，郡法庭在召开和出庭人员方面进一步加以规范。一般而言，郡法庭有两种类型，其一就是所谓的"郡内自由人的全体大会"。它是当巡回法官到来时，召集该郡内所有的主教、修道院长、小修院长、伯爵、男爵、骑士以及在本郡内拥有土地的自由人都前来开会，每一村庄（village）都要由其庄头（reeve）和 4 个合法的人（law - worthy）为代表，每个城镇要有 12 位合法的市民。这是非常特殊因而也不会常有的会议，在亨利三世时代仍定时召开，也有较大的规模，但具体出席的成员不太清楚。另一种就是日常性的法庭，这些每月召开的会议的出席者被称为"起诉人"（suitors）——他们一般是当地地位显赫的人，有义务出席法庭（owe suit of court）。对出庭人员的这种限制应当是妥协的结果，郡守希望保证有足够的人参与审判以执行裁决，而贵族则希望能够摆脱经常出席会议的烦扰。究竟由谁出席，各地情况不同。有的领主喜欢由自己的手下代替出席，有的则喜欢亲自出马。但是，无论如何，每一个郡守都拥有一个起诉人的名单，可以以扣押财产或罚款的方式强迫其出席法庭。[1] 强制的出庭责任当然并不意味着其他人就被排除了：郡法庭是一个开放的会议，任何想参加的人都可以出席，但是做出裁决和决定是起诉人的职责。每次开庭还有很多因其他事务而来出席法庭的人，因而出席这类郡法庭的人也是十分广泛的。但是法庭已有一个经常出席者即起诉人构成的核心，他们一生中出席郡法庭的次数甚至超过郡守，他们对地方政府运作的理解以及对中央命令的领会要比国王本人、国王的主要官员或贵族都深入，没有他们的合作，政府在地方几乎难以展开工作。

其次，在具体的功能和职责方面，郡法庭的自主性进一步削弱。过去在郡法庭召开时可以制定一些地方性的规章或条例，比如规定禁止捕捞鲑

---

[1] W. L. Warren, *The Governance of Norman and Angevin England, 1086 - 1272*, London: Edward Arnold, 1987, p. 200.

鱼的休渔期等。① 但在13世纪，郡法庭制定这些规则必须要得到巡回法官的批准。当巡回法官到来时，郡的12位骑士要就这些问题回答法官的质询，以使新的规章或对地方惯例的修改获得批准。巡回法官的这种权利制止了一种可能发展为地方立法权的趋势。虽然很难说这是有意识的政策，但它提醒郡法庭它们是受牵制的。此外，郡法庭处理事务的数量也通过国王的令状授权或命令而有了较严格的限制。这样，郡法庭并未随着国王政府的扩张而衰弱，而是融入其中，成为中央政府在地方的忠实工具。它在王国的管理中居于中间地位，成为王室法庭与庄园法庭和其他封建法庭的中介。

再次，在王室法庭的监管下，郡法庭继续分担着大量的司法事务，更有效地服务于中央政府的统治。在亨利三世时代郡法庭处理的案件仍很广泛，有效地缓解了王室法庭特别是巡回法庭的工作压力。虽然"王座之诉"要等到巡回法官来时方可审理，但刑事案件可以事先在郡法庭预审。民事诉讼也一样，有关土地权利的案件一般要发布令状由王室法庭审理，但令状程序的发展并没有使这些案件完全脱离郡法庭。由于这种土地案件常常与郡有直接关系，有一些讼至王室法庭的案件也被认为最好由地方解决，就以发给郡守的司法令状的形式把这些案件移交回郡法庭。不涉及土地权利的民事案件一般仍不以令状（writ）开始，而是以诉状（plaint）在郡法庭提出和解决。这类案件一般是关于债务和非法侵犯的，在13世纪出现最多的是滥用扣押财物权（distraint & distress）的案件。滥用扣押权在13世纪被视为严重的事件，被指为破坏国家的和平，但为了迅速处理仍交由郡守在郡法庭处理。此外，庄园事务可以以此为由进入郡法庭处理，逃亡的维兰（villein，即农奴）也可在郡法庭审判。② 王室法庭听证和判决的活动也常常以各种方式得到郡的参与，这些案件的原告一般要先在郡法庭上宣读令状。在等待判决的期间，郡守要将有关财产保护在"国王的和平"之下。王室法庭的预审及其裁决的执行都需要对郡守发几条命令，这些都可以在一次郡法庭会议上执行。所以，虽然王室法庭的司法扩张剥夺了郡法庭的许多裁决权，但在许多有关的事务中，郡法庭的协助是不可缺少的。

百户法庭（Hundred Court）在亨利三世时代也进行了相应的革新，它更直接地掌握在郡法庭的管辖之下，从一个主要是地方自治性质的机构逐

---

① W. L. Warren, *The Governance of Norman and Angevin England*, 1086-1272, London: Edward Arnold, 1987, p. 199.
② W. L. Warren, *The Governance of Norman and Angevin England*, 1086-1272, London: Edward Arnold, 1987, p. 199.

渐向国王政府的最基层组织转变,这对于王权在地方的深入有更直接的作用,它日益成为"中央政府机制中不可或缺的一部分"① 了,因此在这里有必要做一交代。

11世纪的百户区可以被称为"小郡",有较大的独立性,但到13世纪时它更接近于为行政目的而划分的郡分区。在处理国王的事务时,郡守常把命令传达于百户长(bailiffs)负责执行,因此百户区在国王政府中的重要性不可低估,它们是所有公共责任履行的最小单位,比如征税、宣誓维护王之和平、提供军役、报告犯罪、指认嫌疑、提供陪审员,等等。同时,百户法庭也为地方共同体发挥着有益的功能。根据一本13世纪的法律手册的描述,百户法庭的管辖范围和负责的事务很难明确地区别于庄园法庭,但后者只能处理庄园内佃户的纠纷,而百户法庭则可处理不同领主的佃户之间的纠纷。②

召开百户法庭是百户区处理行政、司法等事务的主要方式。在亨利三世时代,百户法庭的组织更加规范化了。它开庭的频率减少了,亨利二世时代通常每14天召集一次,但在1234年亨利三世宣称依贵族的建议,此后法庭开庭的时间间隔改为3周。这一变化主要是为了革除法庭频繁召开扰民的弊端,但同时又保证了必要事务可以得到及时的处理。

此时百户法庭的组织也更严格地纳入郡守的管辖之下。郡守要一年两次巡游百户区,称为"郡守之巡行"(Sheriff's Tourn)③,它与巡回法官在各郡的巡视相类,但次数更频繁。在巡行中,郡守可以对小案件进行裁决,同时责成验尸官(Coroner)将重罪案件记录在案,以备王室法官到来时做出裁决。④ 巡游所至,各百户即举行全体会议:不只是一般的起诉者,所有12岁以上的男性都要求参加,否则罚款。这对于那些在几个百户区都有地产的人而言是沉重的负担。处罚未出席者也是郡守巡游的收入来源之一。在大会中,本百户区内的各十户长(Tithingman)要被质询法律执行的情况,但不如"巡回条目"那样正式。此质询没有固定的问题,不过到13世纪一个或多或少的正式程序发展起来了。它十分全面,包罗万象。十户的

---

① Helen M. Cam, *The Hundred and the Hundred Rolls*, London: Methuen, 1930, p. 18.
② W. L. Warren, *The Governance of Norman and Angevin England, 1086–1272*, London: Edward Arnold, 1987, p. 202.
③ J. H. Baker, *An Introduction to English Legal History*, 2nd ed., London: Butterworths, 1979, p. 23.
④ Robert C. Palmer, *The County Courts of Medieval England, 1150–1250*, Princeton: Princeton University Press, 1982, p. 28.

头人的回答要由 12 位自由人（十户长一般是维兰，即农奴）加以确证，指出有无错误或隐瞒。验尸官记录是在王室法官到来之前必须保留的案件记录。郡守本人对那些在其职权范围内的事务做出总结性的裁决。郡守巡游也是对十户联保（frankpledge）体系进行调查的时机。在 12 世纪时两次巡游都要进行此项调查，但修订版的《大宪章》将之限制于每年的第二次巡游（1217 年 42 条，1225 年 35 条）。百户长在"十户联保调查"中要做大量的准备工作。要事先对人员的消长、迁移做好统计。所以这一调查除了确保十户联保制正常地执行外，也进行着地方男性人口调查的工作。①

4. 法律与司法程序的完善

13 世纪是英国普通法的发展成熟时期。"除了都铎时期，普通法体系在 13 世纪以后极少改变，直到 19 世纪的司法改革。"② 虽然主要的成就出现在爱德华一世时代，但是亨利三世统治的几十年当中在法律的发展方面也是成果卓著的，可以说，到亨利三世末年的时候，中世纪英国普通法体系的主要特点已经确定了。勃拉克顿的著作《论英格兰的法律与传统》详细记述了这一时期的法律发展，这也是中世纪第一部真正的世俗法律评论著作。

普通法（Common Law）是区别于地方习俗或特殊法律的"通行之律"，是通行全国的王室法律。它在 13 世纪的迅速发展并完善是此时王权强化的重要表现之一。普通法的发展在政府体制上的结果就是促使专门的司法机关出现，过去由行政机关兼理司法的状况也逐渐得到改变。

当时已有一种法庭称"御前法院"（Curia Regis Coram Rege），它由 4 或 5 个大法官主持，国王和御前会议的成员在愿意或必要的时候出席。它是由以前的王廷中负责司法事务的部分机构发展而来，但已更专业、更系统、更稳定。它审理和裁决大量与国王有关的案件，所涉门类极广。

亨利三世一朝在司法程序方面改新颇多。在民事案件中，程序性诉讼（procedural action）在此时得到发展。1178 年左右完成的格兰维尔著作中写了 39 个开始诉讼的令状，而 1260 年左右完成的勃拉克顿著作中此类令状就

---

① W. L. Warren, *The Governance of Norman and Angevin England*, 1086–1272, London: Edward Arnold, 1987, p. 204.
② Bryce Lyon, *A Constitutional and Legal History of Medieval England*, Toronto: George J. McLeod, 1980, p. 431.

达到了 121 个。①

另一个更有影响的进步就是在刑事案件中神裁法（Ordeal）被彻底禁止，陪审团的功能也由过去的仅提出犯罪指控发展到参与裁决。这一变化意义深远，这种提供是否有罪之裁决的陪审团形式的出现，可以看作亨利三世时代司法管理的最为显著的特征。

早在亨利二世时代，在刑事案件检察中就开始使用陪审制，被称为检举陪审制或大陪审制。当时的陪审团只是对本地的谋杀、抢劫等刑事重罪进行揭发，而被揭发的犯罪嫌疑人在巡回法庭审判时仍要接受水的神裁法。② 不过，在审判中陪审团也不是完全没有参与。法官们常在认可或撤销某一案件前征询陪审团的意见。而且，有可能从约翰王或更早时起，被他人指控的犯罪嫌疑人就能够以指控者"出于仇恨和恶意"为由而对指控提出反驳，并可以从中书省取得令状，要求设立陪审团验证其辩护。

但是，陪审团的真正裁判权却是在亨利三世一朝正式确立的。

这一发展的主要背景就是神裁法的有效性的丧失。其实早在13世纪以前，有关神裁法的争论就一直存在。1215 年由英诺森三世主持召开的第四次拉特兰会议宣布禁止教士参与神裁，③ 而由于过去的神裁法就是为了获得来自上帝的指示，所以这一禁令等于剥夺了神裁的有效性。禁令使英国的司法审判一时无所适从，在这种情况下，陪审团的裁决权应运而生。

教廷禁止实行神裁法的消息传至英格兰时正值内战期间，巡回法官的司法巡查早已中断。当 1219 年巡回法官恢复巡游时，大会议以幼王亨利三世的名义下达了一道临时敕令给法官们：

> 因为以火和水的裁判法已经被罗马教廷禁止，而在你们开始巡行前如何对那些被指控犯有抢劫、谋杀、纵火等罪行的人进行审判还不清楚，我们尚没有找到确切的解决方法，所以在此次巡行当中，大会议决定你们应当对如下罪行如此处理：……（在对如何处罚被认定有罪者的原则进行基本的规定之后，敕令最后说）鉴于大会议迄今不能在这一方面提供任何更肯定的指导，朕责成你们以自己的判断力来决定如何执行此令，你们熟悉涉案人员，精通如何判定罪行的性质和发

---

① W. L. Warren, *The Governance of Norman and Angevin England, 1086 – 1272*, London: Edward Arnold, 1987, p. 216.

② 马克垚：《英国封建社会研究》，北京大学出版社 2005 年版，第 112 页。

③ Harry Rothwell, *English Historical Documents, III, 1189 – 1327*, London: Eyre and Spottiswoode, 1975, p. 654.

现事实的真相，因此你们要根据你们自己的判断力和常识来行事。①

　　法官们自己找到了解决难题的方法。一种新的审判程序形成了：在法庭上，首先由检举陪审团（juries of presentment）宣布最近有何罪行发生，谁是疑犯。在检举中陪审团必须指出罪状和疑犯，即使他们不太确定的也不能隐瞒，如果他们略过或掩盖任何所见或所闻的罪行，就要被处罚。如果被指控者出席的话，法官还要询问他是否要为自己辩护。在完成检举责任后，陪审员们就可以在法官的要求下自由地表达自己对案件的真实看法，进而集体做出裁定。有时他们在检举出某项犯罪后马上又做出无罪的裁定。比如曾经有一个狡猾的领主指使陪审员诬告一个佃户，结果陪审员在依例报告所谓案情之后，又在法官面前道出了实情。② 不过当时这种裁决也不完全由当地的陪审员做出。一般情况下，法官会找几个邻村的代表，有时也从别的地区找人加入陪审团参与裁决，以保公正。当时还没有形成固定的规则，王室法官在每一件案件中都便宜行事。虽然现在看起来让提出指控者决定是否有罪可能有损于被指控者的权利，但这确实比神裁法进步了许多。

　　1249年怀特夏的巡回法庭审理的一件案子反映了当时使用审判陪审团（Trial Jury）裁决的基本情况，表现出明显的进步之处。案情大致如下：亨利·班丁（Henry Badding）的儿子罗伯特在玩耍时从草垛上掉下来，脖子扭断致死。同他一起玩耍的孩子中有一个叫威廉·斯凯夫（William Skywe）的被指控要为亨利的死负责。在法庭上，被告威廉否认了罪名并表示愿意接受陪审团的裁决。陪审员首先指出他确实对罗伯特的死负有责任，因为当时罗伯特从草垛上掉下来时正好掉在威廉的头上，恼怒的威廉用棍子在罗伯特的头上打了两下，所以应该说是威廉杀死了罗伯特。但陪审团又指出威廉的行为并不构成重罪，因为他尚不满12岁，伤人的行为是出于无知。法庭最后判决威廉被拘留，案情禀报国王。同时，当地的验尸官被揭发曾收取1马克以隐瞒案情，当时验尸官本人也在庭上，无法抵赖，因此也被拘捕。③

---

① Harry Rothwell, *English Historical Documents*, III, 1189–1327, London: Eyre and Spottiswoode, 1975, pp. 340–341.
② W. L. Warren, *The Governance of Norman and Angevin England*, 1086–1272, London: Edward Arnold, 1987, p. 213.
③ Harry Rothwell, *English Historical Documents*, III, 1189–1327, London: Eyre and Spottiswoode, 1975, p. 836.

但是，由于没有先例，更没有相关的正式法律，因此被指控者是否可以被强制要求服从陪审团的裁决尚有疑问。事实上陪审团裁决的推行最初有不小的波折，人们对废除神裁法不能很快接受，也不愿意选择由法庭询问当事人和陪审员。① 因此，最初的做法比较灵活，一般情况下如果被告明确表示愿意将自己交给陪审团，则裁决可以顺利实施。但是被告也可以被允许反对某些陪审员的裁决并可要求别的地区的陪审团对自己进行裁判。直到爱德华一世时代才有了对付不愿"交给陪审团"者的办法：1275年的《西敏寺法令》12条规定，不服从陪审团裁决的重罪嫌疑人要"作为拒绝服从英国普通法者"而受到严厉（forte et dure）的监禁处罚，但是这不适用于有轻微犯罪嫌疑的犯人。②

二、突破特权——地方自治与王权扩张

通过上一节的考察可知，亨利三世时代国王政府显著地加强了在地方的政府机器，并使之更有效地服务于国王的统治。但是，由于中世纪早期的公社传统、封建制度的存在以及中央政府力量薄弱的客观影响，到13世纪时英国各地仍存在着各种各样的游离于中央权威之外的"自治"势力，而且范围广大。它们有的来自古老的传统，比如有地位的当地乡绅在郡政管理中的影响，但更多的是由历代国王出于多种原因而分赐的各种特权，比如城市和贵族的特权领地。因此，无论中央权威如何控制地方的统治机器，只要这些"独立"的堡垒仍然独立，其权威就大打折扣。

需要指出的是，事实上这些特权从开始就不是完全"独立"于中央政府的，也谈不上"自主"（autonomy），它们的"自治"（self-government）权不过是在中央行政力量薄弱时受国王委托而来的。但在行成定制以后，它确实在某些方面有对中央权威的"豁免权"（Immunity）。③

在亨利三世时代，旧有的特权基本上得到维持和尊重，国王也常新赐一些特权给宠臣或城市，但是对特权的控制明显加强，特权本身的性质也

---

① 哈罗德·J. 伯尔曼：《法律与革命——西方法律传统的形成》，中国大百科全书出版社1993年版，第757–758页。
② W. L. Warren, *The Governance of Norman and Angevin England*, 1086–1272, London: Edward Arnold, 1987, p. 214.
③ 关于中古英格兰特权领地的基本情况，参见拙文《中古英国政府对地方特权的政策初探》，《中山大学学报》（社会科学版）2010年第3期。

发生了很大变化：特权和特权领地不再是王权不能涉足的禁地了。

1. 特权与特权领地

这里涉及两个概念，即"特权"（Franchises）和"特权领地"（Liberties），前者是指臣下可以执行正常情况下应属王权的某项职能的权利，后者则是指数种此类特权的结合以及它们得以实行的地域范围。不过少数时候这两个词可以互换，既表示权利，又表示地域。① 有学者根据英文 Liberty 的现代意义，把这种特权领地翻译为"自由领地"。这容易与我们今天对自由的理解产生混淆，从而误导读者。在中古时代，Liberty 的持有确实具有某种在领地内"自由"行事的意味，但这只是领主的自由，对普通民众而言，无论在 Liberty 内外，等待他们的只有"奴役"。因此，对这种只是小部分领主才拥有的权利更合适的称谓应该是"特权"。从特权到自由，还有漫长的道路。②

这种特权领地在中古英国存在的范围非常广泛，而且种类繁多，不同特权领地内享有的特权也有很大的差异。其中有一类地位最特殊、特权最彻底的领地，是所谓"可行使君权的领地"，即"巴拉丁"（Palatine 或 Palatinate，来自拉丁文 Palatinatus）。中古时代英格兰先后存在过 3 个这样的领地，分别是达勒姆主教区（Durham，亦译为杜伦）、切斯特郡（Chester 或 Cheshire）和兰开斯特郡（Lancaster）。达勒姆的特权最为古老，也最为突出。其主教兼有宗教和世俗管辖权，拥有最高司法权，自行审理王座之诉，王室法庭签署的令状在其领地内无效。当地不向国王缴纳与其他地方相同的税赋，甚至不选派代表参加议会。由于拥有巨大的自主权，1302 年达勒姆主教的一位手下曾这样宣称："英格兰有两位国王，一位是戴王冠的国王陛下，一位是戴主教冠冕的达勒姆主教大人。"③ 现代也有学者称达勒姆"事实上是独立的"④。切斯特郡与兰开斯特拥有的特权与达勒姆类似，不过兰开斯特在 14 世纪后期才取得巴拉丁地位，而且一直派代表出席英格兰议

---

① W. L. Warren, *The Governance of Norman and Angevin England, 1086 – 1272*, London: Edward Arnold, 1987, p. 206.

② Alan Harding, "Political Liberty in the Middle Ages", *Speculum*, Vol. 55, No. 3 (Jul., 1980), p. 441.

③ C. M. Fraser, "Edward I of England and the Regalian Franchise of Durham", *Speculum*, Vol. 31, No. 2 (Apr., 1956), p. 329.

④ Michael Prestwich, *Plantagenet England, 1225 – 1360*, Oxford: Clarendon Press, 2005, p. 68.

会。在3个巴拉丁领地之外，英格兰还有一个类似巴拉丁的拥有巨大特权的领地，即威尔士边区（Welsh March）。那里也不须向国王纳税，不接受国王的令状，民众不可向国王的法庭上诉，领地内的行政司法事务均可拒绝王室官吏干预。

除这几个囊括一个甚至几个郡的"高级"特权领地之外，当时更多的是掌握在地方教俗贵族手中的小范围的"普通"特权领地。多数情形是某伯爵或某主教在其领地内的某一部分获得司法或行政特权，在一定程度上可以代行中央政府的某种职能。这些特权领地往往在某一郡内，包括几个百户区。比如萨福克郡内的伯里圣埃德蒙兹（Bury St Edmunds）特权领地，就包含当地的修道院长领有的8个半百户区，在其范围内修道院长拥有与郡守相同的权力，而郡守无权插手其内部的事务。在伊利（Ely）、拉姆西（Ramsey）等著名的宗教圣地，还有不少类似的特权领地掌握在主教、修道院长等教会首脑手中。加上为数更多的世俗贵族拥有的这类特权，造成了中古英国的一个特殊的现象，即大量百户区是所谓的"私有"百户区。据英国中古地方史研究的权威坎姆（Helen M. Cam）教授统计，在爱德华一世即位时（1272年），全英格兰总共628个百户区中，有358个由贵族领主掌握。[①] 虽然这一被广泛引用的统计是以是否有权主持当时已经作用大减的百户法庭为依据的，但也充分说明了英国地方特权存在的广泛性。而且有一个值得注意的趋势，即这种"私有"百户区在诺曼征服之后是不断增多的。比如在威尔特郡（Wiltshire）的38个百户区中，1066年时只有不超过6个百户区在贵族手中，到1194年时已翻了一番，到1275年时更增至27个，只剩11个百户区由王室官吏掌管。[②] 另外，中古英国还有大量市镇拥有类似特权领地的自治权。

这类特权领地的自主程度与巴拉丁不可相提并论，特权内容也因贵族身份的不同而各异。不过一般而言，其特权的标志是可以拒绝郡守等由国王委任的官吏进入贵族的"私有"百户区处理行政司法事务。13世纪形成的所谓"转抄令状"（Return of Writ）特权就反映了贵族的这种权利。这里的"return"来自拉丁文"returnum"，意为"抄本"。当时，无论是为国王收取债务的普通法令状还是财务署令状，都由郡守负责实施，要在郡法庭上公开处理。但是对于有特权拒绝郡守和其下属踏上其领地的贵族，令状

---

① Helen M. Cam, *The Hundred and the Hundred Rolls*, London：Methuen, 1930, p. 137.
② W. L. Warren, *The Governance of Norman and Angevin England, 1086－1272*, London：Edward Arnold, 1987, p. 201.

的实施就有困难。郡守最初是把令状直接转交给领主的官员来执行,但因郡守仍是令状的最终负责人,因此这种做法使郡守面临很大的风险。最后逐渐形成了一种折衷的程序:郡守如果在令状实施中受到某特权领地的阻挡,就签一个命令给特权领有者,该命令转抄原令状的内容,再加上一句"我命令你执行国王的命令",最后加盖郡守的印章。这样令状的实施转交给领主的官员来负责,但郡守仍握有令状原件,可以在必要时质询领主。这种得到和执行"转抄"的国王令状的特权就称为"转抄令状"特权。①13 世纪国王在给贵族颁发特许状时,一般会写明该特权领地享有"转抄令状"的特权。这项特权遂成为贵族拥有特权的一个重要的标志,也是我们今天知道哪位贵族在领地内有权实行自治的一个证据。

特权领地的两个主要来源可以追溯到诺曼征服以前。首先是古老的部落领地 (chief tainries),主要在东部和北部,它们被国王交给可以信赖的人掌管,比如修院长、主教或国王的亲戚等。这些地区保留了传统的特权,被作为"特殊管辖地"保留下来。其次,当国王要保持王国更好的秩序但缺乏直接的手段时,便寻求地方大领主的合作,承认其传统的领主权与管辖区的结合,并赐予特权以免将来与国王在地方的代表发生冲突。

特权和特权领地发展的关键时期在 12 世纪下半叶,此时国王政府深入地方各郡,扩张司法权,规范郡政管理,国王政府的发展动摇了古老的特权管辖权的实行,许多特权由于亨利二世时代政府的改革而变得没有意义了。甚至在设立巡回法官之前,亨利二世明确表示要限制特权,因为它们将是巡回法庭推行时的障碍。1166 年的《克拉伦登敕令》(Assize of Clarendon) 最激进的部分就是关于特权的规定:即使最有特权的领主也不能阻止郡守进入其领地进行十户联保调查或逮捕疑犯,没有国王的法官出席,任何人不能召开自己的法庭。② 一些史家认为这是对特权发动的一次普遍的攻击。但有人认为亨利二世在 1166 年的主要动机是以强硬的手段打击犯罪,以改变斯蒂芬王时的松散混乱状况,重建国王政府的权威。亨利二世不可能承认在斯蒂芬时代大贵族在地方攫取的权力,但他也无意于完全夺取贵

---

① M. T. Clanchy, "The Franchise of Return of Writs: The Alexander Prize Essay", *Transactions of the Royal Historical Society*, 5th Ser., Vol. 17 (1967), p. 60.
② David C. Douglas, *English Historical Documents*, *II*, *1042–1189*, 2nd ed., London: Eyre Methuen, 1981, pp. 440–443.

族的古老权利。① 无论如何，在亨利二世时代以后，特权仍可得到承认，得到特许状的确认，在王室法庭得到保护。不仅如此，王室政府的发展意味着国王有更多的豁免权和特权可以分赐。它是一种便利的赏赐形式，一方面满足了贵族依靠特权增加收入的要求，另外也使被赏赐的功臣或贵族更忠心地分担国王在地方统治的责任，这在中世纪是常用的方法，也是合理的思路。国王新赐特权的增加和对旧有特权的规范都是王权发达的表现。

不过亨利二世以后特权确实有了一些变化，特别是到亨利三世时代，特权和特权领地越来越不像过去那样可以独立行事了。虽然特权的存在仍得到承认，但更多地受到限制，而且"把特权领有者从半独立的贵族转变为'国王的官员'"。

首先，亨利三世虽然也像先辈一样分赐和确认特权，但他很注意调查贵族们声称的特权的真实性。王室法庭经常对声称的特权寻根问底，王家法学家也对特许状进行限制性的解释，没有充分证据的或证据不明确的特权都可能被否认。如一位修院长就因为约翰王时发给他的特许状没有明确的说明而被亨利三世剥夺了特权，虽然1227年它又得到了认可。1250年10月亨利三世在财务署向郡守们演说，告诉他们不应当给予任何没有证据的人"转抄令状"的特权，并为"巡回条目"加上专门针对"那些不允许王的百户长进入其领地进行传唤或扣押财产的人"的调查内容。1255年，亨利三世又命令郡守们在郡法庭上宣读《大宪章》，并确保它在"国王以及王国内所有的其他人"两方面都得到遵守。② 1255年亨利三世还开始进行一次全国范围内的国王权利调查，其中包括质询那些无论是通过国王的承认还是郡守的默认而获得"转抄令状"的特权者，以及那些"没有王室特许状而宣称拥有特权领地者"。在这一调查之后就开始通过发布国王令状要求特权持有者说明他们的特权是"以什么证据"（quo warranto）得来的。③

亨利三世统治时期对贵族特权的调查的意义一直被低估，传统上一直认为爱德华一世时期才开始对贵族特权进行大规模清查，而著名的"百户卷档"（Hundred Rolls）中就包含了这一调查的结果，调查的标志就是向声

---

① W. L. Warren, *The Governance of Norman and Angevin England, 1086 – 1272*, London: Edward Arnold, 1987, p. 208.
② D. A. Carpenter, "King, Magnates, and Society: The Personal Rule of King Henry, III, *1234 – 1258*", *Speculum*, Vol. 60, No. 1 (Jan., 1985), p. 45.
③ M. T. Clanchy, "Did Henry III Have A Policy?", *History*, Vol. 53, No. 178 (1968), p. 209.

称有特权的贵族发布特权凭据调查令状（Writ of Quo Warranto）。① 而坎姆的研究表明这种调查令状在亨利三世时代就已出现，而且并不像以前认为的那样只是对特权的滥用进行调查，而是针对特权本身的。比如1238年巡回法官在德文郡就曾一个个地传召当地的贵族，令他们拿出拥有百户区特权的证据，而贵族也以古老的分封为自己辩护，有的甚至追溯到诺曼征服之时。② 因此，可以说，亨利三世的调查就是13世纪后期著名的特权凭据调查的滥觞。

其次，特权本身受到较严格的限制。特权领地的司法豁免权（Immunity）被剥夺。限制的方法就是限定特许状中的条款。在约翰王时代就有这样的做法，在认可了一个修院长的"法庭和其司法权"时，又规定它必须是"除了朕的司法权所辖之外的"。到亨利三世时代，国王还与拥有完全的管辖权的特权领地的贵族达成的妥协：贵族的法庭被允许向郡法庭那样开审"王座之诉"，但只有在王室法官在场时才有裁决权。例如1242年，当巡回法官到达波克夏时，当地的瑞丁（Reading）修院院长也"召开其法庭，以使正在波克夏的巡回法官进入修院的法庭并与院长的执事共同主持开庭"。同样允许巡回法官进入的还有许多此前拥有不可触动的"特殊管辖权"（Special Jurisdictions）的修院。当时具体的规定各不相同，无疑是根据对象的影响和权力而变通的。许多有很大影响的特权领地还可以独立审理所谓"王座之诉"，但必须得到"巡回条目的副本"（a Copy of the Articles of the Eyre）。③ 这些规定表明，国王仍然把特权作为恩宠赐予臣下，但重要的是国王的恩宠不是无限的。就拿在13世纪所有特权中最普遍的"十户连保调查"（view of frankpledge）来说，那些有此特权的人便可以拒绝郡守调查其庄园上的佃户，而进行私下调查，收取人头税和罚金等。但因为调查的同时也要报告犯罪的情况，因而国王在其中的管辖权还是得到了保证。当时特权的具体安排差异很大，似乎拥有特权的领主与郡守都各自达成协调方式，但其背后的总原则很明确，私权不能阻碍国王政府。

再次，特权领地的性质也逐渐从外于国王政府的"独立王国"向国王

---

① Sir F. Pollock & F. W. Maitland, *The History of English Law Before the Time of Edward I*, Vol. 1, Cambridge: Cambridge University Press, 1952, p. 574.

② Helen M. Cam, *Liberties and Communities in Medieval England*, London: Merlin Press, 1963, pp. 174 – 175.

③ W. L. Warren, *The Governance of Norman and Angevin England, 1086 – 1272*, London: Edward Arnold, 1987, p. 208.

政府的一级地方区划转变。不但特权领地的持有者在行使特权时受到限制，特权本身也被变为责任。正如坎姆所说，13世纪的特权领地持有者已经逐渐变成了"总督—国王政府的地方行政官员"。[①] 到亨利三世时代中期，有一个法律理论已明确地出现，即将特权视为国王权威的委托（delegated），如果不能正当履行，便可以被国王收回。彼得伯罗（Peterborough）修道院长是一个古老的、有地位、范围广的特权领地的持有者，但在1237年亨利三世给他的一封信中，批评他未在特权领地内维持"国王的和平"，并敦促他马上改正，"以免我们因你的过失而接管你的特权领地"[②]。

在13世纪，"转抄令状"这一特权的发展就反映了特权性质的这种转变。如果特权领地的有关官员在"转抄"之后不执行国王的令状，则郡守向中书省报告，由中书省再签一个国王令状，加上一条命令说任何特权不得阻挡郡守执行令状。如果还不能顺利执行，则郡守就可以个人强制执行了，必要时还可以使用武力。因此，转抄令状这一特权的出现在某种程度上可以视为贵族在保卫其特权上的胜利，但是它首先是为了国王的令状得以在全国任何地方得以实施。而且值得注意的是，它如果被滥用就可以收回。

"转抄令状"的特权排斥了郡守和百户长进入贵族特权领地的权力，但领主却不得不让自己的百户长来执行国王的令状，如果不执行则特权自动失效，甚至执行不力也要受到惩罚。1249年在波克夏的巡回卷档就记录了两个剥夺特权的事例，还有一个案例是贵族威廉·莫蒂特（William Maudit）因为没有经自己的百户长判决就把两位盗贼转交国王的监狱而被认为"将特权交回了国王手中"，不得不交20马克的罚款来恢复特权。[③]

2. 城市

中世纪英国的城市无论在数量还是力量上都是引人注目的。城市问题一直是英国中世纪史的一个重要课题。这里主要探讨城市政府与国王政府的关系在亨利三世时代的演变。

[①] Helen M. Cam, *Liberties and Communities in Medieval England*, London: Merlin Press, 1963, p. 184.

[②] W. L. Warren, *The Governance of Norman and Angevin England, 1086 – 1272*, London: Edward Arnold, 1987, p. 210.

[③] W. L. Warren, *The Governance of Norman and Angevin England, 1086 – 1272*, London: Edward Arnold, 1987, p. 209.

城市由国王通过特许状赐予特权（liberties），包括建立"自治"（self-government）的政府体系的权力，由此城市的政府常常被认为是独立于王国的其他地方，并有其独特的特点。这类城市通常被翻译为"自由城市"，但此时的 liberties 更多是独享的特权，以今天的"自由"翻译十分不妥。正如前文指出，当时存在大量其他特权领地，它们的情况证明，城市并没有多少特点是不同于其他特权领地的。无论城市获得多少特权，"仍牢牢控制在王室手中，它体现为国家的一级地方行政组织"①。

在盎格鲁-撒克逊时期城市的一些自治特权就得到认可了。"城市土地"（burgage tenure）和"城市法庭"（borough courts）的存在即为证明。市民为其土地支付租金，而不必服劳役。城市法庭处理市民间的关系，调节贸易关系，保护商人。但是，在诺曼征服之前，城市居民并不能脱离领主的管辖，而城市法庭和百户法庭一样要服从郡法庭长官的管理。12世纪的趋势是市民逐渐摆脱庄园的司法管辖，城市则逐渐独立于郡的行政管理。真正的城市自治政府的出现与流行是在理查一世和约翰王时期。1191年伦敦获得特权成为"公社"（Commune）。②

国王在给予城市的特许状中一般会赐予城市自己收缴城市租金（firma burgi，类似于郡守交给国王的郡租金）的特权。这给予了城市财政自主权，使城市有权代国王收取城市租金以及欠国王的债务，并可以直接与财务署交结账目，而不必经过郡守。通常这也意味着城市可以自己选举官员管理市政。③ 财务权的下放可以使城市在其他一些方面也摆脱郡守的管辖，实行"自治"。但是，财政的自主权也只是意味着城市替国王官吏管理税收而已，而且这种税收权的赐予还不是永久性的，有一定的期限。④ 而同时，这种"自治"权使城市有义务直接向国王汇报所有从郡守转移而来的功能的执行情况。

城市的官员，即使是由城市选举的，也被国王视为王室官员，并负有保卫国王利益以及为城市自身利益而服务的双重功能。而且城市官员的选举也并不是城市自然拥有的特权。1215年，约翰王曾经颁布特许状允许伦敦选举

---

① 马克垚：《英国封建社会研究》，北京大学出版社2005年版，第254页；马克垚：《封建经济政治概论》，人民出版社2010年版，第146页。
② Bryce Lyon, *A Constitutional and Legal History of Medieval England*, Toronto: George J. McLeod, 1980, p.404.
③ Carl Stephenson, *Borough and Town: A Study of Urban Origins in England*, Cambridge: Medieval Academy of Amer, 1933, p.178.
④ 马克垚：《西欧封建经济形态研究》，人民出版社2001年版，第306页。

市长，此后直到 1284 年没有任何其他城市获此特权。① 与郡守一样，城市官员经常也受命征集国王的用度，并为国王提供车马等。在巡回法庭方面，城市的地位相当于一个百户区：要面见国王的法官，并以 12 位市民组成的陪审团审理王诉。只有一些有高度特权的城市才可在市内召开特别的巡回法庭。

  在其他方面，城市则类似于贵族的特权领地。他们可以有权拒绝郡守及其手下进入城市，但是必须由自己的官员完成国王的事务，否则其特权也可能被剥夺。在 13 世纪中叶英国城市也像一些贵族特权领地一样得到"转抄令状"的特权，它使城市自己对国王的令状的执行负责。表面看来这使城市更多地脱离了郡守的直接介入，从而似乎更独立于国王政府的控制了，但是当时这类特权逐渐被强加于较大城市之上的事实表明，它更多的是国王为了统治便利而主动采取的措施，而不是让步。② 现实中城市也比贵族的特权领地更容易被国王收回，当城市要威胁到国王权威的时候，国王会毫不犹豫地中止其特权。即使是伦敦，其特权领地的地位也常常被搁置，由国王任命的官员加以管理。根据伦敦市关于它与亨利三世从 13 世纪 30 年代开始的冲突的记载表明，在 1230—1257 年间，国王至少有 10 次将伦敦政府控制在自己的手中。③ 即使在 1258 年面临危机时，国王也没有丧失对城市的控制权。据马修·巴黎记载，当时伦敦市民被指控对国王有不当行为，因而面临多项惩罚。他们被迫出赎金以求赦免并保其特权，但是已再难得到国王的信任。市民的首领、当时的市长拉尔夫·哈代尔（Ralph Hardel）不久就在伤心失望中去世。④ 而到 1265 年伊夫夏姆之战王军击败叛乱贵族之后，伦敦更因积极支持叛乱者而被剥夺了包括选举市长在内的许多特权，并被罚款两万马克，直到亨利三世去世以前这些特权才基本恢复。⑤ 可以说，直到 13 世纪，城市从来都不是独立于英国政府之外的一个因素，相反，它以集中的形式体现了当时政府的许多特点，体现了国王权威的普遍性。

---

① Carl Stephenson, *Borough and Town: A Study of Urban Origins in England*, Cambridge: Medieval Academy of Amer, 1933, p. 174.
② Heather Swanson, *Medieval British Towns*, New York: Palgrave Macmillan Press, 1999, p. 81.
③ Heather Swanson, *Medieval British Towns*, New York: Palgrave Macmillan Press, 1999, p. 87.
④ Harry Rothwell, *English Historical Documents*, III, 1189 – 1327, London: Eyre and Spottiswoode, 1975, p. 110.
⑤ H. W. C. Davis, *England under the Normans and Angevins, 1066 – 1272*, London: Methuen, 1928, p. 479.

除了以上分析的贵族特权和城市特权以外，当时还有一种特权就是郡特权。郡虽然比城市和村庄更无定型，但也可以将其利益组织为集中的行动。从 12 世纪末开始有许多郡就申请特权令，如 1190 年萨里郡（Surrey）以 200 马克换取理查一世允许解除森林法在该郡的大部分地区的施行。在约翰王时代，又有许多郡获此特权。亨利三世早期有哈廷顿（Hutingdon）、萨默塞特（Somerset）、索塞特（Sorset）和波克夏（Berkshire）先后获得特权。一些郡还花钱换取推荐当地人为郡守，或留任一位广受欢迎的郡守的权利。德文郡（Devon）还买得使其郡守只任一年的权利，等等。但是，他们获得的特权令状常常是有特别的任命或有固定的期限，要更新就须再交钱。郡特权也从来没有摆脱国王的掌握。郡可以从国王那里购买到特权，当然也可以被国王共同地处罚。①

同其他特权一样，郡特权固然是为地方争得了一定的自我管理权利，但同时也是为国王政府的统治服务的。为郡的利益而集体行动的人是那些中等阶层的人：骑士和稳定的自由土地所有者。他们有维护名誉的需要，国王政府的发展加强了这些人在地方事务中的地位：一方面是他们所负责任的增加，另外就是地方共同体的功能也相对改变了。大贵族对郡政的控制在亨利二世时代就已经结束了，而且如前文所述，当郡法庭日益繁忙和频繁时，大贵族出席也相对减少，而交于其执事代办，这些人与骑士、自由持有者常来自同一阶层。结果就使郡政府在行动中有更大的一致性。因为这些人的利益都在郡内，不像大贵族那样所涉宽广。这些人合作的经历遍及郡的每一部分。陪审员都来自各百户区的骑士，不够时补充以"良好"的自由持有者。陪审团裁决的出现更加强了这些人为地方共同体利益服务的责任。13 世纪时还没有检验证据和律师辩论的程序，陪审员以对所犯罪行和所疑之人的个人了解做出裁决。他们经常做出无罪裁决的事实说明他们只愿意对最恶劣的邻人采取极端的措施。他们的判决更多的是一种社会判断，而不是基于事实的发现。② 总之，这些真正热爱并熟悉他们所管理的地方的人在特权的保护下既很好地执行了国王政府委托的任务，又维护了地方的利益，不能不说是地方管理中的一个新的进步。

---

① Susan Reynolds, *Kingdoms and Communities in Western Europe*, 900–1300, Oxford: Oxford University Press, 1984, p. 229.

② W. L. Warren, *The Governance of Norman and Angevin England*, 1086–1272, London: Edward Arnold, 1987, p. 221.

三、王权与教会

英国教会可以说是英王国中最大的特权集团,它既有自己独立的教会司法体系,又拥有巨大的地产,长期以来世俗王权在很多方面都难以深入教会的势力范围内。亨利三世时代,教会基本上继续维持了较高的独立性,但相对于其父叔时代而言,王权对教会的介入、利用和控制也有明显的加强。

教会之所以能够维持较高的特权,除了与世俗贵族一样拥有其地产内的封建特权外,还有一个重要的因素就是罗马教廷的力量。英国的教会史以教廷、国王和英国教会三方的三角关系演变为特点,而在亨利三世时代三方力量的消长以及相互之间关系的变化,决定了这一时期国王与教会关系的新特点。亨利三世利用与教廷的良好关系,加强了对英国教会的控制和利用,但同时他也对教皇权威的过分介入和对英国利益的损害加以抵制。他的教会政策服务于其加强国王权威的总目标,并且也在一定程度上取得了成功。不过,英国教会对教廷的剥削和对国王的控驭的反抗也是不容忽视的,这使得此时国王与教会的关系仍呈现复杂的图景。

在亨利二世时,英国教会在罗马教廷的支持下抵制了国王对教会特权的削夺,托马斯·贝克特被杀之后,亨利二世不得不裸足行到坎特伯雷表示忏悔,并于 1172 年在阿夫朗什高地向教皇的使节屈服,公开宣布放弃《克拉伦登敕令》中的那些"侵犯性"的部分。① 亨利二世还承诺,保持 200 名骑士在耶路撒冷;允许自由地向罗马教廷申诉;废除他在位期间通过的所有有损于教会的法令;归还坎特伯雷和与贝克特一起逃亡者的所有财产。② 而约翰王因为主教授任问题而与教皇英诺森三世和英国教会发生的激烈冲突也以约翰王的彻底屈服而告终。约翰向教皇表示臣服,并把英王国作为领自教皇的封土。③ 1214 年他还向英国教会颁发特许状,承认其自由选

---

① 哈罗德·J. 伯尔曼:《法律与革命——西方法律传统的形成》,贺卫方译,中国大百科全书出版社 1993 年版,第 311 页。
② Z. N. Brooke, *The English Church and The Papacy: from the Conquest to the Reign of John*, Cambridge: Cambridge University Press, 1989, pp. 215 – 216.
③ Brian Tierney, *The Crisis of Church & State*, *1050 – 1300*, New Jersey: Prentice – Hall, 1980, pp. 135 – 136.

举权，并且答应英国的主教们向他提出的所有要求。① 这一点在 1215 年的《大宪章》第一条中又得到重申。这样，在亨利三世即位之前，国王对教会的挑战基本是失败的，而约翰王向教皇的臣服更使教皇在英国的地位达到了最高点。亨利三世幼年的十几年中教皇使节在英国的特殊职责更加强了教廷与英国教会势力的发展。②

但是，教皇与英国教会的关系也绝不是铁板一块。中世纪罗马教廷虽然不断强调世俗政权与教皇为首的教会的二元政治理论，认为前者负责国家的治理，后者负责宗教事务，但现实中正如世俗政权不可能不涉及教会管理一样，教廷也为了维持教皇国的完整而不断卷入西欧各国的实际政治斗争中。③ 这样，教廷与各国教会的关系也就不可避免地受到非宗教因素的影响，从而难免产生各种矛盾。事实上，由于在具体教职推荐（Advowson）上的分歧和经济利益（主要是税收）的矛盾，罗马教廷与英国教会之间的关系一直是复杂多变的。英诺森三世与英国教会的关系就被形容为"不稳定而且不和谐的"。而 1208 年教皇在与约翰王的斗争中宣布将英国教会褫夺教权（Interdict）的做法也导致教界的不满，一份当时的文献显示绝大部分教士当时是站在国王一边的。④

此外，在 13 世纪前期，英国教会的民族化倾向随着诺曼底的丧失进一步加强，而教廷却派出越来越多非英国人担任英国的教职，有的任职者甚至从未到过英国，同时教廷对英国教会的税收也日益增多，因此罗马教廷越来越被英国的教界视为一个剥削者甚至是外来的侵略者。1244 年以后，双方的矛盾更加激化，1245 年一位教皇使节因担心遭到攻击而偷偷从英格兰溜走。⑤

因此，亨利三世虽然是在国王与教会的斗争处于劣势时登上王位，但教廷与英国教会之间的利益冲突却为他周旋其间提供了充分的空间，使他可以尽可能地促进王权对教会势力空间的突破。

---

① Margaret Deanesly, *A History of the Medieval Church*: 590 – 1500, 9th ed., London: Methuen, 1969, p. 144.
② J. C. Dickinson, *An Ecclesiastical History of England*: The Later Middle Ages, London: Barnes & Noble Books, 1979, p. 162.
③ 彭小瑜：《中世纪西欧教会法对教会与国家关系的理解和规范》，《历史研究》2000 年第 2 期，第 121 – 133 页。
④ Richard Mortimer, *Angevin England*: 1154 – 1258, Oxford: Blackwell, 1994, p. 114.
⑤ CH. Petit – Dutaillis, *The Feudal Monarchy in France and England From the Tenth to Thirteenth Century*, London: Kegan Paul, Trench, Trubner, 1936, p. 341.

约翰王向教皇的臣服实际上开启了教廷、国王和英国教会三者之间关系的新阶段。无论如何，作为英国国王的领主，教皇对他的这个封臣给予了更多的支持。从约翰王晚年开始，教皇就向英国派出特别使节，成为此后很长时期内英国政治生活中重要的角色。亨利三世幼年即位，其地位巩固除了摄政威廉·马歇尔的功劳外，先后到来的教皇使节们的支持也功不可没。①

　　从亨利三世的角度来看，与教廷的良好关系正好成为他对付桀骜不逊的教会贵族的重要筹码。亨利三世自己对宗教的狂热在当时是很有名的。他对上帝十分虔诚，有时甚至到了可笑的地步。马修·巴黎记载了1247年的米迦勒节，亨利三世虔诚地、大张旗鼓地迎奉来自圣地耶路撒冷的耶稣"圣血"的轶事。亨利三世把贵族们邀至西敏寺宫，说要向他们宣布"神恩降临英格兰的最令人振奋的消息"，这一消息就是圣殿骑士团的一位骑士从圣地带回来一部分耶稣基督的血。它被装在一只精美的水晶瓶中，封盖上有耶路撒冷的长老和其他主教、修院长和圣地行政长官的印章。第二天，亨利三世命令伦敦的全体教士身着盛装在圣保罗教堂集合，而自己却衣着简朴，他们一起守护着"圣物"，步行向西敏寺教堂进发。亨利三世一路上双手高高地举着装有"圣血"的水晶瓶，表情虔诚，"他的眼睛始终或凝视那容器，或仰望天空"，虽然脚下路面坑洼不平。而大臣们却私下议论纷纷，对它表示怀疑，他们反问：既然耶稣完整地复活了，怎么还会留一部分血在耶路撒冷呢？②

　　也许对宗教的虔诚是亨利三世热衷于插手宗教事务的原因之一，但是力求对本国教会更有效地控制，使之更好地为国王所用，应该是其主要出发点。这一点也体现在他与教廷的关系上。亨利三世也不是对教皇言听计从，对于教皇插足英国教会太多以至有损于王权的企图，他坚决抵制。

　　国王与教会关系最主要的两个方面仍然是教职授任和税收。在教职授任方面，亨利三世在教廷的支持下不断地将国王内府的官员以及国王的亲戚安插到重要的、收入丰硕的教会职位上。他成功地使王后的舅舅萨瓦的卜尼法斯（Boniface of Savoy）就任坎特伯雷大主教的职位，并使瓦伦斯的艾默尔（Aymer de Valence）当上了温彻斯特主教。当然他也因此受到抨击，

---

① Richard Mortimer, *Angevin England: 1154-1258*, Oxford: Blackwell, 1994, p. 122. 亦见本书前文所述。

② Matthew Paris, Roger, William Rishanger, *Matthew Paris's English History: From the Year 1235 to 1273*, J. A. Giles. Trans., Vol. II, London: G. Bell and Sons, 1889, p. 266.

而且他的选任计划也不是总能成功,特别是绝大多数富有的英国修道院依照 1214 年约翰王颁发的特许状维持了自由选举的特权,国王很少能插手。但是,对于教皇在此时大量安插意大利人担任英国教职的做法,亨利三世与英国教会和人民又站在了一起。在亨利三世时代,罗马教廷把大量意大利人安插到英国担任教职,其中不经选举直接由教皇委任英国主教的就有 6 人。① 意大利人常因为不到任吃空饷而受谴责,但他们当中真正来到英格兰的也不受欢迎。在国王和英国教俗力量的压力下,1246 年教皇英诺森四世(Innocent Ⅳ)答应改变在英国教职中只由意大利人接替意大利人的做法。②

而在税收方面,国王与教皇都对英国教会垂涎三尺。"对于英国的教士来说,13 世纪没有什么新发展比系统化的而且经常性的税收的出现更令他们难受的了,这种发展日渐明朗并使他们日益可能被投入由罗马教廷和英国国王所构成的石磨之中。"③ 亨利三世在 1239 年曾支持教皇对英国教士征税,但是当教皇征税对他自己的税收构成威胁时,亨利三世也毫不犹豫地加入抵制教皇税收的阵营。1244 年,亨利三世出于自己的财政困难和向教会征税的计划而反对教皇英诺森四世向英国教会征收 1 万马克的一项要求。不过,1250 年亨利三世宣誓加入十字军,并且承诺帮教皇收复西西里并偿还债务之后,他们之间在征税上也充分合作了,这被马修·巴黎称为"牧羊人与狼的结盟"。这也促使英国教会团结起来,他们召集全国教士代表开会讨论对策。由此产生的教会代表会议机制,发展为以后的坎特伯雷宗教评议会。④

此外,1252 年亨利三世抵制了罗马教廷将宗教调查法庭(The Inquisition,也称异端裁判所)引入英国的企图。因为它滋扰穷人,而且这个法庭强迫好的基督徒要发誓为别人的个人罪行作证,它大大地超出了王室司法的控制,从而也侵犯了王权的尊严。另一方面,亨利三世自己虽然虔诚,却不会支持教士自治权的要求,他甚至明确地要求教皇确认《克拉伦登敕令》中关于主教不得到王的同意就不得对王室臣仆处以绝罚的原则。⑤

---

① Robert Brentano, *Two Churches*:*England and Italy in the Thirteenth Century*, Berkeley:University of California Press, 1988, p. 213.
② Richard Mortimer, *Angevin England*:*1154 – 1258*, Oxford:Blackwell, 1994, p. 123.
③ J. C. Dickinson, *An Ecclesiastical History of England*:*The Later Middle Ages*, London:Barnes & Noble Books, 1979, p. 233.
④ Richard Mortimer, *Angevin England*:*1154 – 1258*, Oxford:Blackwell, 1994, p. 124.
⑤ W. L. Warren, *The Governance of Norman and Angevin England*, *1086 – 1272*, London:Edward Arnold, 1987, p. 178.

因此，亨利三世与教会的关系看起来十分矛盾：既联合教皇向本国教会征集财物，并控制本国教会的管理，同时又依靠本国教会的力量抵制教廷的势力在英格兰过分扩张。其实很明显，这一切都是服务于王权的稳固和强化这一指导思想的。在亨利三世的努力下，国王的确对教会特权有很大的突破。

不过，亨利三世的这种政策毕竟很难把握绝对的平衡，尤其他在后期依靠教皇争取海外利益的做法最终激怒教会贵族，为1258年贵族群起反叛种下了祸根。此外，在13世纪时英国民族情绪逐渐高涨，民族教会初见端倪，本岛的事务也成为英国教会关注的中心。亨利在这种背景下执行亲教皇的政策，使英格兰的大量财源外流，遭到反抗也是必然。

由于约翰王自求为教皇英诺森三世的封臣，以及亨利三世幼年时期教皇使节在英国政府的实权地位，在亨利三世统治时期，罗马教廷的势力在英格兰迅速扩张。罗马教皇和红衣主教们安插了大量亲戚到英格兰任教职，甚至干脆叫英国教会供养。1253年教皇英诺森四世命令林肯主教罗伯特·格罗斯坦斯特（Robert Grosseteste）用林肯大教堂的奉献供养教皇的一位侄子，遭到断然拒绝。此外，教廷还从英国征收大量的税收。1253年教廷的反抗者说教皇一年从英格兰至少得到5万马克的收入。教皇英诺森四世反驳说事实上只有8千马克左右，这个数字相当于英格兰和威尔士教会一年税收的百分之五，也是相当庞大的数额。①

罗马教廷的搜刮遭到激烈的反抗。其典型代表是1231和1232年之交的抵制教廷税收事件。当时，教皇在英国的征税官和接待他们的主教们都收到一封模仿教廷谕令口气和风格的恐吓信，署名为"宁死不受罗马人压榨"的"联盟"（universitas），并且还加盖了象征教俗权威以及暴力的双剑印章。信中要求收信者不要再向罗马任职者交纳税款，否则就烧毁他们的财物。同时，有人以"联盟"的名义组织了一些恐怖行动，响应者从约克郡直到汉普郡，来自意大利的教士被绑架换取赎金，教皇使节也受到攻击，所带的信件被撕毁，他们的房屋和谷物也被抢夺。② 根据事后的调查，这次行动的组织者是罗伯特·特温（Robert Tweng）。他是约克郡的骑士，被教皇的圣职委任剥夺了本属于他继承而来的任教职的权利。他化名为威廉·

---

① M. T. Clanchy, *England and Its Rulers*, *1066–1272*, 2nd ed., Oxford: Blackwell, 1998, p. 177.

② Sir Maurice Powicke, *The Thirteenth Century*, *1216–1307*, Oxford: The Clarendon Press, 1953, p. 46.

威瑟（William Wither，Wither 古英语意为"敌对者"）。这一事件在当时影响很大，也成为亨利三世把宰相休伯特免职的借口之一。① 在失败被俘以后，特温并没有以纵火和抢劫罪被处以绞刑，而是被给予特许通行权前往罗马朝圣赎罪，以后参加了十字军。国王和教皇对他如此仁慈也反映出他们并不愿意使自己与英国教会的关系更加紧张。

---

① M. T. Clanchy, *England and Its Rulers*, *1066 – 1272*, 2nd ed., Oxford: Blackwell, 1998, p. 155.

第五章 1258—1267年的政治动荡
——危机中的王权及其运作

通过前面几章的考察，我们看到在亨利三世时代的大部分时间里英国王权并没有衰落的迹象，它仍很强大；而且比前代进一步加强了。但是，在1258—1267年间，贵族发动的改革运动和叛乱对国王的地位形成严峻的考验。数年当中亨利三世经历了几起几伏，甚至一度被架空，让位于贵族寡头的统治。这场危机的性质和影响，是研究亨利三世时代乃至整个英国中古时代的王权状况所不能回避的。那么，它是否说明此时王权衰弱而与前文的结论相悖呢？

有关这场危机的问题一直为史家所关注，他们对运动的性质做出了不同的判断。宪政史家对贵族内战夺权的意义大加渲染，认为这场斗争是英格兰民族固有的追求自由民主的所谓"宪政思想"的体现，R. E. 屈哈恩就深信这是一场有计划的、按部就班的"政治和宪政革命"，目标是"以法律、司法和行政的一系列改革，并伴随着国家政策控制和结构上的激进改变"，来改革"王国的现状"。而且他还认为运动的进程从未脱离这些发动运动的"大人物"的掌握。"与那些由于经济困境和社会不满而导致的动荡不同，1258—1265年的运动在本质上从始至终坚持了初衷。"[1] 而有的史家则从封君封臣制的角度出发，认为这是大贵族对国王破坏其封建权利行为的反抗，结果是"寡头政治取代了独裁"[2]。

有的史家从中古西欧封建原则与统一国家原则相互矛盾、斗争的思路出发进行分析。比如，乔利夫认为1216年贵族行动的主要目的是使国王回到"封建"原则中去，而1258年开始的运动则表明国王与贵族在"封建国家"下的旧有合作解除了，贵族从坚持封建传统转而为君臣合作制定新的原则。他认为1216年贵族在《大宪章》中主要坚持两个方面：重建亨利二

---

[1] R. E. Treharne, *Documents of the Baronial Movement of Reform and Rebellion, 1258 – 1267*, Oxford: Oxford University Press, 1973, p. 1.

[2] Bryce Lyon, *A Constitutional and Legal History of Medieval England*, Toronto: George J. McLeod, 1980, p. 342.

世时代的普遍权利,特别是有关大封建领地所有者的权利;结束封建习惯的不确定状况,并试图将传统的领主制标准引入国王与其臣民——也是封臣间的关系中。它能提供给寻找"宪政先例"的历史学家的东西很少。而1258—1265年间的运动是封建主义与君主制(monarchy)的原则在经过长期互相回避后的力量比拼。《牛津条例》的制定"标志着一个时代的结束",它认可了亨利三世时代的变化,并将之以宪法的形式固定下来。由"封建"国王通过其封臣的咨议会统治的政府形式被抛弃,而君主制国家(monarchical state)的原则却几乎全部被接受。过去的"天然顾问"——国王的总封臣们(Tenant-in-Chief)降为一个议会等级。贵族控制了国王的意志,却向君主体制投降。"也许这是在王权已很发达,但国王本人又丧失了贵族信任和尊重的情况下的自然结果。"乔利夫也指出,对运动本身的意义不能无限夸大,议会不会与过去的御前会议毫无差别,"从长远来看",它带来更多的是反抗的精神,但是当时这种革新的进程远未完成,运动的发起本身也不过是失去原有地位的贵族出于不信任与反抗的本能而采取的行动。如果从反面来思考,就会发现贵族运动本来就不可能成功,它的最终失败,表明了贵族"试图脱离国王来统治一个君主政体"计划的荒谬,也恰恰反映了王权在时人心中不可或缺的地位。①

西方史家以传统认识模式分析这一事件而得出的有分歧甚至截然相反的结论提醒我们,对这场危机的认识必须超越西方宪政史学的既有分析模式,从当时的实际情况出发去考察和评判。要分析危机爆发的客观背景,研究改革和叛乱发动者的真实动机和他们的实际政策,同时不能忽视最重要的一个事实,即最终是国王亨利三世赢得了胜利,而且是"诺曼征服以来最全面的胜利,胜利如此彻底以至于爱德华王子(Prince Edward)虽然一直身在国外参加十字军直到1274年才回国,但在1272年亨利三世死后他仍毫无波折地顺利继承王位"②。

笔者认为,这场危机从根本上说是由于王权在发展过程中触动了旧的封建贵族的利益而引发的,但冲突在1258年爆发与当时的具体历史环境也有重要的关系。反对国王的贵族动机各异,如果说一开始的改革行动还有封建贵族试图以旧有的原则保护自己被扩张的王权剥夺的利益的成分的话,

---

① J. E. A. Joliffe, *The Constitutional History of Medieval England*, London: Adam and Charles Black, 1937, pp. 247, 259, 297, 302, 300.
② M. T. Clanchy, *England and Its Rulers, 1066–1272*, 2nd ed., Oxford: Blackwell, 1998, p. 190.

到后来的内战和贵族执政就完全缺乏法律和传统的正当基础，当时的历史环境决定了它不过是一场注定要失败的贵族叛乱。西方学者也认识到运动前后的性质变化，以 1263 年为界分别称之为"改革"（reform）和"叛乱"（rebellion）。同时，危机是对亨利三世过分扩张王权的反动，说明当时他的政策已经超过了社会能接受的限度，1267 年的《马尔巴罗法令》（*The Statute of Marlborough*）反映了当时王权所能达到的实际高度。另外，无论中外，每一场斗争都会为以后的发展开创一些先例，提供一些经验。比如改革期间贵族组织的议会就为以后英国议会的诞生奠定了基础，但是就如同不能夸大贵族的"代表整个英格兰共同体"的口号的意义一样，对当时议会的作用也不能过分渲染。

一、危机的背景分析

对于这场危机的背景和诱因，学界有各种各样的分析。从大的背景来说，有人归结为民族意识的兴起与亨利三世海外政策的冲突，有人强调国王对封建原则的破坏导致贵族的反抗。具体而言，则基本上集中于亨利三世宠幸"外国人"以及"西西里事务"的失败等方面。莱昂认为亨利三世时代的贵族暴动有三个原因：其外国宠臣和亲戚的胡作非为，他对教皇的唯命是从，他对外政策和征战的一无所获、屡战屡败。[1]

西方史家历来强调的这些方面对贵族运动的爆发究竟起什么作用将在下文详细探讨。这里需要首先指出的是，这些因素的共同之处在于它们都是国王加强或扩张自己的权威过程中出现的，国王是矛盾激化中主动的一方，而发动叛乱的贵族则是因国王在破坏既有的政治原则时蒙受损失而被动反抗的。而且，贵族的不满与反抗虽然存在很久，但真正起作用却是在国王自己在扩张权威中遭受挫折之后。因此，贵族运动的爆发并不能说明国王权威的衰落，作为对亨利三世统治期间王权过度扩张的遏止，它一方面说明此时王权还是发展的，仍很强大；另一方面也说明此时的王权还没有强大到亨利三世想要的程度。下文将具体分析各种因素在贵族运动形成中所起的作用，并进而对运动爆发的真正原因进行探讨。

---

[1] Bryce Lyon, *A Constitutional and Legal History of Medieval England*, Toronto: George J. McLeod, 1980, p. 340.

1. 民族意识的兴起

民族意识的兴起常被作为分析13世纪政治环境变化的一个重要因素。许多史家强调，对于13世纪的欧洲君主们来说，客观上领土向特定地域的集中，以及与此相应在特定的地域内日渐生长的民族共同体的观念都使他们的统治基础显著地区别于12世纪以前，基于"象征性的领主权和偶然性的继承权"[①] 的"封建"时代正在消失；而源于古老的共同的亲缘感情，又由于集中于共同的地域单位而得到加强的民族国家意识已开始逐渐显示其力量。"当时，不仅英格兰，整个欧洲都站在了民族国家的门槛上。"[②] 当然，民族意识的觉醒以及民族特点的区分并不等同于民族国家的形成。在13世纪初，法国的疆界未定，西班牙仅为多王国的联盟，德国也是众多侯国的总称，而英国也不例外，在国王的眼中也只是刚刚同海外的领地区别开来而已。[③]

对于民族意识的兴起所引起的变化，一般强调如下两点：首先是当时的国家已不能等同于封建领地，不管国王是否意识到，他都已不能，也不可能只按照封建原则来统治了。每一位统治者都面临将继承的产业或头衔改造为地域性的单位或国家的问题。国王再不能是将地方的统治委托于封臣的象征性的总封君，他必须建立官僚体系，拥有固定的所谓"国家官吏"来对整个国家进行日益烦琐细致的具体管理。与这种国家统治相应，为所谓"国家利益"而征收赋税的情况也越来越普遍。与封建税不同，这些赋税是基于所有国民的动产而征收的，包括农奴和下层自由民。由于这种赋税在理论上被看作为特殊目的而自愿交给国王的赠礼，因此关于每一笔税收的合理性和必要性就成为讨论的话题，而且有发言权的也不仅仅是贵族，而是所有的纳税人。其次，君主们在主观上还不能放弃传统的看法，他们都还认为自己是过去领地的主人，并还在争取恢复过去的辉煌，这一矛盾使他们在制定和执行有关政策时面对更大的阻力。向地域国家的转变，一方面意味着他的统治基础的扩大和更多的财源，但另一方面他们往往因为

---

① M. T. Clanchy, *England and Its Rulers*, *1066 - 1272*, 2nd ed., Oxford: Blackwell, 1998, p. 187.

② B. Wilkinson, *Constitutional History of Medieval England*, *1216 - 1399*, Vol. 1, Toronto: Longmans, Green and Company, 1948, p. 5.

③ M. T. Clanchy, *England and Its Rulers*, *1066 - 1272*, 2nd ed., Oxford: Blackwell, 1998, p. 185.

征税去追求超出地域范围的利益而导致与自己臣民的冲突。

领土的集中和民族意识的兴起在亨利三世登上英国王位前都已有典型的体现。一方面，约翰王的失败使英国在大陆的领地几乎丧失殆尽，实际控制地主要在英岛。同时，在英格兰岛内经过百余年的融合，诺曼征服者被英格兰人吸收而成为其一部分，而不是使之与法国成一统。这是历史上大多数征服者的最终结局。大体上到12世纪末，诺曼人已经通过通婚等途径融合于当地人当中，在《财务署对话集》的记载当中，国王签发令状已经不再分别针对"法国人和英格兰人"，而统称为"全体忠实的人民"。1217年"林肯之战"也被视为英国人对法国的胜利，虽然当时许多诺曼人站在亨利三世一方。①

而这种转变带来的矛盾也典型地表现在亨利三世的统治当中。因为亨利三世看来对海外的领地比对英格兰还要重视，他从成年起就没有忘记过要恢复大陆的领地。同时，在贵族方面，国王超出封建传统而对他们的领地内的事务越来越多的插手使他们的利益受到损失，在利用封建原则捍卫自己的利益的同时，他们也学会代表"公社"说话，对国王的政策加以影响。"国家利益"将成为加于王权的新的政治控制因素。②

但是，新的矛盾并不能以民族意识的兴起做出令人信服的解释。英国王权事实上从来就没有只以封建原则统治过，中央集权的政府从诺曼征服起就不断发展，而海外领地最广阔的亨利二世时期也正是中央政府体制大发展的时期，所以这与民族意识并没有直接的因果关系。至于出于"国家利益"而征税的做法也并不是新事物，英国国王从来就没有完全地"靠自己的收入过活"。其实，中世纪的英国大约是基督教世界征税最经常、最重的国家，王室收入主要是靠征税得来的。③

可见，民族意识的形成确实为反对国王海外政策以及维护国内贵族的利益提供了新的武器，但是它对亨利三世时代政治矛盾新特点的出现的影响不能夸大。

与民族意识兴起相伴的另一个新事物就是"公社"观念的复兴及公社组织在政治领域的运用。如威尔金森就曾强调13世纪早期有两个重要的政

---

① M. T. Clanchy, *England and Its Rulers*, *1066 – 1272*, 2nd ed., Oxford: Blackwell, 1998, p. 181.
② J. E. A. Joliffe, *The Constitutional History of Medieval England*, London: Adam and Charles Black, 1937, p. 263.
③ 马克垚：《英国封建社会研究》，北京大学出版社2005年版，第75页。

治现象：其一就是"国王与王国的协商"（negotia regis et regni）问题的开始，其中就包含了"英格兰公社"要求在国家事务中分享更多责任的要求；其二就是"英格兰公社"（communitas Anglie）本身作为一个具有"民族观念和民族包容性"的自觉实体的兴起。而这两个政治现象引发了13、14世纪英国所谓的"政治革命"。① 威尔金森的说法显然夸大了当时公社发展的程度，因为"英格兰公社"这一概念在1258年以前从未出现。不过，公社作为一种新的政治力量的兴起确实有其重要的意义。公社（或共同体，commune or community）是以共同的忠诚誓约联结起来的组织。与封建制下的封君封臣关系相比，封臣只是单方面宣誓要向封君效忠，而公社的成员则是起誓为他们共同的利益互相服务。公社在12世纪就作为一种革命的组织形式出现，特别是在城市反对贵族和教会的斗争中。比如1191年的伦敦公社，就"迫使所有的贵族甚至主教们都宣誓加入其中"，这反映了公社作为革命组织的密谋特性。② 到13世纪，公社的观念就比较为人所熟知了。比如在失掉诺曼底之后，约翰王的政府就曾经利用公社来组织保卫英格兰的行动。1205年，一个全国性的公社建立起来，所有12岁以上的人都要起誓加入，目标是共同防御外敌。《大宪章》中也体现了公社的思想，1215年版《大宪章》第61条中声称当国王不能及时纠正错误时，贵族的25人委员会与"整个国土上的公社"（community of the whole land）有权以任何方式扣押国王的财产直至错误被改正。③ 可见，密谋性的公社已经为公开的、民族性的目标服务了，而且它得到普遍的认同，虽然"英格兰公社"的说法在1258年以前并没有出现，但是以一个共同的誓约将所有的人联合起来的思想已有了相当的基础。

公社观念的兴起包含了革命的因素，也为贵族反对派所利用，成为其组织力量的新工具，但同时它也可以为国王所用，以加强其公共权威，因为国王毕竟是英格兰的更名正言顺的代表。另外，公社观念在当时只是初见端倪，实际发挥多大的作用还很难说。晚近的研究也对公社本身的性质有重新的认识，比如有人认为"城市公社"就并不可信，城市内仍是统治

---

① B. Wilkinson, "The 'Political Revolution' of the Thirteenth and Fourteenth Centuries in England", *Speculum*, Vol. 24, No. 4 (Oct., 1949), pp. 502–509.
② Harry Rothwell, *English Historical Documents*, III, 1189–1327, London: Eyre and Spottiswoode, 1975, p. 58.
③ Harry Rothwell, *English Historical Documents*, III, 1189–1327, London: Eyre and Spottiswoode, 1975, p. 323.

者与被统治者分明，利益矛盾与别处没有什么不同。① 从下文的分析中也可以看出，当时包括国王在内的很多人的观念中并不将英格兰视为独立的整体，而1258年运动中的贵族也从来都没有真正代表"英格兰公社"，在1259年一个中等阶层的团体甚至指责贵族们"没有为'公共利益'（public good）做过任何事"。② 因此，我不否认民族意识与公社观念的兴起对未来政治发展的影响，但是它只能是当时众多政治力量中的一支，把贵族的运动完全归因于此，甚至认为它们引发"政治革命"的说法显然是过分夸大了其作用。

2. 国王与贵族

国王与贵族经常被作为中世纪政治史中的对立面来看，而1258年的运动又是由贵族发动，似乎更支持了这种阵线的划分。在某种程度上国王与贵族确实有利益矛盾的一面。从国王的角度来看，其内外政策都需要贵族的支持，而这种支持往往就表现为征税或提供军队和封建协助金等的要求；从贵族的角度来看，他们为国王提供帮助是以获得一定的权利为前提的，而且这种帮助也有相对固定的限额。在13世纪以前，双方的这种权利义务关系维持着一定的平衡，形成一种传统。但是，在亨利三世的统治下这种平衡显然受到了破坏。亨利三世本人当然是破坏的一个根源，他在政府中排斥旧贵族，同时又不断要求贵族提供金钱帮助，这导致贵族们的不满和反抗。这是很明显的，也是常为人们所强调的，在此不需多加赘述。但是，这种冲突也不能完全归咎于国王。正如一位史家所说，13世纪众多政治斗争的主要原因在于，旧的传统和规范常常遭遇新的环境和新的需求的挑战和反抗。③ 贵族希望维护的传统是在12世纪以前形成的，客观上也已经不适应新的形势了。比如，由于13世纪初英国物价飞涨，战争的费用显著提高，它使贵族传统的骑士役费用提升，因此国王自然需要贵族增加为代替军役而交纳的盾牌钱（Scutage）的份额。总之，13世纪英国的内外环境客观上要求贵族更多地为国家提供支援，传统的封建义务已远远不能满足需要。但事实上，在亨利三世时代国王征收的盾牌钱比以前还有减少，根据

---

① Heather Swanson, *Medieval British Towns*, New York: Palgrave Macmillan Press, 1999, pp. 89 – 92.
② Susan Reynolds, *Kingdoms and Communities in Western Europe*, 900 – 1300, Oxford: Oxford University Press, 1984, p. 271.
③ B. Wilkinson, *Constitutional History of Medieval England*, 1216 – 1399, Vol. 1, Toronto: Longmans, Green and Company, 1948, p. 6.

考斯的考证,在1217—1257年间,国王只征收过10次盾牌钱,而以后的十多年中则一次都没有,因此,国王从贵族那里得到的传统封建服务和金钱帮助实际是大大减少了。① 有的史家认为12世纪的最后10年以来国王的财政和行政资源都不断扩大,臣民的所谓政治意识也开始提升了,② 但这种转变显然不会轻易实现,当时大小贵族还都从维护自己领地的利益出发,不愿扩大传统的服务范围来适应新的时代,使国王在统治中常常捉襟见肘,不得不另谋他途填补缺漏,结果是看起来更多地破坏传统。贵族反抗国王为适应经济形势的变化而增加其经济负担的企图,被认为正是约翰王与贵族冲突的主要原因之一,③ 显然这也是与亨利三世斗争的贵族的主要出发点之所在。有人指出1258年贵族的不满几乎全部是集中在经济利益上的。④ 所以,国王与贵族之间的利益冲突虽然客观上给国王增加了一些羁绊,但这并不能说明当时的贵族就代表了先进的方向,相反,贵族们的自私、短视和泥古不化往往正是导致矛盾激化的重要原因。

此外,当时的矛盾也不适合从国王与贵族两个阵营的角度去认识。1258年的运动称为贵族运动只是说明参与者来自贵族阶层,而并不意味着这是贵族阶层与国王的对抗。实际上即使在叛乱贵族最团结的时候,也并没有团结到所有的贵族,站在国王一边的主教和伯爵们不在少数,而他们也没有理由不被称为贵族。1258年牛津会议上成立的24人委员会中,国王一方选择的12人中就包含了3位英格兰本岛的男爵,而他们原本就是御前会议的成员。⑤ 所以,叛乱者应当是在亨利三世统治下相对于得宠的新贵们的不得意的"旧贵族"。事实上,绝大多数旧贵族其实也没有多久的渊源,从诺曼征服时传承下来的贵族家族早已寥寥无几了,大多数人的特权追溯不到安茹王朝以前,而其中还有不少不过是在约翰王或亨利三世幼年时期发迹的新人。所以,他们并没有共同的"封建"背景,也许称之为"失宠的既

---

① P. R. Coss, *Lordship, Knighthood and Locality: A Study in English Society, 1180 – 1280*, Cambridge: Cambridge University Press, 1991, p. 198.
② G. L. Harriss, *King, Parliament, and Public Finance in Medieval England to 1369*, Oxford: Oxford University Press, 1975, p. VIII.
③ Sidney Painter, *Studies in the History of the English Feudal Barony*, New York: Octagon Books, 1980, p. 194.
④ George Burton Adams, *Constitutional History of England*, New York: Henry Holt and Company, 1921, p. 155.
⑤ D. A. Carpenter, "King, Magnates, and Society: The Personal Rule of King Henry, III, 1234 – 1258", *Speculum*, Vol. 60, No. 1 (Jan., 1985), p. 58.

得利益者"更能概括他们的共同点,不过由于他们都有贵族的身份,在此姑且称之为"贵族反对派"。

从1234年被迫撤换彼得·德·里沃时起,亨利三世就没有停止过与贵族反对派的斗争。亨利三世在以后的二十多年中将不断容忍、安抚或躲避这些人的反抗,但他从未平息这种反抗,并在1258年后一度屈服于这种压力。不同于1215年迫使约翰王签署《大宪章》的那种反抗,亨利三世的反对者是自视为帮助约翰王的继承人保住了王位,并通过《大宪章》的条文使王位得到加强的人们的后代。这从多年来领导反抗的人的身份就可以看出,他们都是非常接近国王,本来可能成为国王的左膀右臂。在亨利三世一朝中,反对派的首领起初是威廉·马歇尔的后代理查·马歇尔(Richard Marshall),之后是国王的弟弟康沃尔的理查(Richard of Cornwall),最后是国王的妹夫西蒙·孟福尔(Simon de Montfort)。这些反对者无一将王权作为对抗的目标,相反地他们都有强烈的"忠君主义"思想。这些曾期望在国王的政策制定中发挥领导作用的人发现自己"在宫中受到冷遇",这才是反抗爆发的基本原因。[①] 与此相应,反抗的目标也不是改革或重建政府本身,而是针对它的一些后果,特别是它使国王越来越可以不接受贵族建议而维持统治了。

贵族反对派对亨利三世的不满来自他们当时的地位与之前的巨大反差。一般认为这种态度是亨利三世幼年时期的遗产,因为那时摄政与贵族间紧密协作是维系王国统治的必须。事实上,在这方面幼主时期的状况应当是长期以来的无王政府时期的最高峰,至少可以追溯到理查一世的东征与被俘,中间只是被约翰王后期的长居国内所打断。朗香在此时期初的摄政失败,是因为他不接受其他贵族的建议,相反,此后休伯特·瓦尔特和杰佛里·菲茨彼得(Geoffrey Fitzpeter)主政时,虽然有大量的筹款任务,却相对平稳,不能不归功于他们能够笼络贵族领袖们。虽然把这种合作说成贵族参政有些夸张,但至少贵族的利益在此期间得到充分的尊重,其意见得到充分的表达,这使他们感到自己的影响还是可观的。

但是,对亨利三世的政策心怀不满的贵族们也处于进退两难的境地。正如前文所示,当时的国王观念并没有给他们多少反抗国王的手段和理由。在《大宪章》中他们并没有非难国王的权威;他们不能依合法的程序惩戒国王;他们不能自己强加限制于国王;他们可以抗议和请求,却取决于国王对于补救的良好愿望;如果他们想改变王国统治的某种方式,必须有王

---

① W. L. Warren, *The Governance of Norman and Angevin England, 1086 – 1272*, London: Edward Arnold, 1987, p. 175.

的合作才能成功。这些贵族认为国王应摒弃外国人，在任命主要官员时接受他们的建议，承认他们在御前会议中的成员身份，但是亨利三世认为他是像贵族管理其领地一样自由地管理王国；贵族们也没有谁允许别人为自己选择仆从。根据马修·巴黎的记载，在1248年贵族反对国王任用外国人的政策时，亨利三世曾对贵族说了这样的一段话："你们是在试图迫使你们的国王服从你们的意志，强迫他屈服，剥夺他你们任何人都有的权利：任何一家之长都可以自由地任命其内府的任何人担任任何职务，也可以自由地将之解职，你们要剥夺你们国王的这种权利的做法是轻率的，因为没有任何仆人可以加条件于主人，封臣也不能这样对待君主。相反，任何被认为是下级的人都应该服从其主人的意志和喜悦的引导与支配。"①

可以看出，在正常的情况下，这些贵族虽然颇有怨言，但苦无良策。只是在1258年国王自己迫于财政压力而寻求贵族的额外帮助时，才为他们提供了施压于国王的机会。为了得到财政支持，亨利三世不得不答应与这些贵族合作"改革王国的状况"。可以说是国王野心勃勃的对外政策使他自己落入了反对他的贵族手中。

3. 外国人问题

还有一个广泛存在的看法就是亨利三世重用外国人导致了贵族的反抗。比如，1234年贵族骚动的原因之一就被认为是因为彼得·德·洛奇和彼得·德·里沃是来自普瓦图的。而1236年和1247年因亨利三世的婚姻和亨利三世母亲的婚姻而来到英格兰的大批来自南部法国的普瓦图人也是历来强调的激起不满的焦点。

其实，正如不能将贵族与国王完全对立地看待一样，将所谓外国人与贵族完全对立的看法也是不符合事实的。朱孝远在一篇文章中曾论述过中世纪欧洲贵族身份结构的不断变化，指出不能去当家谱学家来考证谁是"真正的贵族"。② 同样，英国贵族群体也是不断更新变化的，在13世纪的英国无法将外国人与本国贵族严格区别，甚至确定外国人的身份也是很困难的。如果是相对于说英语的当地人，则诺曼征服以来的贵族几乎都是外国人，而说英语的人当中本来也没保留下多少贵族；如果是相对于已经本

---

① Matthew Paris, Roger, William Rishanger, *Matthew Paris's English History: from the Year 1235 to 1273*, J. A. Giles. Trans., Vol. II, London: G. Bell and Sons, 1889, p. 266.
② 朱孝远：《中世纪欧洲贵族的结构变化》，载《北大史学》第2卷，北京大学出版社1994年版，第167页。

土化的诺曼贵族，则从亨利二世建立安茹王朝起，外国人就大量地来到英国，13世纪初的显贵其实正是以这些当初的外国人为主；而反对亨利三世重用外国人的，也以这些早来几十年的"老外国人"为主。甚至站在贵族一边的，有很多本来就是亨利三世时代才来到英国的外国人，最明显的代表就是1258年开始的贵族运动的主要领袖西蒙·孟福尔，他本身就是1231年才来到英格兰的地地道道的外国人。有人以孟福尔来自法国北部来解释他的政治立场，① 这也恰恰说明政治阵线的划分并不是以是否是外国人为准的。另外，当时许多英格兰贵族家族与国王的萨瓦或昌西涅亲戚通婚，以与王室建立更密切的联系，② 所以亨利三世时代重用外国人受到攻击的原因主要不是他们的外国出身，而应当是他们作为新的利益分享者的身份。而仇视他们的人，也是因为在政府中被亨利三世弃用而联合起来的同病相怜者，而不是出于其本土出身的优越感或单纯的贵族身份。这种矛盾也许用旧贵族对新贵族的反抗来概括更为恰当。而新贵族当中的"新外国人"并不比同样受重用的廷臣受到更多的敌视。

其次，亨利三世对"新外国人"的重用也不能仅从其外国出身来理解。因为在国王看来，正如诺曼人和安茹人不是外国人一样，普瓦图人也不是外国人。诺曼底的丧失并没有结束国王在大陆的利益，他仍自称为"诺曼底和阿奎丹公爵、安茹伯爵"。亨利三世仍掌握着阿奎丹南部的一小部分，并渴望恢复其余的部分。甚至那些在亨利二世时代抱怨被"阻碍了自由"的阿奎丹人现在也指望亨利三世把他们从法王手下解救出来。在亨利三世眼里这些人也是他的臣民，他希望使用领地内的任何人为自己服务。而亨利三世愿意选择重用"新外国人"的原因也与他重用廷臣一样，乃由于他们更忠诚、更谦卑，而且在政府事务上也比前朝遗老们更熟悉、更专业。从这个意义上说，认为外国人代表的是国王的而非贵族的利益是有道理的。因为大陆领土丧失后，对旧贵族来说，他们由于看不到更多的直接利益而反对亨利三世过多涉足海外的政策，他们很不情愿为国王的这些行动提供协助金，也不愿提供军役。这自然使国王在制定和执行这些政策时更愿意依靠那些与自己意见相近的人的建议，也就是宫廷侍臣和外国的亲戚朋友。他们不但愿意协助国王加强权威，而且这些外国人的眼光也不局限在英格

---

① M. T. Clanchy, *England and Its Rulers*, *1066 - 1272*, 2nd ed., Oxford: Blackwell, 1998, p. 129.

② D. A. Carpenter, "King, Magnates, and Society: The Personal Rule of King Henry III 1234 - 1258", *Speculum*, Vol. 60, No. 1 (Jan., 1985), p. 59.

兰，十分支持国王的海外政策。因而贵族更担心他们的建议可能使国王偏离英国的利益，特别是在当时他们自己的建议已不受理睬的情况下。①

这些"新外国人"包括哪些人呢？贵族最反对的外国人是1247年来到英国的普瓦图人，因为在此之前亨利三世已经太多地倚重普瓦图人了，而与普瓦图人的得势相伴的是王权的扩张以及国王对旧贵族们更加疏远和不信任。普瓦图人在13世纪前期的重要性正如诺曼人在11世纪，或安茹人在12世纪一样。应该指出，"普瓦图人"的称呼并不意味着这些人出生于普瓦图，它其实是对一类新到英国的来自法国南部地区的人的统称，正如100年前的所谓"诺曼人"其实包含来自布列塔尼、布洛瓦和佛兰德尔等地的人，而不只是来自诺曼公爵领地。普瓦图人进入英国政界其实也算历史悠久了，可以上溯到1152年亨利二世与阿奎丹的伊林诺（Eleanor of Aquitaine）的婚姻。与诺曼人相对，普瓦图人来自卢瓦尔峡谷以南较温暖的、产酒的地区。在当时，对于传统的盎格鲁－诺曼贵族来说，普瓦图人是新来的外国人。不过，普瓦图人其实也不是一个群体，亨利三世时代王后普罗旺斯的伊林诺（Eleanor of Provence）的来自萨瓦的亲戚和王太后昂古勒姆的伊莎贝拉（Isabella of Angouleme）再婚而生的吕西涅人毫无瓜葛，事实上他们一般是互相敌视的。② 有人认为很可能王后是欢迎1258年的行动的，因为吕西涅人被赶走了，而王后的叔叔萨瓦的彼得（Peter de Savoy）也是首先发难的7位贵族之一。③

最重要的普瓦图人就是两位彼得了。有的史家认为彼得·德·洛奇在当时是除了约翰王之外对英国政治影响最大的人物，他的经历最好地说明了在约翰王和亨利三世的政府中所谓外国人的主导地位。而且，在1232年的改革中，他通过提携其侄子（或为其儿子）彼得·德·里沃，保证了其影响得以延续。叔侄二人跨越了约翰和亨利三世两朝：老彼得影响了最高政策，而小彼得则集中于改进财政。没有老彼得的建议和小彼得的才能，亨利三世可能不会在《大宪章》和幼主时期后成功地重建国王的个人统治。两彼得为首的所谓外国人主宰了两朝的大量行政事务和宫廷生活，部分由于对他们的反抗，部分由于他们自己的贡献，英格兰发展为一个独特

---

① W. L. Warren, *The Governance of Norman and Angevin England, 1086 – 1272*, London: Edward Arnold, 1987, p. 176.
② Richard Mortimer, *Angevin England: 1154 – 1258*, Oxford: Blackwell, 1994, p. 100.
③ D. A. Carpenter, "King, Magnates and Society: The Personal Rule of King Henry III 1234 – 1258", *Speculum*, Vol. 60, No. 1 (Jan., 1985), p. 58.

的国家。① 亨利三世的成长受到彼得·德·洛奇等人的巨大影响，这样亨利三世宠幸普瓦图人并在 1247 年欢迎继兄弟们的到来就不足为奇了。

亨利三世重用的普瓦图人在使旧贵族不满的同时，确实也招致普通英国人的反感，他们的声誉很差，而亨利三世对他们的偏听偏信和袒护也使民众对国王的尊重受损。这些外国亲戚就像是暴发户，在英格兰轻易赚得巨大的权利，而且看起来还豁免于适用于其他所有人的规则。他们在英格兰各地得到很多地产的赏赐，在国王剥夺其他贵族的特权之时，他们却可以以豁免权拒绝郡守们在其土地上的权力。当国王命令郡守在执行国王事务时不给任何贵族特权，并对已有特权的凭据进行调查之时，他们却建立了自己的飞地。马修·巴黎声称 1256 年时亨利三世命令中书省不要发放可能对他的亲戚造成伤害的令状。② 其中，国王的来自吕西涅的异父兄弟们在 1247 年才到来，却迅速得到大量特权，而且被认为是领主中对属民盘剥最严苛的，而此时正是国王财政状况困难、对别的贵族特权控制加强的时候，因此更容易引起别的贵族的嫉妒和仇视。③ 这些都在之后的斗争中为叛乱贵族所利用，使国王处于不利的境地。

可以说，亨利三世对出生于大陆的亲戚，特别是吕西涅人的重用，以及这些王亲自己的行为，都确实招致反感，而对吕西涅人的憎恶可以说是贵族采取行动的直接诱因之一，这是不可否认的。但是，如果完全从"英格兰人"反对外国人的角度来理解这个问题，就有失偏颇了。除了前面所说的外国人本身的区别外，就连那些被贵族矛头直指的吕西涅人也并没有从此在英格兰消失。其实早在 1261 年 4 月的时候，在 1258 年被迫离开英格兰的一个主要的吕西涅人瓦伦斯的威廉（William de Valence）就已经回到英格兰了。④ 而且，直到 14 世纪 20 年代，来自吕西涅的王亲都在英格兰政坛很活跃。⑤ 也许这些事实可以说明，1258 年驱逐外国人的行动应该被更多地

---

① M. T. Clanchy, *England and Its Rulers*, *1066 – 1272*, 2nd ed., Oxford: Blackwell, 1998, p. 131.

② W. L. Warren, *The Governance of Norman and Angevin England*, *1086 – 1272*, London: Edward Arnold, 1987, p. 224.

③ H. W. Ridgeway, "Foreign Favorites and Henry III's Problems of Patronage, 1247 – 1258", *English Historical Review*, Vol. 104, No. 412 (Jul., 1989), pp. 590 – 610.

④ R. E. Treharne, *Documents of the Baronial Movement of Reform and Rebellion*, *1258 – 1267*, Oxford: Oxford University Press, 1973, p. 37.

⑤ Nigel Saul, *The Oxford Illustrated History of Medieval England*, Oxford: Oxford University Press, 1997, p. 11.

以个案来理解,而不能太多地强调其普遍意义。

4. 海外利益

从斯塔布斯起,许多史家认为1204年约翰王丧失诺曼底标志着"安茹帝国"的正式终结,从此英格兰成为独立的岛国。如斯塔布斯就这样说过:"从1203年起,国王面对面地坐在了英格兰人面前;他只可以统治他们,而不再是半个法兰西的领主。"这种观点使人们对亨利三世一直关注大陆的做法感到难以理解,甚至认为这是他狂妄和愚蠢的表现。事实上,1204年以后英格兰还远没有成为岛国,此时英王还控制着法兰西境内1/4甚至1/3的领地,包括普瓦图和阿奎丹。而且更重要的是约翰王并未完全接受1204年的事实。在1259年《巴黎条约》签订之前,诺曼底、曼恩、安茹和普瓦图都还没有不可逆转地成为法王的领地,而且即使在《巴黎条约》之后,英王也还是阿奎丹公爵。[1]

英格兰国王一直享有欧洲最富有的统治者的盛名,亨利三世自然一心致力于维护并加强这种地位,并从亲政伊始就时刻不忘恢复过去的辉煌。不只是他自己,当时许多人都认为约翰王的失地只是暂时的厄运,英王东山再起、收复失地的一天肯定会到来。另外,即使从民族国家的角度来看,领土向英岛的退缩也不意味着英王可以偏安一隅。当时法国王室实力日盛,时刻不忘恢复查理曼帝国的辉煌,因此,只要英王还在大陆保有领地,法国就不会满足现状,停止从英王手中夺取土地的努力,"在法国控制法兰西的每一寸领土之前,英法之间不会有真正的和平"[2]。因而亨利三世在大陆合纵连横,屡败屡战,也有不得已而为之的成分。

因此,从亨利三世的角度来说,他关心海外利益的政策并不是不识时务,也不是以损害英国人的利益来换取虚荣。虽然对他的海外政策的反对一直存在,但也主要是针对其劳民伤财,而只是在亨利三世由于财政危机而不得不求助于贵族之后,这些反对者才有了真正左右国王的机会。换句话说,使亨利三世接受改革要求的,并不是对于他执行的维护海外利益的政策的反对,而是他自己在实现这一目标时的失败。

在1227年,亨利三世得到报告说法国人将进攻英格兰,为诺曼人夺回

---

[1] M. T. Clanchy, *England and Its Rulers*, *1066 – 1272*, 2nd ed., Oxford: Blackwell, 1998, p. 127.

[2] Bryce Lyon, *A Constitutional and Legal History of Medieval England*, Toronto: George J. McLeod, 1980, p. 341.

在英岛的领地。最好的防守就是进攻，1230 年亨利三世发动对布列塔尼的进攻，但布列塔尼公爵的背叛却使他的这次军事冒险以失败告终。1241 年，法王路易九世任命其弟阿冯斯（Alphonse）为普瓦图伯爵，这对亨利三世又是严峻的挑战，因为亨利的弟弟康沃尔的理查从 1225 年起就拥有这个头衔了。而且，亨利三世的母亲伊莎贝拉 1220 年就回到普瓦图并与吕西涅的休（Hugh de Lusignan）结婚。这时她又声称自己受到路易九世的侮辱。于是，在继父的鼓动下，亨利三世开始他在法国的第二次军事冒险，结果继父的背叛又使他无功而返，并得到屡战屡败的恶名。

在采取军事行动的同时，亨利三世更主要的是采取外交手段与法国抗衡，他要用英格兰的金钱为自己寻找同盟者，孤立法国。1236 年亨利三世与普罗旺斯伯爵雷蒙·贝伦格（Raimond Berenger）的次女伊林诺的婚姻在亨利的外交策略中至关重要。普罗旺斯伯爵及其夫人的领地在西欧最具战略意义的普罗旺斯－萨瓦地区，掌握着阿尔卑斯山的通路，提供了仍属于亨利三世的南法与北意大利之间的通道，以及连接现在的法国、意大利和瑞士的陆、海交通要道。此外，他们还是罗马教皇、德皇菲特烈二世（Frederick II）与英法间联系的国际代理人。因此，亨利三世不但自己做了伯爵的女婿，而且也让弟弟康沃尔的理查娶了伯爵的第三女。他想通过王后的家族在南法直至意大利、德意志的影响建立一个外交关系网络，使普罗旺斯－萨瓦地区成为插入神圣罗马帝国与法国两大势力之间的一只楔子，同时也作为他在南法的领地与教皇国和神圣罗马帝国之间联系的补给站，从而牵制和孤立法国。但是，法王路易九世同样娶了普罗旺斯伯爵的女儿，而且是长婿，不久他的弟弟安茹的查理也娶了伯爵的小女儿，这样法国王室也与普罗旺斯伯爵建立了紧密的联系。因此，亨利三世只能以对王后家族的慷慨馈赠来与连襟竞争。大量的萨瓦人跟随王后来到英格兰，他们或得到大片的领地，或者获得显赫的职位，成为宫廷的新宠。其中最著名的是 1240 年被封为里奇蒙德勋爵的彼得（Peter of Savoy），他被称为"小查理曼"（little Charlemagne）；还有 1241 年就任坎特伯雷大主教的卜尼法斯（Boniface of Savoy）。① 来自大陆的新宠自然招致英格兰人的敌视。马修·巴黎在作品中就曾抱怨国王纵容外国人——"时而是普瓦图人、时而是德国人（即萨瓦人）、时而普罗旺斯人、时而又是罗马人"——在英格兰王国的

---

① M. T. Clanchy, *England and Its Rulers*, 1066 – 1272, 2nd ed., Oxford: Blackwell, 1998, p. 166.

财富上养肥自己。①

到13世纪50年代，亨利三世的个人统治达到顶峰，他在欧洲的野心也随之膨胀到了顶点。所谓"西西里事务"（Sicily Business/Negotium Regni Siciliae）是亨利三世在大陆采取的最大胆的行动，也是使他陷入危机，招致激烈反抗的转折点。

1250年罗马皇帝菲特烈二世去世，亨利三世试图介入看来要分崩离析的神圣罗马帝国。此时他的弟弟理查得到德国王位，并被推为神圣罗马皇帝的候选人。1254年亨利三世从教皇亚历山大四世（Alexander IV）手中为其幼子埃德蒙（Prince Edmund）购得了西西里王位（包括教皇国以南的整个意大利），但交换的代价是昂贵的：亨利三世答应出兵意大利，并为教皇交纳巨额的金钱，除了每年的贡物之外，还要在18个月内交给教皇135 541马克，数量几乎相当于理查一世当年被索取的赎金。如果不能兑现，不但亨利自己将被教皇绝罚，而且整个英格兰也将被褫夺教权。②

亨利三世对西西里插手本身并不是像传统的英国史家所认为的愚蠢的举动。西西里王国被视为欧洲最富有地方，而且西西里岛扼守地中海的交通要道，对于并不自视为仅仅是一个北方岛国之君的亨利三世来说，得到西西里是其整个欧洲战略的重要步骤。而且从当时的形势来看，菲特烈二世去世以后，任何人如有足够力量并得到教皇正式授权，都可能成为西西里的新主人。如果它落入法王或阿拉贡国王的手中，则亨利三世在加斯科尼的领地就更孤立无援、岌岌可危了。因此，赢得西西里王国对于亨利立身大陆的计划而言无疑是必要的，也是他的重大外交胜利。至于亨利三世接受教皇提出的苛刻条件的原因，众说不一。有人认为这是亨利三世冒险精神的体现，二十多年的繁荣也使他忽视了自己行动的危险性，以为幸运之神仍将垂青于他，交易成功之后的灿烂前景也使他有些迫不及待：安茹早期时代的辉煌看来即将重现，半个世纪以来在法国蒙受的耻辱也将被彻底洗清。然而，绝不能认为亨利三世的慷慨承诺就是单纯的头脑发热，他有自己的打算：教皇答应将亨利三世对西西里的征伐作为十字军行动的一部分，这样亨利三世就可以向国内的教士征税来筹集军费；至于交给教皇的巨额资金，亨利三世相信教皇的税收官会为他收到大部分，而绝罚亨利

---

① M. T. Clanchy, *England and Its Rulers, 1066 – 1272*, 2nd ed., Oxford: Blackwell, 1998, p. 167.

② M. T. Clanchy, *England and Its Rulers, 1066 – 1272*, 2nd ed., Oxford: Blackwell, 1998, p. 170.

三世和对英格兰褫夺教权（Interdict）的威胁也会使教士们很快付钱的。总之，正如一位史家所言，他是要"以牺牲英格兰教士的利益为代价，以王子埃德蒙的名义，赢得对欧洲最重要的王国的控制"①。

但是，以后事态的发展却越来越对亨利三世不利。当时欧洲大陆一片混乱，群雄并起，教皇有权将西西里王位交给亨利三世，却没有能力保证亨利三世真正得到西西里。到 1258 年，菲特烈二世的私生子曼弗雷德（Manfred）已经控制了西西里。亨利三世得到的只是一纸空文，但教皇并不关心这些，不断督促他兑现承诺的金钱。亨利三世从这笔交易中得到的只是难以支付的债务。走投无路之下，他只好请求本国贵族帮忙。然而教俗贵族早已对亨利的一意孤行不满了，他们从开始就认为西西里的行动路途遥远，费用昂贵，而且会为英格兰招致危险，特别是可能激怒法国，因为路易九世对于英国人从德国、西西里和英格兰三面夹攻的意图早感忧虑，并且还在 1257 年出巡诺曼底，向英国示警。亨利三世在这笔交易中一无所获，却带来了巨额的债务，贵族们自然更加不满了。结果，亨利三世旨在建立国际联盟的行动，却使他在国内外的敌人们联合起来，把矛头对准了他自己。早就对亨利三世不满而苦无良策的贵族们终于抓到了国王的把柄，他们提出协助国王渡过难关的条件是"命令王国进行调整和改革"。国王同意尊重为此而设的一个委员会提出的建议。②

二、贵族执政的尝试

1. 运动的直接原因

从前面的背景分析可以看出，传统上所强调的几个方面虽然都对亨利三世的统治有所影响，但没有哪一方面表明在 1258 年亨利三世的个人统治就必定难以维持了。正如一位史家所说，1258 年的危机其实来得很突然，"只有事后的分析才能看出它的不可避免性"③。因为在此前的二十多年中，

---

① M. T. Clanchy, *England and Its Rulers, 1066 - 1272*, 2nd ed., Oxford: Blackwell, 1998, p. 171.

② W. L. Warren, *The Governance of Norman and Angevin England, 1086 - 1272*, London: Edward Arnold, 1987, p. 183.

③ M. T. Clanchy, *England and Its Rulers, 1066 - 1272*, 2nd ed., Oxford: Blackwell, 1998, p. 190.

亨利三世看似毫无困难地顶住了批评以及要求改革的呼声。但是，1258年教皇的逼债和严重的饥荒给贵族提供了前所未有的机会，成为积聚多年的矛盾爆发的导火索。

根据在"西西里事务"中与教皇达成的协议，亨利三世必须在1258年迅速筹集相当于王室4年平均收入的巨款给教廷，同时在1259年前还必须派出相当于当时英王全部封臣所能提供的骑士数量的两倍的军队赶到西西里。① 但是到1258年亨利三世却难以履约，自己也内外交困的教皇失去了耐心，催促亨利三世赶快履约，否则就处以绝罚的惩罚。亨利三世许诺先付5000马克，请求暂缓处罚，以争取时间筹款。② 但是如此沉重的负担显然是王室难以解决的，亨利三世只能求助于贵族提供"额外的帮助"。1258年初亨利三世召集贵族召开大会议，要求贵族提供协助金帮助国王渡过难关，"所要求的金钱数量之巨使任何听到的人都既震惊又愤怒"③。贵族们联合起来抵制国王的要求。鉴于世俗贵族几乎异口同声地反对给予国王金钱帮助，国王非常震怒，但也毫无办法。形势所迫，他开始把目光转向教会。他先要求西敏寺修院为王室提供2500马克的捐助，然后火速派人到各地的修道院要求同样金额的援助。但是没有一个修道院愿意支付，在马修·巴黎所在的圣奥尔本修道院，院长对国王的使臣说："诚然万物都属于王，但那是为了保护而非破坏。"他说，如果他违心地为国王这种没有正当理由的要求提供了资助，就为国王以同样的理由胁迫别的修院开了恶例，"这是我们绝不会做的"。最后国王的使臣只好空手而返。④ 万般无奈之下，亨利三世只好向贵族让步，以答应改革为条件，换取贵族的支援。

另外，传统上对1258年贵族运动爆发的分析都忽视了一个重要的背景，那就是这一年在英格兰岛上爆发的严重灾荒。我们在分析中国古代的社会动乱时很习惯去注意当时社会底层的生存状况，因为天灾人祸、民不聊生常常是社会动荡的重要诱因，但是西方史家往往只关注上层的矛盾冲突，因而其结论难免有片面之嫌。其实，用"天灾人祸、民不聊生"来概括

---

① R. E. Treharne, *Documents of the Baronial Movement of Reform and Rebellion*, 1258–1267, Oxford: Oxford University Press, 1973, p. 2.
② Harry Rothwell, *English Historical Documents*, III, 1189–1327, London: Eyre and Spottiswoode, 1975, p. 106.
③ Harry Rothwell, *English Historical Documents*, III, 1189–1327, London: Eyre and Spottiswoode, 1975, p. 111.
④ Harry Rothwell, *English Historical Documents*, III, 1189–1327, London: Eyre and Spottiswoode, 1975, p. 117.

1258 年时英格兰的状况一点也不夸张。

马修·巴黎的编年史中多次提到了 1258 年的灾荒。

> 这一年气候反常，连月北风劲吹，当 4 月、5 月甚至 6 月的大半过后，仍鲜有草木生长，谷物的收成毫无希望。因为粮食短缺，大量的穷人饿死，肿胀、青黑的死尸随处可见，横七竖八地堆积在猪圈中、粪堆上和泥泞的街道旁。那些有家的也不敢把垂死的亲人弄回家中，以免被疫病传染。当发现大量死尸后，人们就在墓地掘一个大坑，把他们一起掩埋。
>
> 在这一年的圣三一节（Feast of the Trinity）时，可怕而严重的瘟疫在英格兰开始流行，特别是在下层人当中，大量的人死去。在伦敦城就有 15 000 个穷人饿死……
>
> 严重的饥馑和死亡在英格兰蔓延。物价飞涨，一单位小麦涨至 15 先令以上，而此时正是这个国家本身的金钱要被搜刮殆尽的时候。饿死者的尸体腐烂发臭，但已没有人顾得上埋葬他们。没有人见过如此严重的饥馑，如果不是从大陆进口谷物，富人们也难逃饿死的命运……金钱的短缺也相当严重，即使谷物可能以较低的价格出售，也很少有人能拿得出购买的钱。
>
> 这一年与以前大不相同，疾疫和死亡、风暴和雨涝接踵而来。夏天眼看着丰收在望，到秋天时连绵的大雨却毁坏了几乎所有的谷物、果蔬和豆类。直到基督降临节（Advent），在英格兰的一些地方，如前面所提到的，粮仓仍然空着，庄稼仍在田里，但已毫无用处：因为谷粒被雨水浸泡发芽，而穗和秆也同时腐烂了。当人们因粮食短缺而饿死时，牲畜也因没有饲草而饿死。此时的英格兰已被以各种借口将金钱席卷而空，但人民却在饥饿的胁迫下不得不以 16 先令的价钱去购买潮湿的发了芽的粮食。结果穷人只能在饥饿中憔悴，然后死亡。死者的数量如此之巨以至于掘墓的人都劳累过度了，他们把许多尸体堆积起来埋到一个墓坑。而那些中等人家也由于粮食短缺而纷纷卖掉牲畜，减少仆佣，土地也彻底抛荒。对于未来，人们已彻底失望。如果没有从大陆运来的粮食，英格兰可能都要毁灭了。①

从这些描述中完全可以感受到当时灾情的严重性。马修·巴黎的描述

---

① Harry Rothwell, *English Historical Documents*, *III*, *1189 – 1327*, London: Eyre and Spottiswoode, 1975, pp. 119, 121 – 122, 126, 141 – 142.

也得到其他编年史和文件的证明。① 亨利三世恰在这种时候要求提供大量的金钱,而且是送往国外,难怪会遭到反抗了。而这样的背景无疑也大大有利于贵族在发动针对国王的行动时争取人心。

2. 运动的进程

1258年4月12日,7位英格兰贵族秘密订立盟约,他们起誓在效忠英国国王和君权之外还要互相支持,不得背叛共同的目标。这一盟约现在只见于法国国家图书馆的孟福尔家族档案中。② 盟约中并没有提出任何明确的目标,以避免有叛逆之嫌。然而,一般认为正是这一简短而全面的誓约建立了英国的革命公社(Revolutionary Commune),它成为以后贵族声称的一切权力的基础。这最初的7位结盟者是:格罗斯特伯爵,卡来尔的理查(Richard de Clare);边区领主约翰·杰佛里(John fitz Geoffrey),他是约翰王时的宰相杰佛里·彼得的儿子;诺福克伯爵罗杰·比戈德(Roger Bigod);罗杰的弟弟休·比戈德(Hugh Bigod),他在1258年被推为宰相;里奇蒙德勋爵,"小查理曼"萨瓦的彼得,王后的这位舅舅也是7人中最先背叛盟约者;孟福尔的彼得(Peter de Montfort),他控制着威尔士边区;最后一位就是后来贵族运动的领袖、亨利三世的最大敌人莱斯特伯爵西蒙·孟福尔。这几位贵族构成了一个熟知欧洲政治的、有丰富经验的强大政治群体,他们集中于威尔士边区附近,控制着进入米德兰和南英格兰的要道。③

大批贵族和骑士很快起誓加入了这一联盟。此时国王召集贵族开会商讨筹集钱款、应付危机的事务,这给了贵族行动的机会。

1258年4月30日,他们全副武装到达西敏寺宫,要求亨利三世将那些"难以容忍的普瓦图人",即国王的来自吕西涅的异父兄弟们解职,而且要他和爱德华王子按着《圣经》起誓,加入他们的联盟,服从他们的行动安排。国王和王子被迫起誓,从而也成为"革命公社"的成员。1258年5月2日,国王下诏宣布要进行改革,并将于6月9日在牛津开会

---

① D. A. Carpenter, "English Peasants in Politics 1258 – 1267", *Past & Present*, No. 136 (Aug. 1992), p. 34.

② Harry Rothwell, *English Historical Documents*, III, 1189 – 1327, London: Eyre and Spottiswoode, 1975, p. 361.

③ M. T. Clanchy, *England and Its Rulers*, 1066 – 1272, 2nd ed., Oxford: Blackwell, 1998, p. 191.

商讨此事。①

在 1258 年 6 月开始的牛津会议成为"疯狂议会"②，要求改革的贵族赶走了吕西涅人，并事实上掌握了政权。国王被架空，由贵族和国王共同推出 24 人委员会成为最高的权力机构，而由他们再推举出的 15 人御前会议则负责日常的行政事务。被亨利三世废除的宰相、中书令等职位又都恢复，由贵族推举的人选担任。英国进入贵族执政的时期。贵族的改革计划在 1258 年 8 月所谓的《牛津条例》中得到确认。

但是，亨利三世自然不甘心大权旁落。虽然迫于情势他一度向贵族屈服，发布诏令宣布接受贵族的改革计划，但他始终没有放弃寻求机会恢复自己的权威。经过近一年时间的谈判，亨利三世与法国国王路易九世在 1259 年 10 月签订了《巴黎条约》(Treaty of Paris)，亨利三世同意放弃诺曼底、普瓦图和安茹的领地要求，只保留加斯科尼以及阿奎丹一部分，但为这些领地向法王行效忠礼，承认作为法王封臣的地位。③ 亨利三世以放弃在法国卢瓦尔河以北地区以及普瓦图地区的权利要求为代价，避免了法国入侵的威胁，并赢得了法王对他的支持。不久，亨利三世得到贵族的同意离开英格兰。1259 年 11 月到 1260 年 4 月在法国停留，这期间他实施了瓦解贵族阵营的第一步。他以自己不在国内为由，阻止了贵族按照《牛津条例》的规定定期召开议会的计划。1260 年 1 月亨利三世写信给贵族推举的宰相休·比戈德，称自己还要参加一个婚礼和一个葬礼，因而不能马上回国，在此期间，政府要全力应付威尔士入侵的威胁，而不必浪费时间去准备什么议会，等他回去以后再开不迟。④ 亨利的信不但使贵族原定在 1260 年 2 月召开的议会流产，而且也使贵族阵营的一致性遭到破坏。以西蒙·孟福尔为代表的强硬派坚持无论在什么情况下都应该按照誓约行事。而休·比戈德等则不敢无视国王的权威，向亨利三世的要求妥协了。⑤

---

① M. T. Clanchy, *England and Its Rulers*, *1066 – 1272*, 2nd ed., Oxford: Blackwell, 1998, p. 194.
② R. E. Treharne, *Documents of the Baronial Movement of Reform and Rebellion*, *1258 – 1267*, Oxford: Oxford University Press, 1973, p. 5.
③ Harry Rothwell, *English Historical Documents*, *III*, *1189 – 1327*, London: Eyre and Spottiswoode, 1975, p. 160.
④ R. E. Treharne, *Documents of the Baronial Movement of Reform and Rebellion*, *1258 – 1267*, Oxford: Oxford University Press, 1973, p. 169.
⑤ M. T. Clanchy, *England and Its Rulers*, *1066 – 1272*, 2nd ed., Oxford: Blackwell, 1998, p. 200.

之后亨利三世利用自己的外交基础，努力寻求国外的支持，并取得了巨大的成功。1261 年 4 月 13 日、4 月 29 日和 5 月 7 日，教皇亚历山大四世先后向亨利三世、坎特伯雷大主教和其他人发布了三封教谕，宣布亨利三世向贵族所立的誓约无效，解除了国王和英国的所有教俗人士遵守誓约的义务，并且号召对继续坚持维护誓约的人采取行动。教谕中指出，之所以宣布誓约无效，是因为它破坏了国王的权威和特权，而且亨利三世是被迫起誓的，同时神圣的誓言也不能被用来维持"堕落和背叛"。他说贵族的这种行为是一种叛逆，如果有人继续坚持，并反抗大主教传达的教谕，大主教可以根据情况对其处以绝罚的重惩，对其土地也可褫夺教权。① 有意思的是，在三份教谕中教皇都强调，如果在此誓约约束下通过的条例、法规中涉及保护教会权利的，都继续有效。不过，无论教皇的支持是出于什么目的，它对于亨利三世无疑是非常重要的。当时国王都宣称自己的权威来自神授，而贵族则以共同的誓约作为力量的源泉，他们是以誓言的神圣性对抗国王声称的神授权力。② 因此，当誓言的有效性受到否定后，贵族行动的合法性就大有问题了。

彻底使贵族的行动丧失合法性的是法王路易九世的《亚眠裁定》(Mise of Amiens)。虽然为什么法王有权力对英国国王与贵族的冲突做出裁决尚难清楚，但是当时当事双方包括西蒙·孟福尔确实都起誓服从路易九世的裁决——无论他做出怎样的裁决。有人认为也许是路易九世在《巴黎条约》签订中表现的慷慨公正以及他一贯的良好口碑使英国国王和贵族都相信他能做出公正的裁判。③ 双方在亚眠的法庭接受法王的调查，各自举证，提出申诉。国王一方指控贵族选择委员会成员和政府官员的方式违背了国王的意愿；作为国王的臣民，他们违背了效忠国王的誓言。国王提出向干政的贵族课以罚款 30 000 镑，同时要他们赔偿损失 200 000 马克。贵族一方则重申了《牛津条例》的条款，指出国王已经起誓遵守，因此条例是"神圣而正当的，是为了国王的荣誉和其王国的福祉"。但是路易九世似乎根本没考虑贵族提出的理由，他的裁决完全站在亨利三世一方：他谴责贵族的"叛

---

① R. E. Treharne, *Documents of the Baronial Movement of Reform and Rebellion*, 1258 – 1267, Oxford: Oxford University Press, 1973, pp. 241, 243, 245.
② M. T. Clanchy, *England and Its Rulers*, 1066 – 1272, 2nd ed., Oxford: Blackwell, 1998, p. 195.
③ David Abulafia, *The New Cambridge Medieval History*, V. 5, 1198 – 1300, Cambridge: Cambridge University Press, 1999, p. 295.

乱"导致1258年来英格兰的混乱,然后以圣父、圣子和圣灵的名义宣布贵族颁布的所有条例无效,并且宣称亨利三世应该"在其王国享有完全的权力和自由的权威",一切都应该恢复到1258年以前的状态。但是,路易九世也没有支持亨利三世向贵族索取罚款和赔偿的要求,而且还要求他全部赦免参加运动的贵族。①

路易九世的裁决引起轩然大波,贵族们感觉自己被欺骗了。但是,当时反应最激烈的却是寄望于改革的以骑士和市民为主的中间阶层,而大贵族们则迟疑于是否可以直接对抗国王,开始退缩。② 以西蒙·孟福尔为首的强硬派贵族广泛网罗所有反对国王的力量,甚至与一直在英格兰边境制造事端的威尔士贵族联合,③ 决定背水一战。在1264年的刘易斯之战中,西蒙大获全胜,亨利三世和爱德华王子都被俘获。但是,合法性的丧失和战场上的对抗使大批温和派支持者退出了贵族的阵营。在重掌政权以后,由于政权基础的变化,西蒙不再能按照《牛津条例》的规定组织政府了,他以被囚禁的亨利三世的名义,重新组织了一个由叛乱贵族首领构成的9人委员会主持政权,"挟天子以令天下",开始了真正的贵族寡头统治。"英格兰公社"的旗号也难以维持,新政权的基础变成了"教俗贵族公社"(community of prelates and barons)。④

当西蒙真正执政以后,斗争的性质已经改变。西蒙也认识到自己缺乏合法性,多次请求法王路易九世再次裁决他和国王之间的矛盾,但是路易拒绝了西蒙的要求,因为他认为《亚眠裁定》已经解决问题,没有理由因为叛乱者的胜利而再次插手。⑤ 虽然西蒙召集骑士和市民参加议会的举动意义重大,但他的政府实际和亨利三世的政府一样专断独行,而且还是以亨利三世的名义,以亨利三世的方式。这就注定他这种名不正言不顺的统治为时不会太久。"孟福尔的政治实验注定是短命的,它对于800年的君主政

---

① Harry Rothwell, *English Historical Documents*, III, 1189 – 1327, London: Eyre and Spottiswoode, 1975, p. 171.

② Susan Reynolds, *Kingdoms and Communities in Western Europe*, 900 – 1300, Oxford: Oxford University Press, 1984, p. 272.

③ R. E. Treharne, *Documents of the Baronial Movement of Reform and Rebellion*, 1258 – 1267, Oxford: Oxford University Press, 1973, p. 42.

④ M. T. Clanchy, *England and Its Rulers*, 1066 – 1272, 2nd ed., Oxford: Blackwell, 1998, p. 202.

⑤ R. E. Treharne, *Documents of the Baronial Movement of Reform and Rebellion*, 1258 – 1267, Oxford: Oxford University Press, 1973, p. 48.

体而言太陌生，而且完全依赖于贵族的团结。"①

1265年8月，爱德华王子率领王军在伊夫夏姆之战中取得有决定性意义的胜利，西蒙·孟福尔战败被杀，历时8年多的贵族运动以失败告终了。

3.《牛津条例》与贵族改革的目标

1258年6月在牛津召开会议时，举事的贵族们在法律和政府组织方面提出了一系列的改革要求。以前一直由国王个人掌握选择成员大权的御前会议由一个15人委员会取代，在所有王国事务中，国王均应在15人委员会的指导下行事。委员会的成员由一个复杂的程序选出，以保证国王与贵族的利益都得到保证。这个委员会要经常向一个贵族会议，即所谓"议会"（parliament）汇报工作，服从它而不是国王的领导。考虑到贵族并不便于经常聚集开会，他们又任命了一个12人的委员会（一种常设的委员会）与15人委员会保持经常的接触。宰相、中书令和司库的职位又得以重建，他们都向委员会负责，宰相的功能是作为"行政事务的首脑"来"改正由所有其他法官和百户长们所犯的错误"。宰相、中书令和司库都任期一年，每年向15人会议汇报账目。郡守也要每年任命，并只从长住当地的领主中选择。1258年6月以后政府的实际中心是15人会议，它仍称为国王的政府，但是国王对它的权力事实上变为"任命权"（commission）②。

1258年8月4日，亨利三世宣布了15人委员会的权力，宣誓接受其决定，并诏令所有人遵守它的决定。这就是著名的《牛津条例》，它正式确认了在6月的牛津会议上贵族取得的成果。③ 但是，这一在英国史上意义重大的文件却没有正式的官方文本保存下来，现存的任何一个版本都不是公开签署的文件，它除了未被收入中书省和财务署的任何卷档外，本身也没有这种文件的权威性的形式，即没有导言（preamble）和誓词（attestation），

---

① Bryce Lyon, *A Constitutional and Legal History of Medieval England*, Toronto: George J. McLeod, 1980, p. 344.
② W. L. Warren, *The Governance of Norman and Angevin England, 1086 – 1272*, London: Edward Arnold, 1987, p. 183.
③ 《牛津条例》有时候也在广义上使用，在13世纪下半叶就曾泛指1259年10月以前贵族委员会颁布的所有法令，而且也像《大宪章》那样被当作所有社会不满的救治良方。R. E. Treharne, *Documents of the Baronial Movement of Reform and Rebellion, 1258 – 1267*, Oxford: Oxford University Press, 1973, p. 97.

而这在当时是非常被重视的。① 一般认为或者是亨利三世故意将它从政府的档案中剔除，或者它根本就没有形成过正式的官方文件。现在看到的文件内容主要来自伯顿（Burton）修道院编年史中所保存的版本，它不是正式文件的格式，而且绝大部分内容没有正式的官方记载来佐证。②

《牛津条例》的结构大致如下：在"牛津所订之条例"（A Provision made at Oxford）的题目下，首先是关于宰相听取地方申诉的安排，接下来列举了主持改革的24人委员会的名单。它由国王和贵族一方各指定12人而构成。国王一方只列出11个人名，绝大多数是国王的亲戚或王廷的成员；贵族一方除了最初立誓的7位贵族中的6位（萨瓦的彼得已经退出），还包括伍斯特主教、赫里福德伯爵哈佛里（Humphrey）、莫蒂默的罗杰（Roger of Mortimer）、格雷的理查（Richard de Grey）、威廉·巴多夫（William Bardolf）、施与者休（Hugh the Dispenser）。③

在列举了参会各方所发的誓言之后，是新的御前会议即15人委员会的名单：坎特伯雷大主教、伍斯特主教瓦尔特·坎蒂卢普（Walter Cantilupe）、莱斯特伯爵、格洛斯特伯爵、罗杰·比戈德、萨瓦的彼得、奥马尔伯爵（Count of Aumale）、沃里克伯爵、赫里福德伯爵、约翰·曼西尔、约翰·杰佛里、孟福尔的彼得、格雷的理查、莫蒂默的罗杰、奥德雷的詹姆斯（James of Audley）。根据《牛津条例》的记载，这15人是这样选出来的：24人委员会中国王一方的12位成员从贵族的12人中挑出两人罗杰·比戈德和休·比戈德；同样，贵族从国王一方的12人中挑出两人——沃里克伯爵和约翰·曼西尔。这四人有权提名御前会议人选，得到24人委员会多数同意后通过。④

接下来是贵族选出的在每年三次的"议会"中"在公共事务上为了全体共同体的利益"而协助御前会议工作的12人委员会名单，以及"由公社任命的"负责处理给国王的协助金的另一个24人委员会的名单。

《牛津条例》的后半部分列举了将要进行改革的内容，首先是教会，然

---

① H. G. Richardson, G. O. Sayles, *The English Parliament in the Middle Ages*, London：The Hambledon Press, 1981, p. III 27.

② Harry Rothwell, *English Historical Documents*, III, 1189 – 1327, London：Eyre and Spottiswoode, 1975, p. 361.

③ Harry Rothwell, *English Historical Documents*, III, 1189 – 1327, London：Eyre and Spottiswoode, 1975, p. 362.

④ Harry Rothwell, *English Historical Documents*, III, 1189 – 1327, London：Eyre and Spottiswoode, 1975, pp. 363 – 364.

后是有关宰相、国库长、中书令等公共官职的规定，最后是关于"议会"何时召开、如何组织的规定。条例的最后还附列有国王的主要城堡及其管理者的清单。①

《牛津条例》被视为贵族运动的最重要的文件，而1259年10月的《西敏寺条例》（*The Provisions of Westminster*）也是在贵族执政期间有正式文件保存下来的最重要的文件之一。在有关行政的条款中，《西敏寺条例》比《牛津条例》提出更具永久性的改革设想，是对《牛津条例》思想的进一步明确和具体化，比如它规定每届议会都要选两到三名委员会成员永随国王左右，参与其行政决断。②

根据这些条例的精神，贵族进行了具体的改革安排。在新的政府中，宰相起初规定主要负责司法事务，休·比戈德被任命为宰相，很快宰相的权力扩大，有如安茹早期时代的宰相，只是他不再是国王之仆，而是向15人委员会负责的。中书令也宣誓不接受任何单由国王发出的命令。委员会还试图对内府部门有所改动，但并未成功，改革财务署的计划也没有实现。③ 值得注意的是，1258年发动改革的贵族们并没有把他们制定的政策当作权宜之计，他们没有像1215年时那样宣布一旦国王改正错误就恢复其权力。在1258年给教皇的一封信中，贵族声称他们的措施"为我们和我们的后代"赢得了丰硕的成果。④ 他们看来有深远的目标和长期的计划，似乎确实打算踢开国王，做英格兰的主人了。

那么，应当如何评价贵族们的改革政策，贵族改革的目标究竟是什么呢？

应当承认，作为英国最重要的历史文件之一，《牛津条例》所体现的原则在许多方面确实是前所未有的。比如，它规定的24人委员会的选举方法就影响深远，它还第一次用法语"Parlemenz"提到"议会"。⑤ 根据它的规

---

① Harry Rothwell, *English Historical Documents*, III, 1189–1327, London: Eyre and Spottiswoode, 1975, pp. 361–366.
② R. E. Treharne, *Documents of the Baronial Movement of Reform and Rebellion*, 1258–1267, Oxford: Oxford University Press, 1973, p. 151.
③ S. B. Chrimes, *An Introduction to the Administrative History of Mediaeval England*, Oxford: Basil Blackwell, 1966, p. 125.
④ M. T. Clanchy, *England and Its Rulers*, 1066–1272, 2nd ed., Oxford: Blackwell, 1998, p. 198.
⑤ 也有人认为此词出现得更早一些，在1242年的Close Roll中就正式使用了这个词。CH. Petit-Dutaillis, *The Feudal Monarchy in France and England From the Tenth to Thirteenth Century*, London: Kegan Paul, Trench, Trubner, 1936, p. 343.

定，国王的权力也被大大削弱，仅为象征性的国家首脑，由对贵族负责的御前会议所左右，"国王被融入了御前会议"①。这被认为是英国历史上第一次贵族要求控制行政权的尝试。《大宪章》中贵族只是寻求在国王违背惯例时加以引导的工具，而《牛津条例》中他们就不只要求这些了，他们的目标是亲自掌管行政。他们没有要废除君主，但他们确实打算抛开国王的意愿，依自己的利益来运行国王的政府。御前会议获得了对政府的最高指挥权，此时的政府已不再由国王或王廷掌舵，而是变为御前会议领导下的政府——当然还是以国王的名义，但已不遵从国王的旨意了。当时行政权理论上仍属于国王，实际控制权旁落他人之手。"与以前所有的御前会议都不同，在这段时期内，国王隐退了，御前会议统治全国。"② 有的史家甚至据此认为发动改革的贵族是要在英国模仿地中海城市国家的政治体系：有选举出的委员会、对公社负责的官员，以及定期召开的公共会议，甚至说在当时的欧洲"没有任何王国向共和宪制走出这么远"③。

《牛津条例》的这些开创性意义不能否认，尤其是它体现的精神对后世的影响十分深远。但是，对《牛津条例》等文件和相关政策的革命性并不能过分夸大。事实上当时贵族执政的目标是有限的，而其现实成就也是有限的。

首先，发动改革的贵族们只是从保护自己的利益出发，针对的是国王对政府的高度控制权，是国王抛弃他们的建议而单独控制政府的做法，而不是政府体制本身。正如前几章的考察所见，中央政府体制的高度发展，与更高程度的国王个人控制相结合，正是亨利三世时代王权的基本特点。正是这种结合最终导致了贵族们的反抗，他们的目标不是要对中央行政体系做大的修正，而是要纠正国王对这个体系的单独控制。④ 他们的政策并没有形成对政府的激进的重建：它毋宁说是被国王弃用的贵族试图介入国王政府并控制之的一条途径。

在贵族执政期间，中央行政体系并没有根本的改变，贵族们对政府体

---

① George Burton Adams, *Constitutional History of England*, New York: Henry Holt and Company, 1921, p. 151.
② S. B. Chrimes, *An Introduction to the Administrative History of Mediaeval England*, Oxford: Basil Blackwell, 1966, p. 120.
③ M. T. Clanchy, *England and Its Rulers, 1066 – 1272*, 2nd ed., Oxford: Blackwell, 1998, p. 197.
④ S. B. Chrimes, *An Introduction to the Administrative History of Mediaeval England*, Oxford: Basil Blackwell, 1966, p. 87.

制并没有非难，甚至连有关的改革建议也没有。这也许是因为在 13 世纪 30 年代亨利三世领导的改革创造了一个高效的政府机器，无论谁要利用它，都不需要太多的改变。① 事实上，从 1244 年的所谓"纸宪法"（Paper Constitution）到《牛津条例》和《西敏寺条例》，贵族们的纲领都很难说促成了传统行政观念和结构的任何永久性的修整。当贵族战争结束，政府重建后，中央行政体系在本质上与 1258 年前没有两样。1232 年以后的 40 年，行政上的发展完全是"结构成长"（organic growth）的结果，而非由外来的政治压力所致。总之，这一时期的政治反弹并不是要在行政体系上进行永久性的调整，爱德华一世继承的是一个传统的行政组织。②

总之，贵族的政策所反映的首先是对国王本人行政能力的不信任，而非对政府机器。因此他们的目标主要是至少在一定时期内以贵族行政代替国王执权，即构造一个利用国王行政体系推行自己政策的贵族寡头政府。③ 然而，贵族控制这一政府机器的尝试也不是很成功。贵族的行动始终没有脱离国王的名义，他们的 15 人委员会并非如此革命的一个组织，也许它本来就只是为保证某些政策的实施而建的临时机构。而且 15 人委员会和 12 人委员会常常有利益冲突，功能也重叠，因而时有混乱。而事实上它真正发挥作用也没有超过 1260 年，之后国王就又逐渐掌握了主动权。直到 1260 年底之前，官方文件中还不断提到御前会议中贵族的权威，但此后不久便不再提及，事实上到 1260 年底 15 人委员会就夭折了，旧的御前会议又取而代之。1261 年 2 月召开的议会是一个转折点，在此次会上，国王指令其党羽持械入会，一洗 1258 年被贵族刀剑相挟的耻辱，正是在此次议会之后，贵族委员会的权威基本丧失了。④ 不久，教皇宣布解除亨利三世与贵族所立誓约的义务，《牛津条例》也被抛开了。⑤ 刘易斯之战后贵族重掌政权，但已是不同的性质，远离了《牛津条例》的基础和目标。

---

① W. L. Warren, *The Governance of Norman and Angevin, England, 1086－1272*, London: Edward Arnold, 1987, p. 184.
② S. B. Chrimes, *An Introduction to the Administrative History of Mediaeval England*, Oxford: Basil Blackwell, 1966, p. 90.
③ S. B. Chrimes, *An Introduction to the Administrative History of Mediaeval England*, Oxford: Basil Blackwell, 1966, p. 98.
④ H. G. Richardson, G. O. Sayles, *The English Parliament in the Middle Ages*, London: The Hambledon Press, 1981, p. III 28.
⑤ Bryce Lyon, *A Constitutional and Legal History of Medieval England*, Toronto: George J. McLeod, 1980, p. 359.

其次，贵族之所以要从中央控制政府体系，是为了改变地方政府滥施职权的状况，从而避免他们的传统权利被进一步侵犯和剥夺。前文已经提到，亨利三世在加强王权的过程中，对传统的贵族特权展开了调查，政府官员也更多地插手到贵族领地的日常管理当中，从而使贵族的利益大受损失。不仅如此，随着事务的扩展，地方官吏滥用职权和腐败的机会也增多了。亨利三世政府体系的弱点不在于其中央结构，而在于它未能更有效地监督和控制地方机构的行为。

在有关地方行政的政策中，《牛津条例》关于郡守的条款事实上是要恢复1236—1241年地方改革的实践，即恢复由本地领主担任郡守的做法，并限制其任期为一年以保证其不能滥用职权。"郡守应是忠诚的，在当地有土地的，他要不收取报酬，一次任职不超过一年，在任职年中要向财务署申报账目，国王要从岁入中支付其足够的薪俸以使之公正地管理地方，他和手下都不得受贿，违者必惩。"① 这是首要的改革措施之一。1258年10月《郡守条例》（Ordinance of Sheriffs）以告所有郡人民的形式颁布。国王宣称"朕希望正义迅速传遍王国，穷人与富人一样得到恩泽"，而"郡内的任何不妥，不论是谁所犯，都要报告朕为此而任命的四位骑士"。由于郡守任期只有一年，民众可以放心揭发其罪行而不必担心之后遭到报复。他们被详细地告知作为一个郡守应发的誓言："他应为全体人民主持正义。"此外还有有关的礼仪规定，及不得受贿的告诫。② 贵族改革者们试图告诉各郡的人们他们是认真的，并采取了一些实际的行动以争取支持。由宰相任命特别的巡回官（区别于过去的巡回法官），派往全国。同时，在每一郡组成由四位骑士构成的小组（Panel），专门调查由"法官、郡守和其他郡法官和所有其他人"所行的"所有暴行、侵扰和不公正之行为"（excesses, trespasses, and acts of injustice）。③

---

① Harry Rothwell, *English Historical Documents*, III, 1189 – 1327, London: Eyre and Spottiswoode, 1975, p. 365.
② W. L. Warren, *The Governance of Norman and Angevin England*, 1086 – 1272, London: Edward Arnold, 1987, p. 195.
③ W. L. Warren, *The Governance of Norman and Angevin England*, 1086 – 1272, London: Edward Arnold, 1987, p. 225.

三、贵族运动的结局及其影响

1258 年发动改革的贵族们虽然打着"为了整个英格兰共同体"的旗号，但事实上不过是为了维护自己的利益。而他们的执政并不比国王更高明，他们自己领地内的问题也不比国王相对于整个王国的统治更少，再加上在改革过程中的钩心斗角，内讧不断，失败就在所难免了。国王很快又恢复了其统治，这场前所未有的政治运动虽然引人注目，但它对英国的政治生活产生的影响也不能过分夸大，当时的英国王权并没有因此而发生根本的改变。

1. 贵族执政的失败

（1）贵族改革的局限性

改革派贵族以批评国王的行政弊端争取到广泛的支持，并控制了政府。但是，1258 年贵族宣称"为了王国共同体"，其实与国王宣称自己是"人民的父亲"、知道其最大利益之所在同样虚假。当准备采取更积极的改革行动时，困难出现了，因为贵族们致命的弱点就在于他们自己的领地、法庭和特权领地的管理也是问题重重，而他们在解决自己的问题时也同样消极拖沓。早在贵族发动改革之前，亨利三世就曾对贵族的这种态度颇为不满，当 1255 年被迫重申《大宪章》之后，亨利三世曾抱怨："这些主教和贵族们既然对这个宪章叫嚣不已、奉若至宝，那他们自己为何不在对待其属民时也遵守它呢？"[①] 当时较大的贵族已建立了类似国王政府的官僚行政体系，但在限制官员滥用权力方面可能更加无效。[②] 同样，贵族百户长管理的百户也有与国王直领百户同样的问题。

1258—1259 年间展开了对地方管理的广泛调查和修正，但是一个关键问题就是贵族自己的特权领地在什么程度上接受了调查和法律的规范。史家一般把推动全国范围内的普遍调查和改革的功劳归于发动改革的贵族们，虽然这是很明显的因素，但也不应忽视地方行政改革得以推行的动力在于国王和贵族都在各郡寻求支持的事实。当贵族在抱怨国王的行政行为时，

---

① Matthew Paris, Roger, William Rishanger, *Matthew Paris's English History: From the Year 1235 to 1273*, J. A. Giles. Trans., Vol. II, London: G. Bell and Sons, 1889, p. 266.

② D. A. Carpenter, "King, Magnates, and Society: The Personal Rule of King Henry III 1234–1258", *Speculum*, Vol. 60, No. 1 (Jan., 1985), p. 66.

国王也要求知道为什么他们不把要求国王遵守的原则也用于他们自己的官员身上。当被要求确认《大宪章》时，国王总是强调它也同样应为大教俗贵族所遵守。这是1258年以后国王为维护王权而采取反抗的主要路线。1259年3月，亨利三世签发了一封"致全体忠实的臣民"的信，要求在各郡宣读，信中宣称"为了王国更好发展和恢复"，他已从15人委员会和12人委员会获准签发一份文件，宣称贵族在其领地内实行同样的改革。① 虽然这一原则并无争议，但推行同一标准的含义却不是所有贵族都愿意接受的。他们的迟疑导致了来出席国王法庭的骑士的抗议。这些人是贵族的随从，却为他们的郡的利益说话。根据伯顿修院的编年史家所写，他们向爱德华王子、格罗斯特伯爵和御前会议的其他成员抱怨说："国王陛下已经完全按照贵族的要求做了，贵族却没有按他们承诺为王国利益而有任何行动，而他们所做的只是为了自己的利益和损害国王的利益，如果找不到有效的补救，（牛津）协议就必须修正。"②

（2）贵族执政中的国王

贵族们在1258年的行动虽然看似有合法的基础，他们有不断重申的《大宪章》中对国王加以限制的条款的支持，还使国王起誓同意进行改革，但是正如1215年约翰王在《大宪章》中同意成立贵族的25人委员会监督其行为却毫无结果一样，亨利三世的承诺也并没有使贵族们对国王政府的控制顺理成章。一位史家指出，13世纪当中的几次冲突的结果都表明，依靠国王通过宪章等形式发布的改革或自我限制的承诺最终都是"不能解决问题的"③。本书第一章的考察也表明，当时并没有限制国王的合法途径，更没有鼓励对国王采取行动的舆论环境，贵族要维持自己行动的"合法性"，就不能完全抛开国王，凡事都还要以国王的名义。但是，在国王并不是心甘情愿推行改革的情况下，不完全摆脱国王，就意味着贵族不能完全左右改革的进程；而当国王摆脱危机，实力恢复的时候，改革就更难以维持了。

事实上，在数年当中贵族们确实一直在激进与妥协间徘徊，而国王则

---

① R. E. Treharne, *Documents of the Baronial Movement of Reform and Rebellion, 1258 – 1267*, Oxford: Oxford University Press, 1973, p. 133.

② B. Wilkinson, *Constitutional History of Medieval England, 1216 – 1399*, Vol. 1, Toronto: Longmans, Green and Company, 1948, pp. 171 – 172.

③ J. S. Roskell, *Parliament and Politics in Late Medieval England*, Vol. 1, London: The Hambledon Press, 1981, pp. I, 4.

第五章 1258—1267 年的政治动荡——危机中的王权及其运作

韬光养晦，利用贵族间的矛盾，并笼络保王派贵族，逐渐恢复实力，最终使贵族的行动以失败而告终。其实贵族从 1258 年开始并没有完全控制国王的政府从而以他们的利益统治英格兰：根据《牛津条例》，掌握行政权威的 15 人委员会乃由复杂的程序形成的反映贵族和王党立场的一个剖面。委员会并没有不受限制的权威；在重大事务上它必须征求代表贵族的 12 人委员会的意见，他们每年会晤 3 次。这样贵族为所做负责，但其所做是以国王的名义由委员会实行的，并且是相互冲突的利益妥协的结果。虽然国王的权威被委与他人，但其本人并非没有影响。亨利三世在 1259 年 3 月颁布的一份文件就是非常有意义的。文件承认英格兰王国是一个整体，在王国内必须在王权之下遵守同一个规则，贵族的特权领地是其有机的部分，而不是独立于国王政府之外的治外之地。①

1259 年 10 月通过的《西敏寺条例》被认为是贵族运动获得的最高成果。不过，在这个比《牛津条例》更可信的文件中，国王也没有显著地丧失多少权利。《西敏寺条例》实际并没有过多地涉及行政的改革，它主要是关于司法事务的规定，而且它的规定很大程度上是对国王在此前扩大了的司法权的进一步明确，它还强调领主法庭在民事诉讼中要依据普通法，这被认为是向统一的英格兰迈出的一步，② 这一步对于贵族们来说实在不能算什么好消息。它全面地处理了当时针对所有法庭的不满，而它的前三条就是针对"贵族法庭或贵族的其他法庭"的；第四条是关于出席郡守的巡行会议的，规定在几个百户拥有地产者只出席所居百户的会议。几条与法庭无关的条例是关于促进普通法对继承人针对有恶意的领主的保护的。条例重申了国王的最高司法权力，它规定为迫使出席法庭而无端扣押佃户财产的领主必须到国王法庭解释，"若他们未到，则郡守将被命令扣押他们在其管辖区内的所有财产"。还明确规定，"今后除了国王，任何人不得在其法庭审理由其封臣法庭造成的误判，因为这类诉讼是特属于国王的"③。可以说，在法律方面，事实上，《西敏寺条例》中没有任何国王需要反对的条款。当贵族战乱结束、国王重掌政局后，国王在 1267 年的《马尔巴罗法

---

① R. E. Treharne, *Documents of the Baronial Movement of Reform and Rebellion*, 1258 – 1267, Oxford: Oxford University Press, 1973, pp. 131 – 137.
② Sir Maurice Powicke, *The Thirteenth Century*: 1216 – 1307, Oxford: The Clarendon Press, 1953, p. 149.
③ Carl Stephenson & F. G. Marcham, *Sources of English Constitutional History*, New York: Harper and Brothers, 1937, p. 147.

案》中又完全重申了这些条款。

(3) 贵族阵营的分裂

贵族在改革之初的力量不可谓不强,"假如贵族们一直维持团结的话,被孤立的、寡助的国王根本不可能战胜他们"①。然而,在1258年临时拼凑起来的贵族阵营不可能维持长久的团结,他们反对国王的动机各异,相互之间关于他们控制国王政府所要达到的目标一直存在很大的分歧。斯塔布斯也认为正是"个人间的猜忌和目标的分歧"分化了运动的领导人并最终导致运动失败。②

格罗斯特伯爵卡莱尔的理查(Richard of Clare)是贵族中实力最强者,斯塔布斯认为他才是贵族的"天然领袖"(natural leader),但是他事实上并不打算对国王要求太多,以他为首形成了改革贵族中的保王派,目标就是确保国王接受建议,并限制其过多地自行其是。在国王做出一定的让步后,他们便站在了国王的一边,在1258年秋贵族起草的一份改革计划中就体现了当时温和派和激进派之间的分歧。③ 强硬派的领袖是西蒙·孟福尔,他们坚持要通过一个贵族决策机构(Politburo)更好地统治王国。不过西蒙本人的激进也不能排除源自他与国王间个人的恩怨的因素。早在1239年西蒙就曾因一桩债务纠纷而与亨利三世发生过激烈的争吵。当时亨利三世答应为西蒙做担保人,但后来却推脱了责任。争吵中,亨利三世还指责西蒙在未与他的妹妹莱斯特的伊林诺(Eleanor of Leicester)结婚之前曾勾引她。而后来在林肯主教格罗斯提斯特与亨利三世的争论中,西蒙又站在主教的一边。1248年西蒙答应到加斯科尼平息骚乱,恢复英王在那里的权威,但是他的条件是在加斯科尼自由地统治7年,在那期间得到那里的全部收入。西蒙很快在加斯科尼重建了秩序,但是亨利三世指责他滥杀无辜、树敌太多,并开始限制西蒙在加斯科尼的行动,也未兑现在加斯科尼给他的利益,由此双方积怨日深。④ 在贵族运动中的几个文件中都提到西蒙因为其妻(即亨

---

① CH. Petit‑Dutaillis, *The Feudal Monarchy in France and England From the Tenth to Thirteenth Century*, London: Kegan Paul, Trench, Trubner, 1936, p. 343.

② William Stubbs, *Select Charters and Other Illustrations of English Constitutional History*, Oxford: Oxford University Press, 1913, p. 319.

③ R. E. Treharne, *Documents of the Baronial Movement of Reform and Rebellion, 1258–1267*, Oxford: Oxford University Press, 1973, pp. 122–131.

④ H. W. C. Davis, *England under the Normans and Angevins, 1066–1272*, London: Methuen, 1928, pp. 423, 439–441.

利三世的妹妹伊林诺）的陪嫁问题——主要是在大陆的一些领地而与国王发生的争执，而这一争执始终也没有很好地解决。①

两派贵族间的矛盾很早就有体现。根据马修·巴黎的记载，早在1259年，格罗斯特伯爵与西蒙·孟福尔之间就曾爆发过严重的冲突。格罗斯特伯爵不愿在自己的领地内推行改革的法令和条例，这使孟福尔震怒不已，他传话给格罗斯特伯爵："我并不介意生活在如此变幻无常、欺诈无信的百姓当中并与他们来往，因为对这些事情我们曾许诺并起誓要面对。但是你，格罗斯特伯爵大人，你的地位越是比我们所有的人都高贵，就越不应该不遵守这些有益于国家的法令。"然后他就愤而离开了英格兰。一些贵族听到消息后赶到格罗斯特伯爵那里，要求他改正错误，并尽快找回孟福尔，否则他们对他将"像对待敌人一样群起而攻之"。这样格罗斯特伯爵才不得不派人到自己的领地推行贵族通过的法令，平息了这场危机。② 虽然双方冲突的真正原因可能不像马修·巴黎所说，但这场危机的确也反映了一些贵族参与改革的投机性，这样到斗争形势发生变化后，维持团结的可能性就很小了。

贵族首领间的意见不一又由于人员的冲突，解决西西里问题、与法国媾和、威尔士问题等方面的意见分歧而更加严重了。到1260年底，15人委员会已不再按《牛津条例》的方式发挥作用了，15人委员会签发的最后一道命令是1260年12月28日，此后，行政又很大程度上恢复了传统的王统。③ 它的失败也使以御前会议执掌政府的思想失去信任，而国内法律和秩序的崩坏看来也加强了温和派的观点，认为损害传统的政府构架是鲁莽的。到1262年初，贵族执掌的御前会议彻底消失了，国王再次以不受限制的个人权力实行统治。

到1263年初国王与孟福尔为首的贵族集团再次发生冲突的时候，国王的一方已不再势单力孤，而是包括了"许多支持他的贵族"，而冲突的原因竟也转变为国王抱怨"公正"未施及所有的人。④ 西蒙一度响应者寥寥，不

---

① R. E. Treharne, *Documents of the Baronial Movement of Reform and Rebellion, 1258–1267*, Oxford: Oxford University Press, 1973, pp. 194–205.
② Matthew Paris, Roger, William Rishanger, *Matthew Paris's English History: From the Year 1235 to 1273*, J. A. Giles. Trans., Vol. II, London: G. Bell and Sons, 1889, p. 266.
③ S. B. Chrimes, *An Introduction to the Administrative History of Mediaeval England*, Oxford: Basil Blackwell, 1966, p. 127.
④ Harry Rothwell, *English Historical Documents*, III, 1189–1327, London: Eyre and Spottiswoode, 1975, p. 171.

得不寻求与威尔士人合作,直到小格罗斯特伯爵加入,他才又重振了力量。1262年老伯爵卡莱尔的理查去世,他的儿子——不到19岁的卡莱尔的吉尔伯特(Gilbert of Clare)继承了格罗斯特伯爵位。这时国王要把伯爵领地交给监护人管理的要求激怒了这位年轻人,遂起而反抗。① 不过小伯爵的这种动机也决定了他不会跟西蒙太久,当他得到要求的利益后便又回到国王一边。

当西蒙·孟福尔以武力再次掌握政权后,又重建了一种"贵族委员会的行政体系"。但当时其基础已很狭窄,斗争的性质也已经完全转变了,改革为叛乱所代替。西蒙的政府无论在名义和实际上都不再能代表英格兰共同体,也不能代表全体贵族了。西蒙设计的新执政体系也更具"寡头"执政的特色:首先"选举和任命"3位"谨慎而忠实的人",这3人就是西蒙、吉尔伯特和西蒙的另一个同党——奇切斯特主教斯蒂芬·波斯坦德(Stephen Bersted)。至于他们是如何"选举"的,那就不得而知了。这3人负责"选择和任命"一个9人委员会,而9人委员会有权任免所有的官员。虽然规定3人或9人委员会中分歧的解决实行2/3多数原则,但是又规定3人或其中两位可以决定9人委员会的分歧,② 由于奇切斯特主教是西蒙忠实的追随者,所以整个规定最终就是保证了西蒙的最高权威。"整个体系不过是西蒙独裁的一层面纱。"③ 这样,斗争最终简化为一个应当由谁——国王还是西蒙统治英格兰的问题。如果西蒙能稳固其统治的话,英国就有可能变为像当时的日本那样,有一个象征性的君主,而权力完全掌握在封建将军手中。但西蒙是一个外国人,而且英国政府的传统也不允许这样的情况维持下去。在1265年8月的伊夫夏姆之战中,人心更向国王的一方倾斜,连孟福尔的许多当年在发动改革时的忠实追随者也纷纷倒戈,这样孟福尔叛乱失败、战败被杀也就不奇怪了。

2. 王权的恢复

历时近十年的政治动荡以叛乱贵族的失败而告终了。它确实是对英国

---

① R. E. Treharne, *Documents of the Baronial Movement of Reform and Rebellion*, *1258–1267*, Oxford: Oxford University Press, 1973, p. 47.

② R. E. Treharne, *Documents of the Baronial Movement of Reform and Rebellion*, *1258–1267*, Oxford: Oxford University Press, 1973, pp. 295–301.

③ S. B. Chrimes, *An Introduction to the Administrative History of Mediaeval England*, Oxford: Basil Blackwell, 1966, p. 128.

国王权威的一次严峻考验，但是最终的结果却是亨利三世及其代表的统治方式取胜。1266 年 10 月的《肯尼沃斯宣言》(Dictum of Kenilworth) 结束了叛乱，并宣称国王恢复了其全部的权威，"不得有任何阻碍和反抗"。但是在这一宣言中，《大宪章》的一些条款也得到了重申。1267 年的《马尔巴罗法案》也在重建国王的权威的同时，对之进行了规范。总体说来，王权在这场斗争中取得了胜利，亨利三世统治期间的许多革新得到法律的承认和固化，但是国王个人统治中形成的一些积弊以及过度扩张国王个人权威的一些做法也得到了纠正。英格兰在新的基础上又实现了政治平衡。

贵族运动之后的秩序重建主要体现在《肯尼沃斯宣言》和《马尔巴罗法案》两个文件中，其中《肯尼沃斯宣言》主要是针对贵族动乱的总结和清算，而《马尔巴罗法案》则阐明了之后王国政治生活的一般原则。

随着孟福尔被杀，贵族的叛乱失败了，亨利三世开始在英格兰重建权威。早在 1265 年 9 月，亨利三世就在温彻斯特发布告令，派出官员到地方将叛乱贵族的领地收归王有。他命令迅速对这些地产进行估价并在 1265 年 10 月 13 日之前上报，同时命令官员责成各百户迅速收缴这些领地的地租并上缴宫廷。[①] 这项措施不仅断绝了参与叛乱的贵族的经济来源，也使他们彻底丧失了政治上的地位和东山再起的机会。经过这次打击，英国传统的封建贵族势力进一步减弱，国王受封建掣肘更少了。

在《肯尼沃斯宣言》（以下简称《宣言》）的第一条就明确宣称"最尊贵的君主"亨利三世应当"完全得到并自由行使其领主权和作为国王应有的权威和权力，不受任何人的阻碍和反抗"。并且所有人都应该像叛乱发生前那样依令状到国王的法庭寻求公正。《宣言》还宣布国王在叛乱期间依《牛津条例》或在孟福尔等的胁迫下所做的承诺或所订立的契约、合同等全部无效。孟福尔等执政时颁布的这类文件也无效。《宣言》还指出，关于孟福尔已有定论，任何人不得流传关于他的虚构的神话，违者将受严厉的体罚。虽然原则上国王答应赦免愿意忏悔的所有参与叛乱的贵族，但是《宣言》中有许多条款对贵族在叛乱期间的行为进行清算，都处以沉重的罚款，贵族恢复过去的权利也要交数额巨大的赎金。[②]

在《马尔巴罗法令》（以下简称《法令》）当中，则主要从法律的角度

---

① Harry Rothwell, *English Historical Documents*, III, 1189 – 1327, London: Eyre and Spottiswoode, 1975, p. 379.

② R. E. Treharne, *Documents of the Baronial Movement of Reform and Rebellion*, 1258 – 1267, Oxford: Oxford University Press, 1973, pp. 321 – 333.

强调了国王的权威。法令第5条宣称《大宪章》的每一条都应该得到遵守，"无论是关于国王的还是其他人的规定"，并宣称《森林宪章》也要得到类似的尊重。但是，从《法令》制定的出发点和主要内容来看，它应该更多地是在强调对贵族的约束。在《法令》中，国王的司法权得到充分的明确，贵族在改革与叛乱期间的僭越和自行其事被严格禁止。比如，《法令》第一条即宣布禁止动乱期间形成的私人复仇和私自扣押财产的做法，不到王室法庭寻求裁判而继续此复仇和扣押者将被重罚。第20条规定除了国王，任何人不得在其法庭重新审理其封臣的法庭做出的错误判决，因为对这样的案件的处理"与国王的职位与声望特别相关"，因而要由国王的法庭来处理。同时，《法令》对贵族的权利和行为进行了很多限制和规范。如第二条规定任何人无论地位高低都不得强制管辖范围以外的人出席自己的法庭，也不得扣押领地外的人的财产。贵族为逃避国王对其领地的监护权而提前将领地传予未成年的继承人的做法，以及更隐蔽的"虚假封赐"（false feoffment）都加以禁止。如果没有明确的规定或长期的传统，领主不得以扣押财产胁迫封臣出席其法庭。领主监护的土地在其原继承人成年后要马上归还，不得延误，但是对于由国王监护的大佃户的土地，则国王可以在此土地的继承人成年后仍得到其一年的收入。①

但是，贵族运动的成果也在这些文件中得到体现。许多条款对国王的行为形成了限制。《肯尼沃斯宣言》的第二条就请求国王用良臣、纳良谏，国王的官员应是服务于上帝与正义，而非循一己之私利，应该依照法律和传统，公正地实施统治。第三、第四条则恳请国王充分地保护和尊重教会的特权，以及赋予贵族特权的特许状等。②《马尔巴罗法令》的有关规定则力图恢复13世纪以前的传统，并且充分明确了国王和贵族两方面的行为准则，在维护了国王既有权利的同时，也限制了像亨利三世早年那样的随意发挥其权力的空间。

总之，平定叛乱后的一系列政策措施维护了国王的权利，革除了弊端，从而稳固了国王的地位，使之重新回到了政府统治的中心。

---

① Harry Rothwell, *English Historical Documents*, III, 1189 – 1327, London: Eyre and Spottiswoode, 1975, pp. 386 – 390.
② R. E. Treharne, *Documents of the Baronial Movement of Reform and Rebellion*, 1258 – 1267, Oxford: Oxford University Press, 1973, p. 321.

3. 贵族运动的影响

就整个贵族运动的最终成果而言，单独强调国王的胜利或片面渲染其"宪政"的意义都是不客观的。总的来看，贵族的失败标志着封建贵族以介入政府的方式维护其领主制下的旧有特权的做法在当时是行不通的，英国的王权不可或缺，但是它对亨利三世时期国王权威过度膨胀的纠正不无意义，斗争的形式和内容都为以后英国政治体制的发展进行了有益的尝试，积累了经验。那么，这场运动的影响究竟体现在什么地方，达到什么程度呢？

（1） 政府机制

从前面的分析可知，贵族与国王争夺的是政府机构的控制权，而不是要改变行政体系本身。所以笔者不能同意"贵族反叛是反对亨利三世长期享有的宫廷行政体系"的观点。贵族所做的只是短暂地控制整个行政体系以实现自己的目标，而对体系本身他们秋毫无犯。虽然在《牛津条例》等文件中贵族对当时的政府机器的组织和权力分配都有所涉及，但是对其基本框架触动很少，贵族执政在行政制度上的影响确实比较有限。正如一位史家所说，"无论西蒙执政在宪政史上有多么大的意义，它对行政史的影响如此之小、如此短暂，以至于根本不值得我们对其行政多废笔墨"[①]。随着贵族运动的结束，"所有的机构性改革完全被废除了"[②]，行政体制很快又回到了原来的状态。

在开始改革时，贵族恢复了宰相和中书令的职位，并使之向贵族会议负责。但是，贵族战争的结束宣告了宰相一职的彻底终结，之后"justiciar"这一名称就只有法官的意义了。当1265年国王开始重掌大权时，行政权力仍仅归国王一人，行政官吏仅对他一人负责，他们以过去的方法、过去的忠诚，通过中书省、财务署和内府部门来完成他们的工作。如果说有所变化的话，也许就是贵族执政时期对中书令和大御玺的控制鼓励了亨利三世比早期更多地依靠小御玺。至少1263年10月他回国后便大量地使用了小御玺。亨利三世之所以要以小御玺取代大御玺，是因为经验告诉他后者太容易为外力所控制了。

---

① S. B. Chrimes, *An Introduction to the Administrative History of Mediaeval England*, Oxford: Basil Blackwell, 1966, p. 128.
② George Burton Adams, *Constitutional History of England*, New York: Henry Holt and Company, 1921, p. 153.

(2)"宪政"与议会

西方史家常常从所谓宪政的角度分析这场贵族运动的影响。鲍威克在分析贵族运动的后果时说:"亨利三世与反抗的教俗贵族的争论最终归结为一点,即国王选择自己的顾问和作为自己内府的主人的自由。并非逻辑,而是逻辑背后严酷的事实使这一争论成为对国王的地位的严重考验。最终所有的宪政理论都基于它。在下3个世纪中,强大的国王仍控制其内府,如果他足够聪明的话,就能使批评丝毫无损于他的权利;如果他软弱而运气不佳,则不得不做出一些让步。在爱德华一世时从未有这样的让步,他强有力的控制能力使任何人都不能奢望他让步。争论结束了。"[①] 还有人说,即使1258年的御前会议的意义仅在于它是"御前会议无异议地掌握行政权的第一次",这一现象本身也足以使之明显地有别于之前。因为如果说一个有行政权的御前会议是新事物的话,则御前会议成员抛开国王的意见来执政便更是激进的革新了。无论如何解释《牛津条例》,不能否认的是1215—1258年间由贵族推动的"宪政思想"有大的发展。国王若违法,便可由合法途径制止,这已不仅仅是一种观念。抛开当时的一些局限,它的思想是很现代的,即使那些局限使它未能长久,也不能贸然否认它对之后宪政史发展的深远影响。[②]

概括而言,西方史家强调的贵族运动的影响无非在一虚一实两个方面。其虚者,就是说贵族的改革和执政体现了王权有限的宪政思想,并促进了其发展;其实者,就是在贵族运动期间形成了一个重要的机构——议会。而议会发展本身就是宪政思想的集中体现。

笔者在第一章已经说过,限制国王权威的思想的存在由来已久,但存在与发挥作用之间还有相当的距离。贵族发动针对国王的改革运动并执掌政权无疑与这样的思想有关,虽然它并不是贵族行动的主要理由。这无疑为以后的斗争开创了一个有意义的先例,从这个意义上讲,贵族执政是促进了宪政思想的发展的。但是,贵族运动的失败也说明当时的现实仍然是君主至上,对国王权威的限制是有限的。

相比之下,贵族运动的实实在在的遗产——议会的存在也许更有说服力。如一位史家所说,"在以后的一个世纪中,议会将取代无效的贵族反抗

---

① S. B. Chrimes, *An Introduction to the Administrative History of Mediaeval England*, Oxford: Basil Blackwell, 1966, p.129.
② S. B. Chrimes, *An Introduction to the Administrative History of Mediaeval England*, Oxford: Basil Blackwell, 1966, p.121.

而承担起建立有限君主制的任务。在 14 世纪中叶以前贵族们已经表明其不适合此项任务了,《牛津条例》是他们斗争达到的最高峰。宪政的未来、有限君主制的可能性,将依赖于此时正在形成的新的机构的性质"①。那么,对当时的议会究竟应当如何认识呢?

笔者认为,对亨利三世后期发展的议会的意义不能忽视,但也不能过分拔高,霍尔特(J. C. Holt)把亨利三世时代甚至到 14 世纪初以前称为议会的"史前史"(prehistory)是很有道理的。他指出,诚然在漫长的历史中的每一点上,搜寻者都会在议会的组织与功能中找到其未来发展的种子,而由种子到果实看来又是自然而然的,几乎无须解释,但事实上之后英国议会的发展变化既非不可避免,亦非轻易实现的。② 此时的议会之成为议会,是之后发展的结果。

传统上在分析英国议会的时候常常过分关注它的组成成分的特点,而忽视了从它的功能出发来判断它的性质。斯塔布斯断言"三个等级的共同会议"为议会的根本特点之一,他说:"所有阶层的代表对于一个完整的国家会议而言是必要的。"之后有许多史家沿袭这一思路,以是否有郡代表出席为标准对 13 世纪的议会和其他会议进行区分,结果却陷入混乱之中,因为当时既有无地方代表参加的会议被称为议会,也有召集了地方代表的会议而不称为议会的情况。比如有人对当时的 25 次"由加盖大御玺的令状召集的,集中了所有主教、修院长和贵族的"会议进行考察,他把没有"下院"的 4 次会议理所当然地排除在议会之外,但在其余的 21 次会议中也只有 18 次在令状中称为"parliamentum",在相应的会议文件的边注中也分别把这 18 次会议和另 3 次会议称为"parleamentum"和"concilium"。对于这种区别,他不能做出明确的解释,只是说:"不能相信同样的人参加的会议有什么不同。"③ 显然这并不能使人信服。事实上直到爱德华一世和爱德华二世的时候仍根本没有规定说必须有郡、市代表参加议会,而且在 1295 年的所谓"模范议会"之后,同时代的作家仍只知道议会中有教俗贵族和法

---

① George Burton Adams, *Constitutional History of England*, New York: Henry Holt and Company, 1921, p. 181.
② R. G. Davis, H. H. Eenton, *The English Parliament in the Middle Ages*, Manchester: Manchester University Press, 1981, p. 2.
③ H. G. Richardson, G. O. Sayles, *The English Parliament in the Middle Ages*, London: The Hambledon Press, 1981, p. xxvi 4.

学家,而对其他成分只字不提,也没有把议会称为什么"国家会议"。① 因此,如果以"三等级",特别是郡、市代表是否出席作为评判中世纪议会的标准的话,就完全不适用于 13 世纪。事实上,正如有的史家所说,斯塔布斯的判断并不是基于中世纪的事实,而是他的时代(即 19 世纪)的宪政理论家们的"目的明确的行话"②。

实际上,就功能而言,13 世纪的议会主要是国王的一个特别的法庭,与后来代议制政府的议会有根本的不同。《牛津条例》中首次使用的法语"parlemenz"原本就是法庭的意思。《牛津条例》中只是简单地提到议会要"调查王国的状况,并讨论国王和王国的共同事务"③。但仅据此很难知道它具体的功能。1260 年的一道王谕就说得比较明确了,它指出,"公正要在议会中实现,而且在国王的认可下,可以有一些(法律上的)改变,或颁布新的条令"。而在 13 世纪末的一部文献当中更明确地说在议会召开时国王通过御前会议主持法庭,在那里司法纠纷被决断,新的申诉也及时予以救济,公正遍施于各人。可以看出,这时的议会主要发挥的是法庭的功能,"是一个分离且高于其他法庭的法庭"④。当然,这并不意味着此时的议会就不处理别的事务,它也时常进行立法和税收的讨论,并且也会有一些所谓"政治性"的争吵,但它们并不与议会有必然的联系或只是议会特有的功能,这就足以反驳宪政史家认为此时开始了"议会政体"(parliamentary constitution)的说法了。

另外,就议会的组成成分而言,宪政史家所强调的地方代表在当时也并没有他们所说的那么重大的作用和意义。首先,如前所述,地方代表并不是当时议会的必然成分。《牛津条例》中第一次正式提到"议会",并明确规定了它的组织方式,它规定每年召开 3 次议会,御前会议的成员即使未被传召也都应参加,贵族的 12 人委员会也应参加。其中并没有关于地方代

---

① H. G. Richardson, G. O. Sayles, *The English Parliament in the Middle Ages*, London: The Hambledon Press, 1981, p. xxvi 7.
② H. G. Richardson, G. O. Sayles, *The English Parliament in the Middle Ages*, London: The Hambledon Press, 1981, p. xxvi 8.
③ R. E. Treharne, *Documents of the Baronial Movement of Reform and Rebellion, 1258–1267*, Oxford: Oxford University Press, 1973, p. 111.
④ H. G. Richardson, G. O. Sayles, *The English Parliament in the Middle Ages*, London: The Hambledon Press, 1981, p. xxvi 2.

表参加议会的明确规定。① 1265 年，西蒙·孟福尔召集的议会包含了后来议会的所有成分，既有贵族参加，又包括了地方郡和市镇的代表。但是，它的意义也并不能被过高估计，就当时而言，没有人认为这有什么特别的不同，更没有把它当作"宪政革新"。② "称之为下院的肇始，从任何意义上讲都是个错误。"③ 因为在当时召集地方代表参加议会仍远没有固定化，正如前文所见，如果西蒙当时有足够的支持的话，也不会费力去联系中下层的力量。事实上，1258—1300 年召开过 70 多次称为"parliament"的会议，但有郡、市代表参加的仅有 9 次。④

其次，此时议会的组织往往很仓促，地方没有充足的时间准备，而地方代表往往也不能如期地赶到开会地点。1212 年和 1213 年约翰王两次召集骑士代表参加大会议，但从令状发布到开会时间很短，没有考虑到路途遥远，也根本没有给选举代表留有时间。1258 年的令状虽然有所改进，但远没有解决这个问题，1261 年和 1264 年召集议会的令状也都有时间仓促的问题。⑤ 为了在 1265 年 1 月 20 日召开议会，在 1264 年 12 月 4 日就以国王亨利三世的名义对各地骑士发出了召集令。不过结果并不是所有的郡都及时地派出了代表。1265 年 2 月 15 日发给约克郡守的一封王室信件表明该郡的两位骑士代表在议会期间"花费了比预期长的时间和更多的支出"，因此要求郡守对他们在议会期间和往返的花销给予适当的补偿，这说明议会早已正常召开并已结束；但在 8 天后的另一封发给什罗普郡和斯坦福郡郡守的信中，却对这两郡至今未派出骑士代表到会表达了惊讶和愤怒。⑥ 在这样的条件下，地方代表经常是指定而非选举的，比如 1258 年议会中的骑士就都是

---

① Harry Rothwell, *English Historical Documents*, III, 1189 – 1327, London: Eyre and Spottiswoode, 1975, p. 366.

② Susan Reynolds, *Kingdoms and Communities in Western Europe*, 900 – 1300, Oxford: Oxford University Press, 1984, p. 308.

③ George Burton Adams, *Constitutional History of England*, New York: Henry Holt and Company, 1921, p. 179.

④ Bryce Lyon, *A Constitutional and Legal History of Medieval England*, Toronto: George J. McLeod, 1980, p. 418.

⑤ R. G. Davis, H. H. Eenton, *The English Parliament in the Middle Ages*, Manchester: Manchester University Press, 1981, p. 10.

⑥ R. E. Treharne, *Documents of the Baronial Movement of Reform and Rebellion, 1258 – 1267*, Oxford: Oxford University Press, 1973, pp. 307, 309.

贵族指定的，没有丝毫的选举的成分。①

再次，召集地方代表与限制王权也没有必然的联系。在亨利三世早期就有多次召集骑士和城市代表开会的记录，如1254年他就曾发布令状召集各郡的两名骑士开会，讨论税收问题，② 当时的法国国王路易九世也曾召开过城市代表的会议。③ 事实上，在特殊情况下向更多人征询意见是当时西方普遍的传统，站在现代的角度，民众代表的出现在议会史中有些许意义，但是在13世纪前期，没有人会认为骑士们参与的会议就是代表整个共同体的。④ 而在主要处理司法事务的议会中，这些由郡守或贵族指派的地方代表也主要是为了解决涉及当地的法律事务，是诉讼代理人而非民意代表。⑤ 地方代表也许被召来在一些重大政治事务中表示公众的支持，但是这在当时与被召集欢迎亨利三世从法国回国、接受维护国王的和平的命令或庆祝加冕没什么区别。⑥

综上所述，亨利三世时代的议会在任何意义上都与近代议会有本质的不同，因而也就谈不上体现什么宪政思想了。事实上它连真正意义上的中世纪议会也算不上，因为那种由以大贵族为主的各封建等级参加的，具有批税权等立法和司法功能，对国王有一定约束力的中世纪议会事实上是在14世纪才开始成型的，刘新成认为中世纪英国议会的起点在14世纪20年代的观点是很有道理的。⑦

---

① R. G. Davis, H. H. Eenton, *The English Parliament in the Middle Ages*, Manchester: Manchester University Press, 1981, p. 18.
② William Stubbs, *Select Charters and Other Illustrations of English Constitutional History*, Oxford: Oxford University Press, 1913, p. 365. 不过斯塔布斯对这次开会的意义显然是过分夸大了。
③ CH. Petit – Dutaillis, *The Feudal Monarchy in France and England From the Tenth to Thirteenth Century*, London: Kegan Paul, Trench, Trubner, 1936, p. 354.
④ R. G. Davis, H. H. Denton, *The English Parliament in the Middle Ages*, Manchester: Manchester University Press, 1981, p. 25.
⑤ CH. Petit – Dutaillis, *The Feudal Monarchy in France and England From the Tenth to Thirteenth Century*, London: Kegan Paul, Trench, Trubner, 1936, p. 353.
⑥ H. G. Richardson, G. O. Sayles, *The English Parliament in the Middle Ages*, London: The Hambledon Press, 1981, p. I 175.
⑦ 刘新成：《再议英国议会的起源》，《世界历史》1991年第3期，第83–90页。

结　论

　　中世纪西欧的王权问题是一个重要却非常复杂的研究课题。本书是对王权概念给出新的解释，提出新的研究角度，并应用于具体研究对象的一个尝试。笔者认为，王权属于制度史的范畴，从制度本身着眼才更能把握其本质。王权问题涉及人的因素，但主要指制度上的事实，王权是国王个人、国王的内府和国王政府三者的合力，而国王政府是其重心所在。

　　以这一思路为指导，本书对亨利三世时代的英国王权进行了考察。本书的研究着眼于制度史，但并没有拘泥于制度。在考察过程中广泛吸收了最新的相关成果，并尽量从原始的文献材料出发，从观念的澄清到制度的梳理，再到历史事件的分析，在诸多方面针对西方的传统观点进行深入辨析的基础上，提出了自己的看法。

　　我们知道，政治观念可以反映一个时代的政治制度，同时也对政治制度和政治行为产生重要的影响。本书对13世纪英国国王观念的考察可以说从思想上打破了英国宪政史家编造的"有限王权"的神话。就思想渊源而言，13世纪英国国王观念的形成主要受到公社传统、封建制度、罗马法复兴和基督教会发展等几个方面的影响，这些因素中虽然有对国王的权威加以限制、表明国王肩负的义务的成分，但更多的是强调国王的神圣性和至高无上的权威。这种思想倾向在13世纪继续发展，国王至上的观念仍是当时思想的主流，当时的思想家和法学家们大都认为君主制是最合理的制度，国王的存在是必要的，国王是正义的守护者和邪恶的压制者，是国家目标的引导者。国王被认为是上帝在人间的代理人，其至高无上的地位不可动摇，甚至叛乱者也不敢对国王本身的权威提出怀疑。当时的思想界确实存在着对国王的权威和行为进行规范和限制的一些观念，如君权的概念、接受建议的义务以及法律的限制作用等，但这些观念都要放在当时的条件下具体分析，它们有的事实上并没有对国王形成特别的限制；有的作用是双面的，可以被国王利用以加强其权威，而有所限制的方面也过多地依赖于国王自己的道德，当真正发生冲突时对国王的实际约束作用很小。至于反抗国王甚至"诛暴君"的理论，在13世纪几乎没有得到支持，除了在一些"君主镜鉴"类的作品中对未来的国王进行规劝和威慑之外，更没有什么实际的作用。总之，在本书考察的时代，思想环境是有利于国王权威的扩张的。

1216年亨利三世即位，年仅9岁，英国进入幼主时期。此时段初期国王个人完全不发挥作用，代行王权的是摄政和宰相。在具体的王权运作中，贵族出身的摄政和宰相对国王政府的革新和效率提高贡献巨大，但国王个人的逐渐回归也与长期代治的贵族发生了利益冲突。本书认为，虽然"幼主秉政"时期国王个人几乎不起作用，但此时的王权作为一种制度还是成长的。在严格的世袭君主制下，幼主即位并未造成王位争夺，有时甚至成为化解王权危机的契机。在幼主时期，国王个人仅是权力的象征，王权主要通过权臣摄政或成立贵族委员会来运作，国王近臣、掌权的摄政者与传统的封建贵族三者合作理政，但也矛盾重重。国王政府在幼主时期可以高效地运作，国王内府作用减弱，政府机构趋于专门化，官僚更加职业化。幼主时期对国王的思想与行为都有独特的影响，他渴望名副其实的权威，对贵族缺乏信任，因此在亲政过程中与代治的贵族发生激烈冲突，在亲政后他的政策重心是重建国王个人对王权的掌控。

在经过十几年幼主时期之后，从亲政伊始亨利三世就不断扩张其权力，并取得了巨大的成功，建立了所谓"个人统治"。在他统治的主要时期，国王对政府机构的控制达到了前所未有的高度，政府机器本身也具有了前所未有的技术水平。通过由国王紧密控制的这一发达的政府机器，国王的权威进一步深入地方，贵族、城市和教会等的特权也更多地受到限制，从而使王权在更高的程度上、更大的范围内得到了实现。

亨利三世首先采取措施改变在其幼年时期形成的宰相权重、贵族控制政府的状况。他借故将宰相休伯特免职，在安茹早期举足轻重的宰相一职本身也随之基本被废止了。亨利三世使御前会议更好地发挥了决策咨询的功能，同时又通过其人员的选择保证了国王对它的根本控制，从而使之成为辅佐王政的得力工具。在此基础上，以锦衣库的崛起为标志，亨利三世恢复了内府部门在政府中的核心地位。这样国王就完全掌握了决策权，并保证了对政府的有效控制。与此同时，国王政府中以财务署和中书省为代表的一些部门出现了人员官僚化和事务专门化的趋势，办事效率和技术水平也显著提高，使国王政府在程序性事务的处理上更加规范和高效。由于这些部门直接受锦衣库的领导，所以虽然在具体事务上它们具备了一些独立性，但并没有脱离国王的最高控制。

亨利三世统治时期，郡守在财务署、巡回法官等的紧密控制下更有效地维持着地方郡政，比以前任何时候都更成为中央政府的忠实工具。巡回法官的职责和管辖范围都显著扩大，特别是在司法方面使王室司法权扩展到刑事轻罪的诉讼上，成为国王监督地方管理、维持地方秩序的重要途径。地方上郡法庭和百户法庭的召开更加规范，并且渐渐失去其原有的自主性特色，在国王法庭的监督下行使着最基层的秩序维护功能。同时，在法律和司法程序方面，普通法的发展和完善、程序性诉讼的增加和陪审团裁决的实行都使国王政府在司法管理上走向成熟。贵族的特权领地在亨利三世时代更多地受到中央政府的监督，日益失去其独立于国王政府管辖的特权，而逐渐成为国王政府的一级地方行政机构。城市的特权也同样没有更多地脱离中央政府的管辖。对于教会这一最大的特权所有者，亨利三世虽然不能动摇其特权地位，但也通过利用与英国教会和罗马教廷间的三角关系，尽量为自己争取利益。总之，此时中央权威实施的手段、实现的程度和范围都是前所未有的。

不过亨利三世时代王权的发展也出现诸多波折，特别是1258—1267年间的贵族改革和叛乱的影响历来颇受瞩目，因此本书单独对之进行了比较细致的考察，以从一个矛盾集中爆发的事件中进一步认识当时的王权，同时检验前文得出的结论。

本书对贵族运动的考察得出了以下一些看法。就背景而言，传统上强调的民族意识兴起、国王与贵族阶层的矛盾、外国人问题以及国王的海外政策等几个因素在引发贵族运动中的作用都需要重新认识。可以说亨利三世与反对派贵族之间矛盾的形成和激化或多或少都能从这几个方面找到根源，但是任何一方面又都不能成为贵族运动爆发的令人信服的理由。民族意识和所谓公社观念在当时并不足以导致"政治革命"，国王并不是与整个贵族阶层完全对抗的，外国人与英国贵族也不是完全对立的概念，而亨利三世的海外政策也并不是愚蠢的、注定要失败的。笔者认为，在把握贵族与国王之间各种矛盾积累日深这一大背景的同时，要注意到1258年左右具体的历史背景对贵族运动爆发的影响。国王在"西西里事务"的意外变故中导致的财政困境，加上1258年英格兰的天灾人祸，使被扩张中的王权伤及利益的一些封建贵族的积怨找到了发泄的机会，这应当是贵族运动在1258年爆发的直接原因。

就贵族的计划和运动的进程及其影响而言，本书在承认《牛津条例》《西敏寺条例》等文件体现出的开创性意义及其对后世的巨大影响的同时，也注意到贵族运动的目标和其实际成就并不能被夸大。贵族的改革计划主要是为了维护其自身的利益，而不是所谓共同体的利益。贵族的计划只是改变国王对政府的单独控制，而没有动摇国王政府的基本体制。在运动期间，贵族真正掌握政权的时间其实并不长，在多数时间内亨利三世仍掌握着实际的权力,因此,贵族提出的改革计划实际推行的时间和范围都很有限。贵族运动以国王的彻底胜利而结束,通过《马尔巴罗法令》,国王恢复了几乎所有的既有权利。贵族运动可能为以后的斗争提供了有益的经验,但是对当时来说,运动的实际影响很小。

经过这样点面结合、动静兼顾的考察,亨利三世时代的王权走势显示出了基本轮廓。然而,对于这样一个漫长而复杂多变的统治时期,其王权状况的定位显然很难一言以蔽之,王权的几个要素在不同的阶段和不同的方面表现出了不同的特点,只能分别对之做出评判。但是,总体来看,国王个人的地位虽然经历过几次短暂的起伏,但在主要的时期是掌握着实际权力的,而且是超过了其任何前辈的巨大权力;国王政府在本书考察的整个时期仍主要是国王的个人政府,受到国王的紧密控制,同时在不断地向更完善的体制和更高的效率发展,并且更广泛地深入社会管理的各个层面。因此,笔者认为在亨利三世统治时期英国王权仍是强大的、不断向前发展的。它显然没有达到有的史家所说的国王个人专制的程度,但把它看作一个王权在所谓宪政斗争中不断败退的时代也是不符合史实的。

参 考 文 献

一、西文文献

(一) Primary Sources

[1] ADAMS, G B. Select Documents of English Constitutional History [M]. New York: The Macmillan Company, 1926.

[2] RANULF DE GLANVILLE. A Translation of Glanville [M]. Beames, John, Trans. Littleton: Fred B. Rothman & Co., 1980.

[3] DANTE. Monarchy [M]. Cambridge: Cambridge University Press, 1996.

[4] John of Salisbury. The Statesman's Book of John of Salisbury [M]. Dickinson, John, Trans. New York: Knopf, 1927.

[5] DOUGLAS, DAVID C. English Historical Documents, II, 1042 – 1189 [M]. 2nd ed. London: Eyre Methuen, 1981.

[6] MAITLAND, M W. Bracton's Note Book: A Collection of Cases [M]. Vol. 1. London: C. J. Clay & Sons, 1887.

[7] MATTHEW PARIS. Matthew Paris's English History: From the Year 1235 to 1273 [M]. J. A. Giles, Trans. Vols. I – III. London: G. Bell and Sons, 1889.

[8] ROGER OF WENDOVER. Flowers of History [M]. J. A. Giles, Trans. London: H. G. Bohn, 1849.

[9] ROTHWELL, HARRY. English Historical Documents, III, 1189 – 1327 [M]. London: Eyre and Spottiswoode, 1975.

[10] STEPHENSON, CARL & MARCHAM, F G. Sources of English Constitutional History [M]. New York: Harper and Brothers, 1937.

[11] STUBBS, WILLIAM. Select Charters and Other Illustrations of English Constitutional History [M]. Oxford: Oxford University Press, 1913.

[12] TREHARNE, R E. Documents of the Baronial Movement of Reform and Rebellion, 1258 – 1267 [M]. Oxford: Oxford University Press, 1973.

[13] WILKINSON, B. Constitutional History of Medieval England, 1216 – 1399

［M］. Toronto: Longmans, Green and Company, 1948.

(二) Secondary Sources: Books

［1］ABULAFIA, DAVID. The New Cambridge Medieval History, V. 5, C. 1198 – C. 1300 ［M］. Cambridge: Cambridge University Press, 1999.

［2］ADAMS, GEORGE BURTON. Constitutional History of England ［M］. New York: Henry Holt and Company, 1921.

［3］BAKER, J H. An Introduction to English Legal History ［M］. 2nd ed. London: Butterworths, 1979.

［4］BARROW, C W S. Feudal Britain, 1066 – 1314 ［M］. London: Edward Arnold, 1983.

［5］BLACK, ANTONY. Political Thought In Europe, 1250 – 1450 ［M］. Cambridge: Cambridge University Press, 1992.

［6］BRENTANO, ROBERT. Two churches: England and Italy in the Thirteenth Century ［M］. Berkeley: University of California Press, 1988.

［7］BROOKE, Z N. The English Church and the Papacy: From the Conquest to the Reign of John ［M］. Cambridge: Cambridge University Press, 1989.

［8］BROWN, A L. The Governance of Late Medieval England, 1272 – 1461 ［M］. London: Edward Arnold, 1989.

［9］BURNS J H. The Cambridge History of Medieval Political Thought, C. 350 – C. 1450 ［M］. Cambridge: Cambridge University Press, 1988.

［10］CAM, HELEN M. The Hundred and the Hundred Rolls ［M］. London: Methuen, 1930.

［11］CAM, HELEN M. Liberties and Communities in Medieval England ［M］. London: Merlin Press, 1963.

［12］CHRIMES, S B. An Introduction to the Administrative History of Mediaeval England ［M］. Oxford: Basil Blackwell, 1966.

［13］CLANCHY, M T. England and Its Rulers, 1066 – 1272 ［M］. 2nd ed. Oxford: Blackwell, 1998.

［14］COSS, P R. Lordship, Knighthood and Locality: A Study in English Society, C. 1180 – C. 1280 ［M］. Cambridge: Cambridge University Press, 1991.

［15］DAVIS, H W C. England under the Normans and Angevins, 1066 – 1272 ［M］. London: Methuen, 1928.

［16］DAVIS, R G & EENTON, H H. The English Parliament in the Middle Ages [M]. Manchester: Manchester University Press, 1981.

[17] DEANESLY, MARGARET. A History of the Medieval Church: 590 – 1500 [M]. 9th ed. London: Methuen, 1969.

[18] DICKINSON, J C. An Ecclesiastical History of England: The Later Middle Ages [M]. London: Barnes & Noble Books, 1979.

[19] GUENÉE, BERNARD. States and Rulers in Later Medieval Europe [M]. Oxford: Basil Blackwell, 1985.

[20] HARRISS, G L. KING, Parliament, and Public Finance in Medieval England to 1369 [M]. Oxford: Oxford University Press, 1975.

[21] HOLDSWORTH, W S. A History of English Law [M]. Vols. II. 3rd ed. London: Methuen, 1923.

[22] JOLIFFE, J E A. The Constitutional History of Medieval England [M]. London: Adam and Charles Black, 1937.

[23] KANTOROWICZ, E H. The King's Two Bodies: A Study in Mediaeval Political Theology [M]. Princeton: Princeton University Press, 1997.

[24] KERN, FRITZ. Kingship and Law in the Middle Ages [M]. S. B. Chrimes, Westport, Trans. Conn. : Greenwood Press, 1985.

[25] LOYN, H B. The Governance of Anglo – Saxon England, 500 – 1087 [M]. London: Edward Arnold, 1984.

[26] LYON, BRYCE. A constitutional and Legal History of Medieval England [M]. Toronto: George J. McLeod, 1980.

[27] MADDICOTT, J R. Simon De Montfort [M]. Cambridge: Cambridge University Press, 1994.

[28] MAITLAND, F M. The Constitutional History of England [M]. Cambridge: Cambridge University Press, 1946.

[29] MORTIMER, RICHARD. Angevin England: 1154 – 1258 [M]. Oxford: Blackwell, 1994.

[30] NORGATE, KATE. The Minority of Henry the Third [M]. London: Macmillan and Company, 1912.

[31] PAINTER, SIDNEY. The Reign of King John [M]. Baltimore: Johns Hopkins Press, 1949.

[32] PAINTER, SIDNEY. Studies in the History of the English Feudal Barony [M]. New York: Octagon Books, 1980.

[33] PALMER, ROBERT C. The County Courts of Medieval England, 1150 –

1250 [M]. Princeton: Princeton University Press, 1982.

[34] PENNINGTON, KENNETH. The Prince and the Law 1200 – 1600 [M]. Berkeley: University of California Press, 1993.

[35] PETIT – DUTAILLIS, CH. The Feudal Monarchy in France and England From the Tenth to Thirteenth Century [M]. London: Kegan Paul, Trench, Trubner, 1936.

[36] POLLOCK, SIR F & MAITLAND, F W. The History of English Law Before the Time of Edward I [M]. Cambridge: Cambridge University Press, 1952.

[37] POWICKE, F M. King Henry III and the Lord Edward: The Community of the Realm in the Thirteenth Century [M]. Oxford: Oxford University Press, 1947.

[38] POWICKE, SIR MAURICE. The Thirteenth Century: 1216 – 1307 [M]. Oxford: The Clarendon Press, 1953.

[39] REYNOLDS, SUSAN. Fiefs and Vassals: The Medieval Evidence Reinterpreted [M]. Oxford: Oxford University Press, 1994.

[40] REYNOLDS, SUSAN. Kingdoms and Communities in Western Europe, 900 – 1300 [M]. Oxford: Oxford University Press, 1984.

[41] RICHARDSON, H G & SAYLES, G O. The English Parliament in the Middle Ages [M]. London: The Hambledon Press, 1981.

[42] ROSKELL, J S. Parliament and Politics in Late Medieval England [M]. London: The Hambledon Press, 1981.

[43] SAUL, NIGEL. The Oxford Illustrated History of Medieval England [M]. Oxford: Oxford University Press, 1997.

[44] SILLS, DAVID L. International Encyclopedia of the Social Science [M]. Vol. 8, Vol. 10. New York: Macmillan and Free Press, 1968.

[45] STEPHENSON, CARL. Borough and Town [M]. Cambridge: Medieval Academy of Amer, 1933.

[46] STUBBS, WILLIAM. The Constitutional History of England [M]. 4th ed. Oxford: Clarendon Press, 1906.

[47] SWANSON, HEATHER. Medieval British Towns [M]. New York: Palgrave Macmillan Press, 1999.

[48] TIERNEY, BRIAN. The Crisis of Church & State, 1050 – 1300 [M]. New Jersey: Prentice – Hall, 1980.

[49] TREHARNE, R E. The Baronial Plan of Reform [M]. 2nd ed. Manchester: Manchester University Press, 1932.

[50] TOUT, T F. Chapters in the Administrative History of Mediaeval England [M]. Manchester: Manchester University Press, 1920.

[51] WARREN, W L. The Governance of Norman and Angevin England, 1086 -1272 [M]. London: Edward Arnold, 1987,

[52] ZACOUR, NORMAN. An Introduction to Medieval Institutions [M]. 2nd ed. London: St. Martin's Press, 1977.

(三) Secondary Sources: Articles

[1] BROWN, E. The Tyranny of a Construct: Feudalism and Historians of medieval Europe [J]. American Historical Review, 1974, Vol. 79, No. 4: 1063 - 1088.

[2] CARPENTER, D A. King, Magnates, and Society: The Personal Rule of King Henry III, 1234 - 1258 [J]. Speculum, 1985, Vol. 60, No. 1: 39 - 70.

[3] CARPENTER, D A. English Peasants in Politics, 1258 - 1267 [J]. Past & Present, 1992, No. 136: 3 - 42.

[4] CARPENTER, D A. The Fall of Hubert De Burgh [J]. The Journal of British Studies, 1980, Vol. 19, No. 2: 1 - 17.

[5] CLANCHY, M T. Did Henry III Have A Policy? [J]. History, 1968, Vol. 53, No. 178: 203 - 216.

[6] CLANCHY, M T. The Franchise of Return of Writs: The Alexander Prize Essay [J]. Transactions of the Royal Historical Society, 1967, 5th Ser., Vol. 17: 59 - 82.

[7] FRASER, C M. Edward I of England and the Regalian Franchise of Durham [J]. Speculum, 1956, Vol. 31, No. 2: 329 - 342.

[8] HARDING, ALAN. Political Liberty in the Middle Ages [J]. Speculum, 1980, Vol. 55, No. 3: 423 - 443.

[9] LEWIS, EWART. King above Law? [J]. Speculum, 1964, Vol. 39, No. 2: 240 - 269.

[10] POWICKE, F M. The Chancery during the Minority of Henry III [J]. English Historical Review, 1908, Vol. 23, No. 90: 220 - 235.

[11] POWICKE, F M. The Oath of Bromholm [J]. English Historical Review, 1941, Vol. 56, No. 224: 529 - 548.

［12］RIDGEWAY H W. Foreign Favorites and Henry III's Problems of Patronage, 1247 – 1258 ［J］. English Historical Review, 1989, Vol. 104, No. 412: 590 – 610.

［13］SCHULZ, FRITZ. Bracton on Kingship ［J］. English Historical Review, 1945, Vol. 60, No. 237: 136 – 176.

［14］TIERNEY, BRIAN. Bracton on Government ［J］. Speculum, 1963, Vol. 38, No. 2: 295 – 317.

［15］WEILER, B. Henry III and the Sicilian Business: A Reinterpretation ［J］. Historical Research, 2001, 74.

［16］WALKER R F. Hubert de Burgh and Wales, 1218 – 1232 ［J］. English Historical Review, 1972, Vol. 87, No. 344: 465 – 494.

［17］WATTS, J L. The Counsels of King Henry VI, C. 1435 – C. 1445 ［J］. English Historical Review, 1991, Vol. 106, No. 419: 279 – 298.

［18］WESLEY, ADDISON. Cornwall, Earl Richard, and the Barons' War ［J］. English Historical Review, 2000, Vol. 115, No. 460: 21 – 38.

［19］WILKINSON, B. The "Political Revolution" of the Thirteenth and Fourteenth Centuries in England ［J］. Speculum, 1949, Vol. 24, No. 4: 502 – 509.

二、中文著作、译作和论文

［1］白钢. 中国皇帝 ［M］. 北京: 社会科学文献出版社, 2008.

［2］比德. 英吉利教会史 ［M］. 陈维振, 周清民, 译. 北京: 商务印书馆, 1996.

［3］哈罗德·J. 伯尔曼. 法律与革命——西方法律传统的形成 ［M］. 贺卫方, 译. 北京: 中国大百科全书出版社, 1993.

［4］布洛赫. 封建社会 (上下) ［M］. 张绪山, 李增洪, 侯树栋, 译. 北京: 商务印书馆, 2004.

［5］福蒂斯丘. 论英格兰的法律和政制 ［M］. 袁瑜铮, 译. 北京: 北京大学出版社, 2008.

［6］李禹阶, 秦学颐. 外戚与皇权 ［M］. 重庆: 西南师范大学出版社, 1993.

［7］李云飞. 从高效到超载: 中世纪英格兰巡回法庭的兴衰 ［J］. 世界历史, 2012 (4).

［8］刘新成. 再议英国议会的起源 ［J］. 世界历史, 1991 (3).

[9] 刘泽华. 中国的王权主义 [M]. 上海：上海人民出版社，2000.

[10] 马克垚. 封建经济政治概论 [M]. 北京：人民出版社，2010.

[11] 马克垚. 英国封建社会研究（修订版）[M]. 北京：北京大学出版社，2005.

[12] 马克垚. 西欧封建经济形态研究（第 2 版）[M]. 北京：人民出版社，2001.

[13] 马克垚. 中英宪法史上的一个共同问题 [J]. 历史研究，1986（4）.

[14] 梅特兰. 英格兰宪政史 [M]. 李红海，译. 北京：中国政法大学出版社，2010.

[15] 孟广林. 王在法下的浪漫想象：中世纪英国法治传统的再认识 [J]. 中国社会科学，2014（4）.

[16] 孟广林. 英国封建王权论稿——从诺曼征服到大宪章 [M]. 北京：人民出版社，2002.

[17] 孟广林. 中世纪前期的英国封建王权与基督教会 [J]. 历史研究，2000（2）.

[18] 彭小瑜. 教会法研究 [M]. 北京：商务印书馆，2003.

[19] 彭小瑜. 英国中世纪王权与封建主义的关系 [D]. 北京：北京大学，1984.

[20] 彭小瑜. 中世纪西欧教会法对教会与国家关系的理解和规范 [J]. 历史研究，2000（2）.

[21] 秦海轩，朱路. 中国皇帝制度 [M]. 太原：山西古籍出版社，1999.

[22] 施治生，刘欣如. 古代王权与专制主义 [M]. 北京：中国社会科学出版社，1993.

[23] 吴晗，费孝通等. 皇权与绅权 [M]. 上海：华东师范大学出版社，2015.

[24] 徐连达，朱子彦. 中国皇帝制度 [M]. 广州：广东教育出版社，1996.

[25] 于明. 司法治国——英国法庭的政治史（1154-1701）[M]. 北京：法律出版社，2015.

[26] 甄克斯. 中世纪的法律与政治 [M]. 屈文生，任海涛，译. 北京：中国政法大学出版社，2010.

[27] 周良霄. 皇帝与皇权 [M]. 上海：上海古籍出版社，2006.

[28] 周威. 英格兰的早期治理：11—13 世纪英格兰治理模式的竞争性选择 [M]. 北京：北京大学出版社，2008.

[29] 朱诚如. 中国皇帝制度 [M]. 武汉：武汉出版社，1997.

[30] 朱孝远. 中世纪欧洲贵族的结构变化 [J]. 北大史学，1994（2）.

译名对照表

重 要 人 物

Alexander IV, Pope	教皇亚历山大四世
Aquinas, Thomas	托马斯·阿奎那
Aumale, Count of	奥马尔伯爵
Becket, Thomas (Archbishop)	托马斯·贝克特（坎特伯雷大主教）
Blanche of Castile	卡斯提尔的布朗克（路易九世之母）
Boniface of Savoy (Archbishop)	萨瓦的卜尼法斯（坎特伯雷大主教）
Bracton, Henry de	亨利·勃拉克顿（法学家）
Eleanor of Aquitaine	阿奎丹的伊林诺
Eleanor of Provence	普罗旺斯的伊林诺（王后）
Eleanor of Leicester	莱斯特的伊林诺（亨利三世之妹）
Frederick II (emperor)	菲特烈二世（德皇）
Gilbert of Clare	卡莱尔的吉尔伯特
Giles of Rome	罗马的吉尔斯
Glanville, Ranulf de	拉诺夫·格兰维尔
Gregory I, Pope	教皇格里高利一世
Gregory VII, Pope	教皇格里高利七世
Gregory IX, Pope	教皇格里高利九世
Grosseteste, Robert (Bishop of Lincoln)	罗伯特·格罗斯坦斯特（林肯主教）
Honorius III, Pope	教皇洪诺留三世
Hubert de Burgh (Justiciar)	休伯特·德·伯格（宰相）
Hubert Walter (Chancellor)	休伯特·瓦尔特（中书令）
Hugh Bigod (Justiciar)	休·比戈德（宰相）
Hugh de Lusignan	吕西涅的休
Hugh the Dispenser	施与者休
Humphrey (Earl of Hereford)	哈佛里（赫里福德伯爵）
Innocent III, Pope	教皇英诺森三世

Innocent IV, Pope	教皇英诺森四世
Isabella of Angouleme	昂古勒姆的伊莎贝拉（王太后）
James of Audley	奥德雷的詹姆斯
John fitz Geoffrey (Lord of Shere)	约翰·杰佛里（希尔勋爵）
John Mansel (Chancellor)	约翰·曼西尔（中书令）
John of Salisbury	索尔兹伯里的约翰
Langton, Stephen	斯蒂芬·朗顿（坎特伯雷大主教）
Llywelyn the Great	罗埃林（威尔士王）
Louis IX (King of France)	路易九世（法国国王）
Manfred (King of Sicily)	曼弗雷德（西西里国王）
Neville, Ralph (Bishop of Chichester)	拉尔夫·内维尔（奇切斯特主教）
Pandulf	潘多夫（教皇使节）
Paris, Matthew	马修·巴黎（编年史家）
Peter of savoy (Lord of Richmond)	萨瓦的彼得（里奇蒙德勋爵）
Peter de Montfort (Keeper of Welsh March)	孟福尔的彼得（威尔士边区领主）
Peter de Rivaux	彼得·德·里沃
Peter des Roches	彼得·德·洛奇
Prince Edmund	埃德蒙王子（亨利三世次子）
Prince Edward	爱德华王子（亨利三世长子）
Prince Louis	路易王子（即法王路易八世）
Richard de Clare (Earl of Gloucester)	卡来尔的理查（格罗斯特伯爵）
Richard de Grey	格雷的理查
Richard of Cornwall	康沃尔的理查（亨利三世之弟）
Richard Marshall	理查·马歇尔
Roger Bigod (Earl of Norfolk)	罗杰·比戈德（诺福克伯爵）
Roger of Mortimer	莫蒂默的罗杰
Simon de Montfort (Earl of Leicester)	西蒙·孟福尔（莱斯特伯爵）
Stephen Bersted (Bishop of Chichester)	斯蒂芬·波斯坦德（奇切斯特主教）
Stephen of Segrave (Justiciar)	塞格雷夫的斯蒂芬（宰相）
Tweng, Robert	罗伯特·特温
Walo/Gualo	瓦罗（教皇使节）
Walter Cantilupe (Bishop of Worchester)	瓦尔特·坎蒂卢普（伍斯特主教）
Walter Mauclerk	瓦尔特·摩克勒克（国库长）
William Marshal (Rector)	威廉·马歇尔（摄政）

William de Valence　　　　　　　瓦伦斯的威廉
William Bardolf　　　　　　　　威廉·巴多夫
William Maudit（Earl of Warwick）　　威廉·莫蒂特（沃里克伯爵）

重要文件与术语

Absolutism	专制统治/绝对主义
Advent	基督降临节
Advowson	教职推荐/圣职推荐
Articles of the Eyre	巡回条目
Angevin Dynasty	安茹王朝
Assize of Clarendon	《克拉伦登敕令》(1166)
Bailiff	百户长，执达吏，地方官
Barons of the Exchequer	财务署男爵
Borough Court	城市法庭
Chancellor	中书令
Chancellor of the Exchequer	财务署大臣
Chancery	中书省
Chamber	宫室
Consiliarii Regis/King's councilors	国王的咨议官
Constitutionalism	宪政制度/宪政主义
Coroner	验尸官/督察官
Councillor's Oath	咨议官之誓
County Court	郡法庭，郡政会议
Curia Regis	王廷
Curia Regis Coram Rege	御前法院
Cursitors	书记官
Dialogue of the Exchequer	《财务署对话集》
Dictum of Kenilworth	《肯尼沃斯宣言》(1266)
Easter	复活节
Escheator	复归地产官
Exchequer	财务署
Excommunication	绝罚/开除教籍
Feast of the Trinity	圣三一节

Firma Burgi/Farm of the Borough	城市租税/城市包税
Firma Comitatus/Farm of the Shire	郡租税/郡包税
Forest Charter	《森林宪章》
Franchise	特权
Frankpledge	十户联保
Gaol Delivery Court	刑事巡回法庭/囚犯提审巡回
General Eyre	大巡回法庭/总巡回法庭
Great Seal	大御玺
Hanaper Department	财务部
Household	内府
Hundred Court	百户法庭
Hundred Rolls	百户卷档
The Inquisition	宗教调查法庭/异端裁判所
Interdict	褫夺教权/禁教令
Jury of Presentment	检举陪审团
Justices of Assize Court	民事巡回法庭/地产案件巡回
Justiciar	宰相
Keeper of the Hanaper	财务主管
King's Bench	王座法庭
King's Council	御前会议
Legate	教皇使节
Letter Patent	公函
Liberties	特权领地
Magna Carta/The Great Charter	《大宪章》
Magnum Concilium	大会议
Michaelmas	米迦勒节
Mise of Amiens	《亚眠裁定》（1264）
The Oath of Bromholm	勃罗霍姆誓词
Ordeal	神裁法
Ordinance of Sheriffs	《郡守条例》（1258）
Palatinatus/Palatine/Palatinate	巴拉丁
Pipe Roll	财政圆筒卷档
Plea of the Crown	王座之诉
Privy Seal	小御玺

Provisions of Oxford	《牛津条例》（1258）
Provisions of Westminster	《西敏寺条例》（1259）
Quo Warranto/By What Warrant	特权凭据调查
Remembrancers	财务纪事官
Return of Writ	转抄令状
Scutage	盾牌钱
Seal of England	英格兰之玺
Sheriff	郡守
Sheriff's Tourn	郡守之巡行
Sicily Business/Negotium Regni Siciliae	西西里事务
The Statute of Marlborough	《马尔巴罗法令》（1267）
Suitor	起诉人
Tally	符木
Tenant-in-Chief	总封臣/大佃户
Tithingman	十户长
Treaty of Lambeth	《兰贝斯条约》（1217）
Treaty of Paris	《巴黎条约》（1259）
Treasury	国库
Treasurer	国库长
Trespass	非法侵犯
Trial Jury	审判陪审团
View of Frankpledge	十户连保调查
Villein	维兰/农奴
Wardrobe	锦衣库
Witan	贤人会议
Writ	令状

后 记

转眼之间，博士毕业已经 15 年，这本基于博士论文的小书终于要面世了。这些年的修修补补使它比当年稍有进步，但与这 15 年间中国世界中古史学界的巨大发展相比，则显得有些落伍了。不过本书讨论的主题迄今在国内还没有更精专的论著出现，且流行的误解甚多，因此自觉还有一些出版的价值，希望能为有关的研究提供一些材料，并得到方家的批评赐正。

本书从构思到出版，得到了众多师友的指导和帮助，在此深表感谢。

首先感谢我的导师马克垚教授。是先生将我引入英国 13 世纪政治史研究的大门，并在我面对任何困难的时候都给予睿智的引导和热忱的鼓励。先生为人为学都乐观进取、自强不息，使我面对学术始终心存敬畏，面对世事沧桑也从不失去信心。时至今日，无论是进京拜见还是在电话里，和先生及师母耿引曾教授的聊天总会让我找到回家的感觉，同时又能得到前行的力量。大恩不言谢，祝二位老师健康长寿，再出佳作！

感谢我的导师彭小瑜教授。1998 年秋我考入燕园，正值彭老师学成回国，我也有幸成为彭老师教会史、拉丁语等课程的第一批学生，同时也成为他参与指导的第一批博士生。彭老师不但为我的论文写作提供了很多珍贵的资料，在王权问题的思考和写作方法的设计方面更是提供了莫大的帮助。今天回看，彭老师那时对中古史学者基本素养的"超前"要求和对学界未来的展望如今已经成为共识，他也已经培养出一批具备基本研究素养的优秀年轻学者。可惜我太过愚钝且用心不专，有负彭师厚望。

感谢我的导师朱孝远教授。朱老师无论讲课还是讲座都是才情四溢、妙语珠玑，他颇善用轻快诙谐的语言表达复杂的问题，这一点总是让言辞滞涩的我羡慕不已。和朱老师交流不算多，但他对论文写作高屋建瓴的宏观把握和在具体问题上的思想闪光都给我以启迪,使我在论文结构设计和细节认识上都获益匪浅。

首都师范大学的刘新成教授、刘城教授在我的博士论文答辩中曾对本书的内容提出了详细而中肯的修改意见,二位老师的热忱鼓励让我备感温暖。

颜海英、黄春高、李隆国等诸位老师对本书的提纲或初稿提出过宝贵的意见和修改建议,与我上下届师从各位导师就读的薄洁萍、谢丰斋、郭灵凤、李云飞、钱金飞、夏洞奇等同学也对本书的写作提供了各种帮助,非常感谢。这些当年的青年才俊如今已成长为各自领域的中坚力量,能忝列于这样一个人才济济的群体,备感荣幸。

我还要在此特别感谢已于2004年仙去的我的硕士导师王先恒教授。王老师学养极佳,通晓多种语言,在其同辈学人当中堪称出类拔萃。1958年从北大历史系毕业后,已在学界崭露头角的王老师被分配到内蒙古大学工作,从此在塞外度过了大半人生。1978年他在爬梳多种西方语言史料的基础上撰写的论文发表在《历史研究》,引起学界关注,也为他带来了到发达城市工作的许多机会,但他最终都放弃了。王老师终身未娶,性格狷介,学术成果也寥寥可数,但熟悉他的人无不佩服他的学问与为人,也无不为他一身本领未得施展而扼腕痛惜。1995年我考入内蒙古大学时,花甲之年的王老师身体已经颇多问题,但他常说此时他的人生目标反倒明确了,那就是要把他的学生送到北京去,送回母校去。他认为将来的世界中古史研究没有古典语言基础是无从谈起的,现代语言光有英语也是不够的。现在想来,在彼时彼地,能有如此远见卓识是何等难能可贵!王老师身体力行,为每位学生开设拉丁语基础课程,并为薄洁萍、赵秀荣、郭灵凤、我以及"私授弟子"刘海方分别开设了意大利语、德语、法语和西班牙语等课程。王老师晚年心无旁骛,对学生当得起"全心全意"四字。空怀一身才艺却寄望于学生,这对王老师本人来说很不公平,是时代与个人的悲剧,但却是我们几位学生的愚福。几年之后,我们当中的四位考到了北大,赵秀荣也如愿考到首都师大师从陈曦文教授读博。我们深知至今仍离王老师为我们规划的目标相去甚远，但老师的言传身教给予我们的力量却是源源不断的。

曹永年、陈玮、甄修钰、冯超英、孟广林、龙秀清等老师多年来一直关心着我的学术成长，并无私地提供各种帮助，在此深表感谢！

博士毕业前某天晚饭后散步时路过一个招聘会场，改变了一个本已谋得教职，准备在学术的道路上纠结前行，但又对京城生活充满惶恐的农村大龄单身男青年的生命轨迹。几个月后一张单程车票把我这个内蒙古人送到珠江岸边，从此便不辞长做岭南人了。报社的 4 年让人大开眼界，也颇多收获，但教训也是惨痛的，那就是做学问绝不能三心二意。世界那么大，但一个人的精力和才华也只有那么多。这 4 年间我虽然整理发表了几篇论文，但在研究上欠下的债至今仍无法偿清。感谢这几年中给我关怀的报社领导们，以及在午夜的广州人民中路曾一起疯狂的同事们。

2005 年我来到中山大学，一晃已过 10 年。在此我很快爱上了教书育人的职业，也逐渐重拾起了对英国中古政治史的研究。与学生交流中体会到的青春与激情，与同事们相处中感受到的归属与包容，让我对读书时代不甚了了的"象牙塔"有了更深的认识，特别是在与几年塔外工作的经历对比之后。中山大学历史系名家辈出、学风严谨朴实，能作为这样一个具有优良传统的集体中的一员，我常怀感恩之心，也时刻不敢懈怠。各位同事，我们来日方长。

我还要特别感谢英国约克大学的马克·阿莫若教授（Prof. W. M. Ormrod）。2011—2012 年我在约克大学度过了难忘的一年，期间每周或隔周与阿莫若教授的会面，成为我了解英国中古政治史学界信息，并就本书涉及的很多问题寻求帮助的课堂。教授还利用其担任学校人文艺术学科召集人另有办公场所的职务之便，把他在中世纪研究中心的一间装满个人藏书的办公室长期交予我使用，偶尔他有事占用也要提前向我"申请"。这让我这种长期苦于缺乏外文资料的穷书生得以体会了一年"富可敌国"的滋味。同时感谢保罗·德莱伯勒博士（Dr. Paul Dryburgh）、斯西娜·沃特森博士（Dr. Sethina Watson）、伊丽莎白·希尔兹女士（Mrs. Elizabeth Shields）的精彩课程，让我的访学充实而有收获。

  本书的部分章节曾以论文形式先后在《世界历史》和《历史研究》杂志发表。非常感谢各刊物编辑部以及赵文洪、张丽、姚玉民、舒建军、焦兵等诸位老师和编辑的热心帮助和细心指导。

  中山大学出版社的吕肖剑、廉锋等编辑为本书的出版付出了大量心血，其工作之认真细心让我十分感动。在此表示衷心的谢意。

  最后要感谢我的家人多年来的支持和理解。认识我的妻子是在报社工作期间的主要收获之一，虽然当时谁也没料到我会随后重回大学，但对我的选择她总是不打折扣地支持。一个基本不下班的医生和一个根本不下班的大学老师的结合意味着经常空巢，但禹兴小朋友在外婆的照顾下成长还算茁壮。现在的小学生禹兴很爱读书，自学能力不错，都是因为我带孩子的时候基本在看电脑，他有充分的"自我发展空间"，虽然免不了嫉妒和抱怨。

  希望他将来能明白爸爸坐在电脑前并不总是在玩。

中山大学历史学系
2016 年 6 月 30 日